普通高等教育服装营销专业系列教材编委会

（按姓氏笔划为序）

编委会委员

《服装商品企划教程》参编人员

主　　编　赵洪珊
副 主 编　戴淑娇　常　静
参编人员　赵洪珊　戴淑娇　韩　燕　王　涓　韩　燕　罗　云

绪言 | PREFACE

服装综合了一个人的自我表现、情绪和身份的各方面因素，它反映并扩张了文化和社会的边界线，把美学、技术和商业融合为一体，使服装产业成为令人兴奋、充满活力和创造力的产业。同时，当今世界消费呈现美学泛化特征，现代人越来越多的活动领域已被时尚征服，时尚几乎成为现代人的“第二本性”。如何满足受时尚所驱动的服装消费，是服装企业运作与管理面临的全新命题。

我国服装产业经过多年的快速发展，已形成一批有竞争力、影响力的品牌，但是，品牌进一步内涵式发展必须面对更为严峻的全球化挑战。服装企划是服装品牌塑造的核心管理活动，随着国内服装品牌的成长与成熟，管理专业化程度提高，服装企划管理职能的作用会越来越凸显。

本书以服装商品企划流程为主线，涵盖从市场研究到服装商品传播策划各个方面，全面介绍了服装商品企划的全貌。全书共分8章，分别为服装商品企划概论、服装市场研究、服装品牌策划、服装商品设计企划、服装商品组合企划、服装商品生产计划、服装销售企划、服装商品传播策划。

全书围绕服装商品企划特点来构建，以国内外服装企业企划实践为素材，融合服装商品企划、通用管理学与营销学的基础理论，论述了服装商品企划的特有规律；分析总结国内外服装企划的实务案例，维持了理论与实务的平衡；全面系统地阐释了服装商品企划的理论方法和模式，具有较强的理论性和可操作性。

本书由赵洪珊任主编，由戴淑娇、常静任副主编，参加撰写的人员有：北京服装学院赵洪珊（第一章、第八章第四节），北京服装学院王涓（第二章），中原工学院罗云（第三章、第六章），北京服装学院常静（第四章），绍兴文理学院戴淑娇（第五章），北京服装学院韩燕（第七章、第八章第一、二、三节），最后由赵洪珊统稿、定稿。

作者在撰写过程中查阅了大量国内外有关书籍和相关资料，并引用了其中一些有价值的论点和实例，在此特予说明，并致以诚挚的谢意。衷心感谢东华大学出版社的精心策划与热心支持，使本书不断完善。作者水平有限，有不当之处，敬请读者指正。

赵洪珊

2024 年 12 月

目录 | CONTENTS

第 1 章　服装商品企划概论　001

1.1　服装商品　002
1.2　服装商品企划概念　009
1.3　服装商品企划的组织管理　016

第 2 章　服装市场研究　022

2.1　服装市场结构分析　022
2.2　服装市场调研流程　028
2.3　服装目标市场选择及定位　033

第 3 章　服装品牌策划　043

3.1　服装品牌定位规划　044
3.2　服装品牌名称确定　053
3.3　服装品牌标识确定　065
3.4　服装品牌个性与形象选择　080

第 4 章　服装商品设计企划　094

4.1　服装商品主题企划　095
4.2　服装商品款式企划　100
4.3　服装商品色彩企划　109

4.4 服装商品面料企划 119

第5章 服装商品组合企划 124

5.1 服装商品组合概念 124
5.2 服装商品组合要素 130
5.3 服装商品组合流程 145
5.4 服装商品组合实施 151

第6章 服装商品生产计划 161

6.1 服装物料需求计划 162
6.2 原材料采购管理 173
6.3 服装生产管理 179
6.4 服装外包管理与跟单业务 188

第7章 服装销售企划 201

7.1 服装销售渠道设计 202
7.2 服装投放计划 215
7.3 服装销售促进计划 218
7.4 服装店铺设计 227

第8章 服装商品传播策划 247

8.1 服装广告策划 248
8.2 服装公关活动策划 260
8.3 服装表演组织 273
8.4 服装企业参展策划 280

参考文献 291

后记 295

第 1 章　服装商品企划概论

知识要点

1. 服装商品分类及流行周期；
2. 商品企划的概念；
3. 服装商品企划的工作范畴及与营销活动的关联；
4. 服装商品企划的流程与组织管理。

本章内容提要

服装商品企划就是服装企业为了实现营销目标，采用最为有利的场所、时间、价格、数量，将每一季节的服饰商品推向市场所拟定的计划和管理方案，企划的对象是服装商品。服装这一称谓在我国应用广泛，最广义上是指人的上身与下身所穿衣装的总和。流行周期深刻影响服装的商品价值，企划的日程要符合流行周期要求。根据服装企业组织行为理论（BTAF），服装商品企划和市场营销管理是服装企业重要的两项职能，两者既有关联又相互区别。快时尚品牌的企划更加突出对变化时尚的反应速度。根据服装商品的形成和市场规律，服装商品企划一般流程结构包括：市场研究、设计、样品生产、订货会行销、量产样板方案、加工与外包生产、物流配送等步骤。服装商品企划实现服装商品从面料选择到销售的全过程控制，企划的执行需要协调相关部门和相关职位人员的积极参与，因此在服装企业的组织结构设置上需要体现这些内容。

现代理念下的服装商品企划体现了现代商品运行模式，即由设计、生产、营销、消费构成的闭环模式。今天，服装市场早已超越了以生产为主导的时期，而进入以消费为主导的时代。顾客成为真正的驱动，他们要求在购物和消费时，获得更多的审美体验，因此服装企划进入到了以市场为中心的阶段。现代服装商

品企划的鲜明特点是全方位、深层次,兼有分析、策划、实施和控制等功能。

1.1 服装商品

企业经营活动的中心是满足消费者的需要,而如何来满足特定的需求,需要靠企业特定的产品和服务。 对服装企业来说,其在市场竞争中有无生命力,关键在于其产品适应市场的程度。 服装产品特色鲜明,流行性强,变化快,消费者对于服装的需求千差万别,所以服装商品企划至关重要。

1.1.1 服装相关基本概念

服装这一称谓在我国应用广泛,最广义上是指人的上身与下身所穿衣装的总称。 为加深对服装商品的了解,需清楚几个相关概念:

(1) 成衣

成衣(英语为 Ready-made,法语为 Confection)是指按标准号型、成批量生产的成品衣服。 成衣是相对于在裁缝店里定做的衣服而言的,现在在商店里出售的都是成衣。 随着近代工业化社会生活方式向全球的覆盖,人们已难以接受多达六次试衣的定做模式,纯粹的艺术形式不得不向快节奏、实用、高效的现代都市生活方式妥协。 成衣是机械化大生产的产物。

(2) 时装

即时髦的、时兴的、具有鲜明时代感的流行服装,是相对历史服装和在一定历史时期内相对定型的常规服装而言的、变化较为明显的新颖装束,其特征是流行性与周期性。 从创新与普及的角度看,可以分为两个层次:其一,前卫性时装(Mode,High fashion,Vouge),专指欧洲高级时装店的设计师作品,这些作品的特点是艺术性强,个性鲜明,是设计师对流行的个人见解和主张的集中体现。 因此带有很大程度的尝试性和先驱性,对流行起指导作用。 其二,指流行时装(Fashion),作为服饰用语,指大批量投产、出售的成衣及其流行状态,普及是流行时装(Fashion)的重要特征,一种前卫性时装(Mode)转变为流行时装(Fashion)

要经过许多运作，成衣制造商从许多前卫性时装（Mode）中选择能体现时代精神和流行倾向的样式，或根据这些倾向大批量生产；与此同时，这些流行信息广为传播，使前卫性时装（Mode）由倾向变为趋势，批量生产的新产品被接受，成为流行。因此前卫性时装（Mode）是设计师创造的个性化的个别现象，而流行时装（Fashion）是在一定的历史时期依赖消费者的选择形成的广泛的社会现象。

（3）高级时装

高级时装（Haute-couture）是时装界的极品等级。它是原创、唯美的设计和卓越缝纫技术的结晶。并非任何一件量身定做的衣服都能称做“高级时装”，在法国，高级时装有专门的法律和标准来维护其声誉，界定其内涵。高级时装必须由巴黎高级时装工会颁授，必须具备六个条件：在巴黎有设计师工作室；至少雇佣二十名全职人员；衣服要彻底量身制作，不能预先裁剪；其品牌时装必须每年两次举行发布会，时间为一月和七月的最后一个星期；每季至少要推出新设计的六十五套服装；每年至少为顾客做四十五次不对外公开的新装展示。符合以上所有条件的时装品牌目前只有十八家。全世界购买高级女装的顾客仅剩 2 000 人左右。今天人们只有在奥斯卡颁奖典礼或戛纳电影节等特殊的庆典中，才得以一睹高级时装的风采。然而高级时装的魅力于时装品牌塑造的价值是永存的。它是一种文化，一种流行品位，代表着每一季的先驱时尚。同时，它也是一种品牌的经营手段，是体现其高级成衣、成衣品牌的附加值的证明，是一笔无可估量的无形资产。

（4）高级成衣

高级成衣（Pret-a-porter）是指高级时装设计师以中产者为消费对象，从前一年发表的高级时装中选择便于成衣化的设计，在一定程度上运用高级时装的制作技术，小批量生产的高档成衣。高级成衣是以专业化生产方式、按标准号型生产的成衣时装，是高级时装做适量简化后的小批量生产的产品。大众化成衣是以工业化生产方式、按标准号型大量生产、大量销售的服装产品。

（5）制服

制服（Uniform）指在一定历史时期内，一定的社会集团，在某种统一的意志指导下，按照法规和制度穿用的服装，是区别于日常随意穿戴的自由服的衣装。根据制服约束力的强弱，可分为两类：依照法律而穿用的正式制服，如军服、警服等;根据社会集团规章制度穿用的职业制服。由于制服具有鲜明的象征和标识作用,同时又有利于提高效率,有些制服(如校服)在一定程度上体现平等,所以制服的应用越来越普及,也越来越受到重视。

1.1.2 服装产品整体概念

按传统的产品概念,产品是具有某种特定物质形状和使用价值的物品,是生产观念对产品的诠释。现代营销观念认为产品不再限于物质形态和具体用途,而被归结为人们通过交换而获得的需求的满足,归结为消费者期求的实际利益。包括提供给市场,能够满足消费者或用户某一需求和欲望的任何有形物品或无形产品。整体产品的概念可以从核心产品、一般产品、附加产品、期望产品、潜在产品五个方面来理解,如图 1-1 所示。

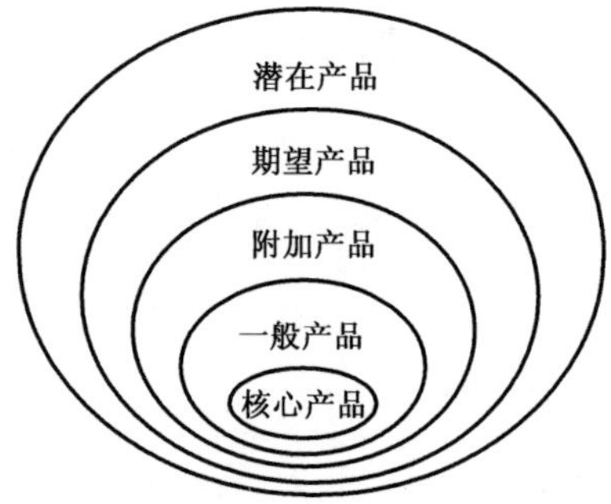

图 1-1 服装产品整体概念示意图

核心产品是产品整体概念最基本的层次,它表现的是顾客需求的中心内容,即产品为顾客所提供的最基本的效用和利益,也是顾客真正要购买的服务或者利益。比如,消费者追求舒适随意,或者保暖、或者社交需要等。接下来营销人员需要把核心产品转化为一般产品,也就是产品的基本形式。比如为了满足保暖这一核心利益,可以转化的一般产品形式有羽绒服、裘皮大衣,甚至保暖内衣。

产品的第三个层次是期望产品,也就是购买者购买产品时期望的一整套属性和条件。比如具体的品牌、颜色、款式、价格、面料等,它向人们展示的是核心产品的外部特征。人们购买唐娜 · 卡伦(Donna Karan)休闲装其实是购买舒适随意的穿着,购买从工作到生活场合变换的广泛适应性,这是核心产品所满足的内容。企业生产服装首先应着眼于该种服装为消费者提供什么样的实际利益,从这一点出发再去寻找实际利益得以实现的一般形式,如休闲服装,进而表达为特定的属性与条件之和,如唐可娜儿(DKNY)牌黑色仿皮男夹克。

产品的第四个层次是附加产品,也就是产品包含的附加服务和利益,从而把一个公司的产品与其他竞争对手区别开来,包括消费者在取得产品或使用产品中所获得的形式产品以外的利益,产品的延伸部分与更广泛的服务。

如今的竞争主要发生在附加产品层次。在较不发达的地区，竞争主要发生在期望产品层次上。产品的附加内容使营销人员必须正视购买者的整体消费体系：一个产品的购买者在使用该产品时试图完成整体任务时的过程。通过追踪购买前、购买过程以及处置过程，营销者可以发现增加产品附加价值的许多机会，以开展有效竞争。唐娜·卡伦对顾客的承诺就属于附加产品层次：

无论购物与否，入店的顾客都奉送饮品；

购物会收到唐娜·卡伦感谢卡；

唐娜·卡伦专卖店每年 6 月份和 12 月份两次大减价，曾购物的顾客在大减价时享有购物优先权；

高级时装只有少量供应，通常一件起两件止。顾客购买时会被提醒另一件的拥有者是谁，以免出席活动时出现“撞衫”的情况。

产品的第五个层次是潜在产品，也就是此种产品最有可能的所有增加和改变，因此附加产品表明了产品现在的内容，而潜在产品则指出了服装商品未来可能的流行演变。

1.1.3　服装商品的品类

服装的种类有很多，由于服装基本形态、品种、用途、制作方法、原材料的不同，各类服装亦表现出不同的风格与特色，变化万千，十分丰富。目前，大致有以下几种分类方法。

（1）服装分类

A. 依据服装的基本形态与造型结构进行分类，可归纳为体形型、样式型和混合型三种。

B. 按穿着组合分类，可以分为整件装、套装、外套、背心、裙、裤。

C. 按用途分类，分为内衣和外衣两种。内衣紧贴人体，起护体、保暖、整形的作用。外衣则由于穿着场所不同，用途各异，品种类别很多，可分为：社交服、日常服、职业服、运动服、室内服、舞台服等。

D. 按服装面料与工艺制作分类，可分为中式服装、西式服装、刺绣服装、呢绒服装、丝绸服装、棉布服装、毛皮服装、针织服装、羽绒服装等。

E. 根据服装面料的生产和加工特点分类，可以分为针织服装、梭织服装。

（2）服装商品企划常用服装分类

在服装商品企划中，服装经常可以分为女装、男装、童装、内衣、运动装、特殊服装。

① **女装**

- 外套：羽绒服、棉服、大衣、风衣、西服、夹克、马甲、呢大衣、皮衣、皮草。
- 衬衫：长袖衬衫、短袖衬衫。
- 针织衫：长袖针织衫、短袖针织衫、毛衣、毛衣裙、羊毛/羊绒衫。
- T 恤：印花 T 恤、POLO 衫、长袖 T 恤、短袖 T 恤、无袖 T 恤。
- 卫衣/绒衫：开衫、套头衫。
- 春夏装：吊带/背心、雪纺衫。
- 裤子：休闲裤、牛仔裤、西裤、运动裤、分裤短裤/热裤、连衣裤。
- 裙子：半身裙、连衣裙。
- 内衣：内裤、内衣套装、文胸、塑身内衣、吊带/背心。
- 泳装：分体、连体。
- 袜子：打底裤袜、连裤袜、筒袜。

② **男装**

- 外套：羽绒服、夹克、西服、风衣、棉服、大衣。
- 衬衫：长袖衬衫、短袖衬衫、领带。
- POLO 衫/T 恤：长袖、短袖。
- 卫衣/绒衫：套头衫、开衫。
- 针织衫：针织背心、针织套头衫、针织开衫、羊毛衫。
- 运动装：运动套装、运动衣、运动裤。
- 裤子：西裤、休闲裤、牛仔裤。
- 内衣：内裤、汗背心。
- 袜子

③ **童装分类**

- 年龄分：0～3 岁男、0～3 岁女、4～8 岁男、4～8 岁女、8 岁以上男、8 岁以上女、亲子装。
- 上衣：羽绒服、棉服、毛衣、披风、卫衣、套装、马甲、爬行服、校服。

- 裤子：牛仔裤、休闲裤、运动裤、打底裤、短裤。
- 内衣。
- 裙子：连衣裙、春夏裙、秋冬裙、半身裙。
- 其他：袜子、围巾、帽子、手套。

④ **内衣分类**

- 文胸：夏季文胸、冬季文胸、文胸套装、隐形文胸、配件。
- 女士内裤：平角裤、三角裤、丁字裤/T 裤。
- 女士睡衣：睡裙/家居裙、睡裤/家居裤、睡衣/家居服上装、家居服套装、浴袍。
- 美体塑身：短款塑身衣、中长款塑身衣、长款塑身衣、塑身腰封/腰夹、塑身裤、塑身分体套装、塑身连体衣、纯色一片式塑腰内衣。
- 女士袜子：连裤袜、长袜、九分裤袜、打底裤、筒袜。
- 男士专区：平角裤、三角裤、睡裤、睡衣套装、睡袍/浴袍、保暖裤、背心、袜子。
- 保暖专区：保暖衣、保暖裤、加厚保暖套装、薄款保暖套装、女士保暖、男士保暖、情侣保暖款、中老年保暖款。

⑤ **运动装**

女运动装、男运动装、运动衣、运动裤、情侣装。

⑥ **特殊服装**

中老年服装、孕妇装、特大特小服装、职业套装/工作制服/校服、情侣装。

1.1.4　服装流行周期

流行是指个人现象通过社会人的模仿心理而变成社会现象的一时的扩大流动的现象。“任何流行服装最终总会过时的。”这是 20 世纪 20 年代巴黎著名的设计师（Paul Poriet）所说的名言。18 世纪的撑裙，直径可达 2.4 m，女性穿上撑裙在房间里移动都困难，给生活带来极大不便。某种样式一旦过度，则这种服装样式便进入衰退期，从而失去了原有的魅力，人们转而开始寻求其他服装，开始新的流行，撑裙的没落便是印证。

流行随着人类社会发展变化而不断变化，是现代服装产业发展的重要推动力。作为服装商品企划人员，能正确把握服装流行趋势以及流行的周期，准确及时制定可行的企划方案，是其成功的关键。

（1）引入期

设计师凭自己对时代潮流的理解推出一种具有创造性的款式，而后制造商向公众提供一种新的服装商品。巴黎的某些“最新时装”可能未被任何人接受，所以说，这一时期的流行只是意味着时尚和新奇。

一般来说，一个款式进入市场的时候，总是处于最高的价位。也许具有法国时装设计师的造型风格，也许是著名生产厂商的系列服装之一，但无法知道该款式是否被店主和顾客所接受。由于引入期中生产厂商在面料裁剪缝制和创作设计上花费很大，最新款式价位很高。当这种服装或服饰品出售成功时，仿制品就会以低价位开始出现在市场上。

（2）成长期

当某种新的时装被购买、穿着并为更多的人看到时，它就有可能逐渐为更多人所接受。对于那些昂贵的时装，销售额可能永远也不会高，但它却可能是设计师一个系列中最流行的，甚至是所有高档时装中最流行的。

某种款式的流行可能通过剥样进而改制而得以进一步扩大。一些制造商通过购买特许经营权进行生产，而后以较低的价格出售。而另一些制造商则用较便宜的面料和修改一些细节进行批量生产，然后以更低的价格进行销售。有一些设计师也许会对自己的设计进行一些修改以符合他们的顾客的需要和定价范围。许多知名的服装设计师就是通过这些方法获得市场的。

如果服装款式被接受后，大量的仿制品就会以不同的价格在市场中出现。克里斯汀·拉克鲁瓦（Christian Lacroix）将打摺撑开裙进入巴黎市场的时候，着实风靡一时。而仿制品也在很短时间内到处可见。追求时尚的人花费数千美元购买设计师的原创，其他的消费者却在争相购买 100 美元以下的仿制品。

（3）成熟期

当一种流行达到鼎盛时期时，消费者对它们的需求就会极大，以致许多制造商都以不同的价格水平剥样进而改制成流行时装，以使自己的产品具有最受欢迎的款式，并以各种方式进行成批生产。大批量生产必须要能得到大众的接受，因此，许多大批量制造商都是紧随已经建立的流行趋势进行生产，因为他们的顾客需要的是正处于流行主流的服装。

处于成熟期的服装销售量达到高峰。成熟期有可能持续一个季节,也可能是几个季节。尽管商家总是想方设法鼓励消费者多买几件服装,但是大量的购买只能延长一段时间。20世纪70年代初的牛仔裤,由于消费者的热衷,导致了人们都以穿着牛仔裤为主流。对于生产商和零售商来说,困难的是判断成熟期能持续多长时间。通常衰退期到来很快,生产厂商若判断不准确就会积压很多公众不再认为流行的服装。

(4)衰退期

最终,相同款式的服装被大批量生产,以致具有流行意识的人们厌倦了这种款式而开始寻求新的款式,此时的消费者仍会穿着这种款式的服装,但他们不再愿意以原价购买这种服装。于是零售商们将这些服装放在削价柜上,以便尽快为新款式腾出空间。当服装款式不被人们喜欢的时候,设计师或生产厂商就放弃它们并开始新款式的设计生产,这个时期库存的服装会大幅度降价,尽快卖出,以防最后面临无人问津的可怕局面。生产商通过削价处理,用比批发价低得多的价格卖给零售商。这时消费者已开始转向新的款式,因此又开始了一个新的流行周期。这种现象的发生是因为这种款式已落伍。

1.2 服装商品企划概念

1.2.1 服装商品企划的概念

"商品企划"对应的英语术语是"Merchandising"。"Merchandising"原意是指商品买卖。加上"ing"以后,意思就变成"为了达到使市场营销活动效果最佳的目的,对商品营销时间、场合、价格、种类以及宣传广告、商品陈列所进行的策划"。

随着管理实践的发展,企划的定义并不统一。最早的企划概念出现在1932年,P. H. Nystrom将其定义为"周密计划,多样化款式设计与生产或者选择性采购,以及有效地销售"("Careful planning, capable styling and production or selecting and buying, and effective selling")。1993年,Solomon在界定企划时,认为企划人必须充分理解消费者的需求、分析销售趋势、选择和陈列展示商品。从这两个定义来看，今天的服装商品企划的基本使命并未改变，其在满足消费、提供恰当商品中依然具有重要作用。但是由于服装产业激烈的竞争压力，以及快时尚模式建立快速反应体系的要求，对于服装商品企划的要求越来越高。

美国市场协会 AMA（American Marketing Association）在 1948 年对商品企划所下的定义为：“The planning involved in marketing the right merchandise at right time，in the right quantity and right price”，即“为了在适当的时间，以适当的价格向市场提供恰当数量的恰当的商品而进行的策划”。

到了 20 世纪 60 年代，修改为“The planning involved in marketing the particular merchandise or service at places ，time，and prices and in the quantities that will best serve to realize the marketing objects of the business”，即商品企划是指“企业为实现营销目标，采用最为有利的场所、时间、价格、数量，将特定商品推向市场所进行的计划和管理”。

技术和社会不断发展，企业经营环境日新月异。1987 年，R. C. Kean 认为企划的定义从职能入手（比如计划、采购）等，更能适应商业的变化，“企划是对环境变化的分析和反映，是针对目标顾客需求进行计划、谈判、采购和销售的产品与服务的过程（Merchandising is the analysis and response to the change（transformations） and processes （advances） which occur in the planning，negotiation，acquisition，and selling or products/services from their inception to their reception and use by the target customer）。简而言之，商品企划指企业拟定计划和制定管理方案，将顾客的需求转化为商品并提供市场相应的管理技术。

顾名思义，服装商品企划就是服装企业为了实现营销目标，采用最为有利的场所、时间、价格、数量，将第一季节的服饰商品推向市场所拟定的计划和管理方案。

1.2.2 服装商品企划与市场营销

美国市场营销协会认为：营销是一项有组织的活动，包括创造价值，并将价值传播、传递给顾客，以维持公司与顾客的关系，从而使公司和相关者受益的过程。市场营销活动围绕两项内容展开：一是分析市场机会并确定目标消费者，二是针对目标消费者进行产品、价格、销售渠道、促销的组合决策和实施控制。

而商品企划是围绕商品而进行计划、设计生产、配送、销售活动总和。在理论上,营销是指导思想,企划是营销实践的核心内容。在实际企业运作中,两种职能需要很好协作与配合。营销部门更倾向于市场研究、品牌定位以及价值传播,而企划部门更偏重于围绕产品,进行设计、开发与销售。

1995年,Kunz建立了服装企业组织行为理论(BTAF,Behavioral Theory of the Apparel Firm),认为以目标市场为中心,运作一个服装企业需要行政管理、企划、营销、生产运营、财务五个必要职能,企划和营销是其中两个重要职能。表1-1列举了服装企业组织行为理论(BTAF)认为的服装企业五项职能、相应的责任、相关的职位以及业绩评价的指标。

表1-1 服装企业组织行为理论(BTAF)的职能界定

职能	责任	职 位	业绩评价
行政管理	建立企业目标与制度,管理企业活动以实现目标	企业主、总裁、总经理、首席执行官、首席财务官、首席运营官、副总裁	实现公司目标、收回投资
企划	计划、开发和产品推广	买手、设计师、企划经理、产品开发经理、产品经理	调节毛利润空间、平均库存水平、终端产品营业额;保持加成水平、控制减价比例、材料成本、单位面积销售率等
营销	明确目标顾客、确定定位传播战略	广告经理、市场研究员、公关主任、销售经理	市场份额、广告/销售比率、销售增长率、减价/销售比率
生产运作	管理人员与实物	信息经理、库存管理员、配送经理、人事经理、商店经理、服装工程师、质量经理、缝纫工人	员工在职率、库存/销售比率、配送成本、物料利用率、劳动生产率、盈亏平衡点
财务	管理货币相关业务	会计、财务分析师、投资经理	投资回报、利润、现金流

1.2.3 服装商品企划的工作内容

企业的成功必须是,从消费者开始,到消费者完成。以这样的市场活动原则为基础,进行商品企划,基本内容如图1-2所示。

(1)目标市场选择

这里所说的目标指在商品企划开始,就要确定产品面对的是哪些消费者,以哪些消费者为目标进行产品的开发,也称产品定位。这项工作就被称为目标确定企划。

消费者是多种多样的,要从不确定的很多消费群体中,明确企业或产品的服务对象，并根据明确的服务对象也就是消费者定位进行相对应的价格定位、市场定位、产品型号定位、销售渠道定位及 TOP 定位等。

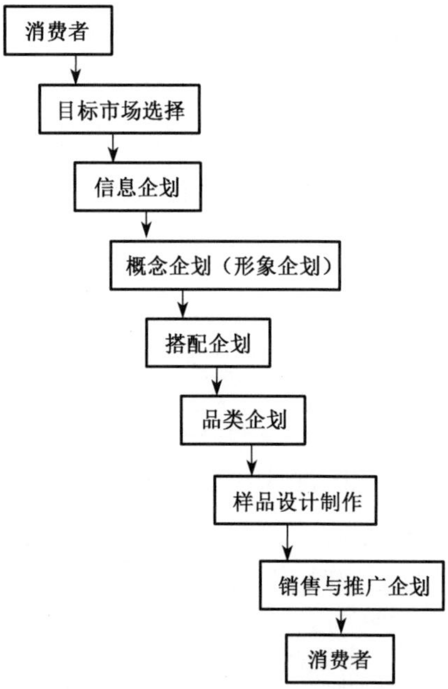

图 1-2 服装企划的工作内容

（2）信息企划

确定了消费者目标，第二步工作就是根据国内外流行趋势，针对定位目标的市场信息进行深入研究。 商品企划进程中，对消费者目标在下一个季节，想要穿哪样的服装进行预测是很有必要的，企业要预测出下一个季节畅销的产品，就要进行信息的收集和市场调研，这种对流行及消费者需求的预测过程即为信息企划。

（3）概念企划（主题确定或形象企划）

概念一词是指商品的风格形象或者主题风格。 概念企划就是把信息分析作为基础，针对所设定的消费者目标，把下一季节商品用“主题”的形式形象化、具体化地表现出来。 在选定具体的素材、色彩、款式的前一阶段，集中进入形象概念企划，使下一步设计各要素的选择有了可靠的依据。

在企划的过程中，如果只用文字来表述某种风格形象，不易让人理解。 因此，必须选择一些图片，这样对所策划的形象一目了然。 实际上消费者在选择商品时，并不是看那些啰嗦的文字说明，而是看到商品后产生好与不好的感觉。 所以，在商品企划立案的时候，大多是采取图片剪贴的方法来完成。

（4）搭配企划

概念企划完成后，即将开发的产品的主题风格已基本明确，下一步就以此为基础进入具体的服装面料、色彩、款式选定阶段。

服装商品是由面料、色彩、款式这三要素构成的。 为了生产与主题风格相一致的产品，就必须选用最能表达效果的面料、色彩及款式等。 在这里，最重要的就是在选择面料、色彩、款式时，不能只对于衬衫、外套等单件服装分别选择，而是要按照一个完整女性的着装，把上下衣、内外衣联系在一起综合考虑。

这种考虑和企划的过程就称之为搭配企划。

（5）品类企划

在搭配企划阶段，集中对基本的素材、色彩、款式进行了选定，针对搭配企划中所确定的产品进行款式设计，决定面料、配色、型号、价格等一系列工作称之为品类企划。

在这个过程中要根据各种服装的销售额预算，确定号型及数量，并研究每一号型的配色、面料、尺寸、价格等并进行合理确定。这阶段的具体表现形式一般是绘制时装效果图。

（6）样品设计制作

商品企划书始终是纸上的方案，计划及平面设计图、策划的目的等都最终要将其转化为商品。因此，在样品设计阶段必须要完成从平面到立体造型的实验过程，检验设计方案的真实造型效果。

实际上，在产品试制阶段，首次做出的样品与设计预想的效果不可能完全一样。所以，企划与样板制作及样品制作的人有必要在投入工作前进行交流和沟通。样品制作的负责人要仔细分析、明确商品企业的对象、目标、概念主题等。样板师、工艺师也有必要认真研究市场学，这样才能做出消费者较满意的样品。

（7）销售与推广企划

样品完成之后，下一步需要仔细思考的就是如何促销。企业要在何时举办展示会？用什么形式搞促销活动？如何获得更多订单？如何将产品变成商品、变成货款？这些都是促销企划应该做的。同时，对于企业自己的推销员，在展示会或其他促销活动前，必须召开企划说明会。推销员集会是组成促销企划的重要的一部分。另外，促销企划还包括对零售商所购入的产品要给予商品陈列指导，商品说明方法的指导，这些工作也是促销企划的工作范围。

1.2.4　快时尚企业服装商品企划工作范畴

飒拉（ZARA）创始于 1975 年，是西班牙服装零售商 Inditex 9 个品牌中最出名的旗舰品牌。它既是服装品牌，又是专营飒拉（ZARA）品牌服装的连锁零售品牌，近几年取代盖璞（Gap）成为世界上最大的服装零售商，成为快时尚品牌的领导者。老牌奢侈品集团酩悦·轩尼诗—路易·威登(LVMH)的时尚总监帕特(Daniel Piette)称它为“全球最具创意也最具破坏力的零售店家”,哈佛商学院则将“欧洲最具有研究价值的品牌”的名号授予它。以飒拉(ZARA)的快时尚模式为基准,服装企业拥有如下的企划业务:

服装商品组织与设计(图 1-3):企业派出专业人员去各大秀场、时装展示会、高档场所及流行场所以及通过销售库存反馈等方式观察、收集时尚信息,将这些最前沿的信息传达到总部,为后续的生产环节服务。企业内部的设计师、市场专员、采购员等工作人员讨论款式、成本、定价等相关因素,制作样衣,再经过讨论修改得出是否投产的最终决策。

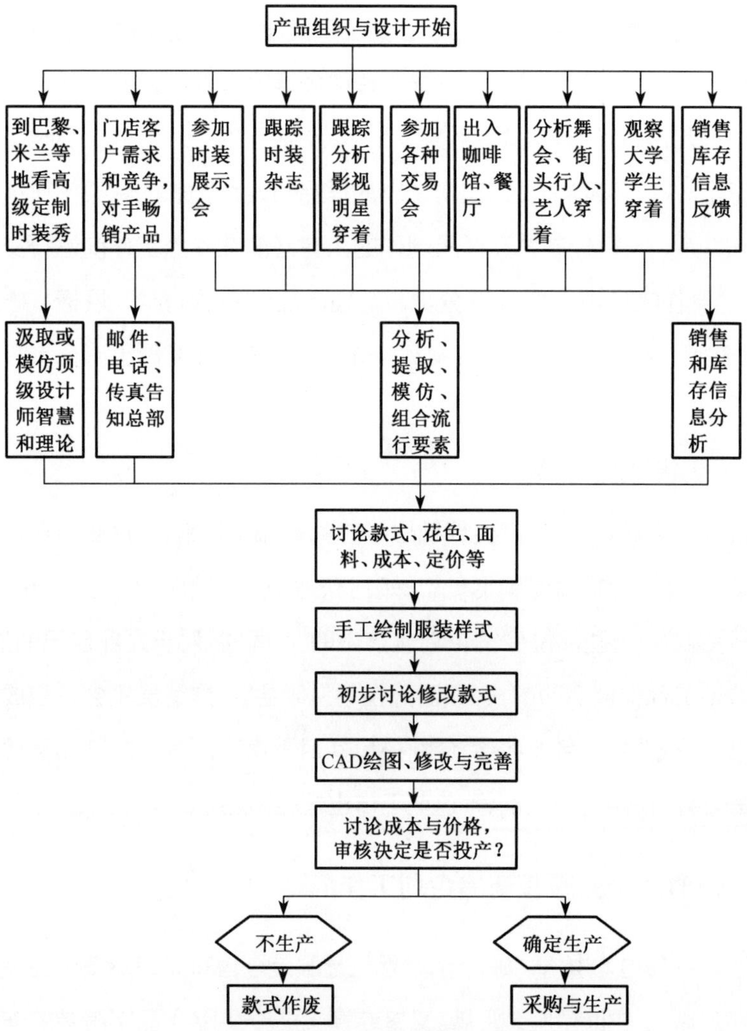

图 1-3 服装商品设计开发

服装商品采购与生产(图 1-4):确定生产某一款式的服装后,接下来企业会迅速做出自行生产或外包生产的决策。 若自行生产,企业会立即查看有无现成面料,有则开始生产,无则进行白坯布的染色加工或采购面料,然后进行剪裁、缝制、包装,此时只生产预期销量的 15%左右的产品。 外包生产的产品被运送到现代化的物流配送中心等待进行下一步的安排。 这些自行生产的产品和外包生产的产品一样进入产品配用环节。

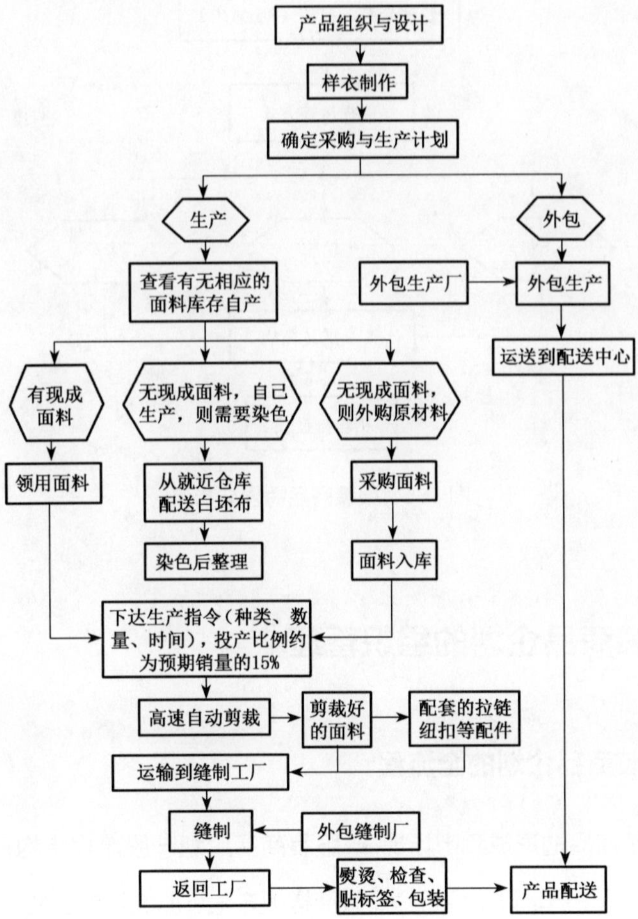

图 1-4　采购与生产业务

服装商品销售与物流(图 1-5):产品生产、包装完毕,就会被运送到配送中心,然后由快速分拣机进行分拣、包装,再通过选择不同的运输方式(飞机、轮船、卡车)送达各门店进行销售。 销售信息此时又被反馈回企业,畅销款式的服装会被继续生产,滞销款式则下架。

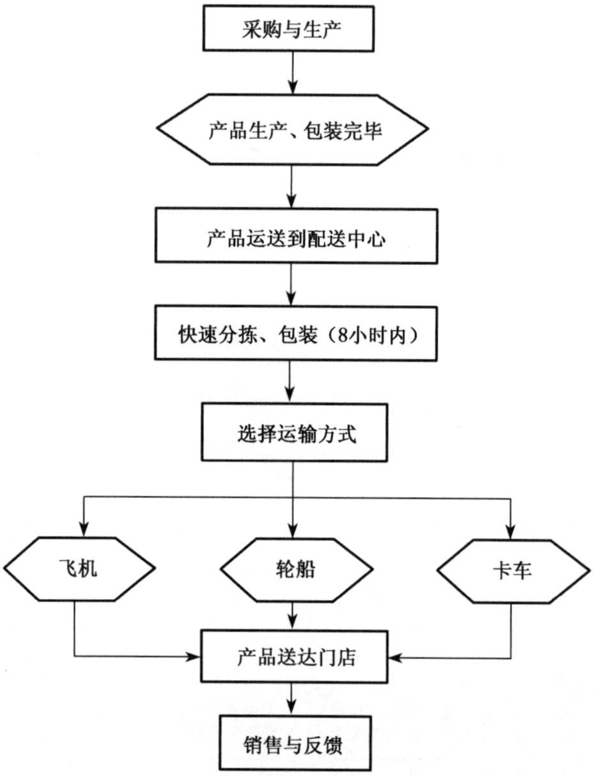

图 1-5　服装商品销售与物流

1.3　服装商品企划的组织管理

1.3.1　服装商品企划的全流程

根据服装商品的形成和市场规律，服装商品企划一般流程结构包括：市场研究、设计、样品生产、订货会行销、量产样板方案、加工与外包生产、物流配送等步骤，如图 1-6 所示。

1.3.2　服装商品企划的组织管理活动

服装商品企划包含了管理活动、组织活动和专业技术活动，保证了品牌风格的完整性，产品开发的快捷性，相关环节的畅通无阻，特别是服装商品对应消费需要进行设计、生产和物流，实现迅速销售。

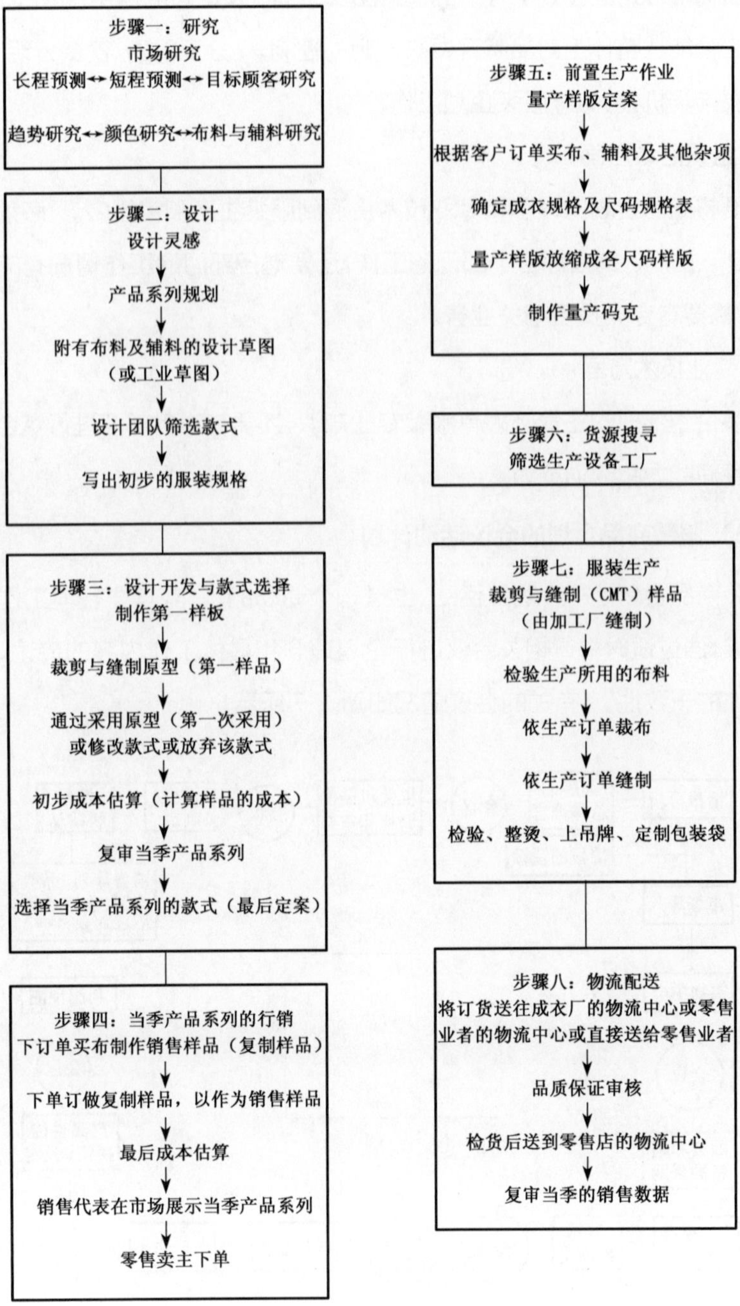

图1-6　服装商品企划流程

（1）服装商品企划是多部门的协调

① 管理方面

服装商品企划相对生产和销售起先导作用，需要先有商品企划，再在生产和销售中贯彻执行这些企划。企业需要给企划部门以足够的自由度和支配权，使企划的主管能从整体上对品牌开发有宏观的控制。分工明确，权责分明，才能更好地把握市场机会，做好服装企划工作。

② 组织活动方面

需要将商品企划的理念和专业技术贯通到服装生产和销售中。必须要协调公司设计、生产、销售等各个部门的工作，还要对各部门的工作情况有充分的掌握，同时需要有专人负责相关业务。

③ 专业技术方面

服装企划部门的主管必须有服装专业知识，还要有对各部门进行综合管理和指导的管理能力和沟通能力。

（2）服装商品企划的会议活动计划

服装商品企划是一个团队活动，也是一个动态的工作，需要各项工作内容分阶段开展，通过适时举行相关会议进行企划理念和具体工作内容的传达，协调各部门工作的一致性。有关的会议情况如图 1-7 所示。

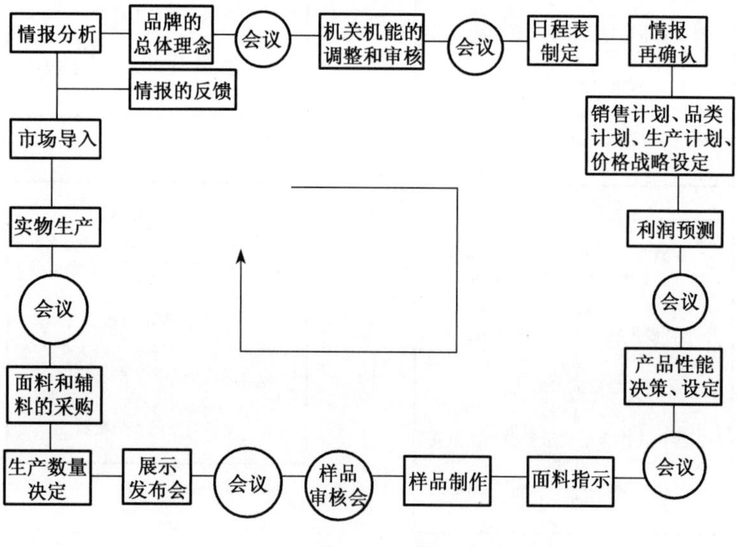

图 1-7 服装商品企划过程中的协调会

① 商品策划会

决定长期商品计划、目标消费群、定位准确市场、品牌理念、编写商品企划书。

② 统计数据分析策划会

进行经营业绩分析，统计上一季度的营业额、利润率和季节变动情况，制定本季度的营业额、利润目标等。

③ 流行趋势会议和基本构想会

通过搜集国内外的流行信息，分析流行趋势，提出基本构想，确定商品的季节主题。

④ 商品品类构成会议和总体计划会

商品产品线分析、月份销售计划表、月份生产计划表、面辅料采购计划表、月份商品品类分配表、展示会及商品宣传计划。

⑤ 企划说明会

编写企划相关内容说明会，向相关人员说明服装商品企划理念及内容，进行部门间协调、沟通。

⑥ 样品展示会

向主客户介绍样品，确认客户意向，进行样衣选择，确定批量生产商品，预算生产成本、销售利润，编写预测计划书。

⑦ 内部发布会和订货展示会

通过展示样衣评价和客户信息反馈，进行销售预测调整，确定生产数量。

⑧ 销售预测调整会

店铺销售跟踪，促销调整，顾客满意度调查，商品销售动态研究，对产品的生产数量进行取舍，接受投诉和售后服务。

⑨ 商品动向报告会和策划报告会

对服装商品策划过程进行评价，总结前段时间的工作，得出经验，反馈信息，进入下一个商品企划过程。

需要注意的是商品企划的每一步都要有明确的时间表和相应的责任人，编制明确的计划书，可以使工作具有可操作性和可控性，保证工作定期完成，才能使商品企划工作有序展开，企业经营良好发展。

1.3.3　服装企业与企划有关的岗位及其工作

服装品牌企业一般设有企划部门，企划部门的核心作用是：

- 依据企业目标，进行商品设计、生产计划、商品陈列和销售计划。

• 协调相关部门：协调研发部、生产部、销售部执行产品开发、生产、销售计划。

• 掌控商品部、物流部、视觉企划等部门，对接营业部。

• 企划日程发布，推进各环节协作。

• 控制商品陈列等视觉形象和品牌形象的统一。

• 进行供销平衡管理，控制下单、销售、库存的数量并根据变化进行平衡管理。

企划主管	对产品企划、产品设计、产品生产及营销进行宏观把握、整体策划，针对市场需求制定产品供应计划。
设计师	把握流行、服装市场导向、品牌形象等，开发设计适销对路的服装产品、服饰品、纺织品等。
样板师	对设计师设计的产品效果图进行结构设计并制作样板。
排版考料员	排版考料。
样板缩放员	型号缩放。
样衣工	缝制样衣。
代理商	对所供应的商品向销售部门、专卖店进行调配分销。
陈列师	设计出容易理解，便于观看，便于选择，能够给人留下深刻、完美印象的商品陈列方案和广告计划。
营销经理	以销售商品为目的展开营销活动的运营管理者。
IE生产经理	保证质量的同时实施成本管理、工程管理，优化生产线，涉及高效作业流程。
促销经理	分析市场、消费者的消费动态等，为公司战略决策提供情报。
导购员	指导消费者购买商品，提高销售业绩。
店长	是店铺经营的管理者，负责店铺销售及促销等全面工作。
跟单员	利用外协工厂完成产品生产任务的外协加工管理者。
采购员	负责进货。
培训师	对员工、销售人员等技术的培训指导。
店铺设计师	把与品牌形象相吻合的店铺形象策划纳入服务意识与陈列构想。
搭配师	把即将在杂志、插画、影视广告中刊登的服饰品等因素与企划形象搭配，形成相吻合的整体形象。
顾客接待师	消费指导及售后服务。
品质试验师	材料性能试验、样品科学检测，检验消费过程中是否会出现性能问题。

图1-8 服装产业不同岗位分工及产品企划工作的关联性

服装商品企划实现服装商品从面料选择到销售的全过程控制，企划的执行需要协调相关部门和相关职位的积极参与(图 1-8)，因此服装企业在进行岗位职责设置时需要包含相应内容。

思考练习题

1. 服装商品企划中常用的服装分类方法有哪些？
2. 服装商品企划的内涵是什么，其与市场营销的区别与联系？
3. 服装商品企划的内容和基本流程是什么？
4. 快时尚模式下服装商品企划的特点是什么？

第 2 章 服装市场研究

知识要点

1. 服装市场结构分析；
2. 服装市场调研流程；
3. 服装市场细分、目标市场选择、市场定位。

本章内容提要

市场定位对企业的营销效果具有不可估量的影响。有效的市场定位，可以确定产品在顾客心目中的适当位置并留下深刻的印象，从而吸引顾客、占领市场并获得市场的竞争优势。失败的市场定位，则有可能使得产品或企业一败涂地。因此，市场定位是市场营销战略体系中的重要组成部分，它对于树立企业及产品或品牌的鲜明特色，满足顾客的需求偏好，提高企业竞争实力具有重要的意义。

本章的要点在于引入定位的基础概念，介绍市场调研的方式、方法，解析品牌定位的递进策略与全方位定位的新理念。市场定位必须从多角度进行，以便锁定品牌在市场中的虚拟空间位置。

2.1 服装市场结构分析

2.1.1 服装市场结构与特点

现代服装企业面临的是一个比以前更加易变和复杂的环境，所以企业只有不断研究环境，不断收集市场信息，评价分析信息，并监控环境的变化，以便企业做出科学的决策。

2.1.2 服装市场结构

一般来说，结构是构成某一系统的诸要素之间的内在联系方式及其特征。在产业组织理论中，市场结构就是企业之间市场关系的特征和形式，它具体包括买方之间、卖方之间、买卖双方之间以及市场内已有的买卖双方与正在进入或可能进入市场的买卖双方之间在交易、利益分配等方面存在的竞争关系。从根本上说，市场结构反映的是行业间竞争与垄断的关系。在西方微观经济学发展的过程中，不同学者对市场结构从不同的角度进行了划分。张伯伦、罗宾逊夫人根据不同行业的市场垄断与竞争程度，即参照企业数目、产品差异化程度、企业进入或退出市场的难易程度以及企业对市场价格的控制程度等因素，将市场结构分为完全竞争、垄断竞争、寡头垄断、完全垄断四种基本类型。

服装企业仅仅了解自己是远远不够的，服装企业还要了解竞争者，这样才能制订出有效的营销计划。企业必须经常将其产品、价格、渠道和促销与其接近的对手进行比较，这有利于企业能发动更为准确的进攻，并在受到竞争者攻击时能做较好的防卫。

（1）行业竞争结构分析

行业竞争结构分析主要是从行业整体的供需状况、行业特征、竞争状态，以及产品普及率等方面进行分析，以掌握行业发展的趋势。在进行行业竞争结构分析时，可以运用美国著名管理学者迈克尔·波特的行业竞争分析法。该理论认为，企业最关心产业内的竞争程度，因为行业的竞争程度决定了该行业的根本赢利能力，行业竞争的特色也从根本上决定了该行业中企业竞争战略的特色。波特认为有五种力量决定了行业竞争强度的高低，它们分别是：新进入者的威胁，现有企业之间的竞争；替代产品或服务的威胁；购买者的讨价能力；供应商的讨价能力。这些力量的合成最终决定了一个产业的赢利潜力。每一股弱的力量都是机会，每一股强的力量都是使利润降低的威胁。

表 2-1 列出了用于服装行业竞争结构分析的各种因素，服装企业可以根据行业现状对各描述语句打分，其中“1 分”代表该描述与行业状况极为一致，“5 分”代表该描述与行业状况极不相符。然后依据表中公式可计算出各种竞争力量的得

分，每种竞争力量得分多少说明这种竞争力量对企业成功的重要性大小，得分高则重要性大。某一项得分高，就说明这个问题应尽快解决或认真对待。

表 2-1 服装行业竞争结构分析表

各种竞争力量					
1）潜在的进入者	极为一致			极不相符	
① 进入这个行业的成本很高	1	2	3	4	5
② 我们的产品有很大的差异性	1	2	3	4	5
③ 需要大量资本方能进入这个行业	1	2	3	4	5
④ 顾客更换供应者的成本高	1	2	3	4	5
⑤ 取得销售渠道十分困难	1	2	3	4	5
⑥ 与我们同样的产品很难得到政府批准经营	1	2	3	4	5
⑦ 进入这个行业和对本企业构成的威胁性不大	1	2	3	4	5
分数＝各项得到的分数之和÷所回答的项数×第⑦项的得分					
2）行业内部竞争者	极为一致			极不相符	
① 行业中有许多竞争者	1	2	3	4	5
② 本行业中所有竞争者几乎都一样	1	2	3	4	5
③ 产品市场增长缓慢	1	2	3	4	5
④ 本行业的固定成本很高	1	2	3	4	5
⑤ 我们的顾客转换为竞争者十分容易	1	2	3	4	5
⑥ 在现有生产能力上增加一点生产能力十分困难	1	2	3	4	5
⑦ 本行业没有两个企业是一样的	1	2	3	4	5
⑧ 本行业中大部分企业要么成功要么垮台	1	2	3	4	5
⑨ 行业大多数企业准备继续留在本行业	1	2	3	4	5
⑩ 其他企业干什么对本企业并无多大影响	1	2	3	4	5
分数＝各项得到的分数之和÷所回答的项数×第⑩项的得分					
3）替代产品	极为一致			极不相符	
① 与我们产品相近的产品很多	1	2	3	4	5
② 其他产品有和我们产品相同的功能和较低的成本	1	2	3	4	5
③ 生产和我们产品功能相同的产品的企业在其他市场有很大的利润率	1	2	3	4	5
④ 我们非常关心与我们产品功能相同的其他种类产品	1	2	3	4	5
分数＝各项得到的分数之和÷所回答的项数×第④项的得分					
4）购买者	极为一致			极不相符	
① 少量顾客购买本企业的大部分产品	1	2	3	4	5
② 我们的产品占了顾客采购量的大部分	1	2	3	4	5

（续　表）

③ 本行业大部分企业提供了标准化类似的产品	1	2	3	4	5
④ 顾客转换供应者十分容易	1	2	3	4	5
⑤ 顾客产品的利润很低	1	2	3	4	5
⑥ 我们的一些大顾客可买下本企业	1	2	3	4	5
⑦ 本企业产品对顾客产品质量贡献很小	1	2	3	4	5
⑧ 我们的顾客了解我们的企业以及赢利多少	1	2	3	4	5
⑨ 诚实地说，顾客对本企业的供应者影响很小	1	2	3	4	5
分数＝各项得到的分数之和÷所回答的项数×（第⑤～⑨项的得分之和）					
5）供应者	极为一致			极不相符	
① 本企业需要的重要原材料有许多可供选择的供应者	1	2	3	4	5
② 本企业需要的重要原材料有许多替代产品	1	2	3	4	5
③ 在我们需要最多的原材料方面，我们企业是供应者的主要客户	1	2	3	4	5
④ 没有一个供应者对本企业是关键性的	1	2	3	4	5
⑤ 我们可以很容易地变换大多数原材料的供应者	1	2	3	4	5
⑥ 相对于我们企业来说，没有一家供应者是很大的	1	2	3	4	5
⑦ 供应者是我们经营中的重要部分	1	2	3	4	5
分数＝各项得到的分数之和÷所回答的项数×（第⑤～⑦项的得分之和）					

（2）特定竞争品牌分析

竞争对手分析主要包括两大方面：其一是竞争企业的行为，它告诉企业竞争对手是否能够开展竞争；其二是竞争企业的个性和文化，它说明竞争对手喜欢如何竞争，它是企业努力分析竞争对手的最重要的目标。具体来说，服装企业可从以下几个方面分析自己的竞争对手。

① 识别竞争者

分析竞争对手的第一步是首先要识别谁是本企业的竞争者。知道了谁是竞争者，收集竞争者近几年的服装产品定位与设计、销售业绩及市场占有率等资料，是评估竞争者各项市场策略的一个重要依据。

② 销售业绩与销售系统分析

从竞争者的销售额增长率、市场占有率及市场覆盖率等资料，能看出竞争者最近几年的业绩是在成长还是衰退，并可将其业绩与本企业进行比较，以便找出差距、分析原因，并制订相应策略。分析竞争者的销售系统主要从销售组织、人员构成、营销渠道的构成、销售网点的分布、各个流通环节的差别以及各代理商的态度等角度进行。

③ 目标市场分析

竞争者的服装产品主要销售给哪些消费者群体？竞争者的目标市场与本企业是否相同？如果不同，不同之处在哪里？如果相同，相同之处在哪里？

④ 市场定位分析

竞争者的定位是什么？与本企业的定位有何不同？

⑤ 产品分析

竞争者的产品分析，主要包括产品线构成、设计、面料、工艺、质量、成本、包装、价格、生产效率等。竞争者主要生产、销售哪些种类服装产品？其产品线与本企业有何不同？与其品牌定位相应的服装产品在设计风格上有何特点？本企业与竞争者的服装产品在设计、原料、工艺等方面各有哪些优点与缺点？竞争者的品牌形象与本企业相比如何？竞争者的产品包装有何特色？消费者对竞争者及本企业的品牌、包装如何评价？

⑥ 营销策略分析

营销策略分析主要包括竞争者的销售策略、推销方式以及广告宣传等。研究竞争者营销策略的最主要目的是要找出应对之道，同时也能了解哪些是导致竞争者成功的因素，可作为本企业模仿的对象；哪些是竞争者失败的地方，本企业可以引为借鉴。

竞争者的营销组合策略只能反映竞争者的短期策略。仅掌握竞争者的短期动态及目前的竞争手段是不够的，因为这些资料无法预估竞争者的可能发展，因此还要从更广泛角度去研究竞争者的整体策略。

⑦ 未来目标分析

分析竞争者的未来目标是一项重要工作。如果能够掌握竞争者的目标，则可预测竞争者的行动，企业更能在此基础上制订更精确的应对策略。

⑧ 反应模式分析

每个竞争企业都有自己的经营理念、企业文化及一些行为方式，领导层的素质和决策风格也迥异不同。掌握了竞争者的行动模式、长处、弱点及竞争者希望达成的目标，企业就可以在一定程度上预估竞争者的反应。

2.1.3 服装市场特点

在个人的消费结构中，服装一直是人们普遍关注的焦点。服装消费不仅体现了人们的消费水平，也体现了消费者的价值观。作为时尚产品，服装市场表现出活跃与多变的特点，并因此创造了巨大的市场空间与赢利机会。对于服装企业来讲，如何运用市场调研原理和调研方法，为决策者提供更多需要的信息是企业面临的重要问题。

在日常生活中，人们习惯将市场看做是买卖双方进行交易的场所。营销学家菲利普·科特勒认为市场是由一切具有特定欲望和需求，并且愿意和能够以交换来满足这些需要的潜在顾客所组成。

服装市场与其他消费品市场既有相似之处，也有一定区别。了解服装市场的特点，有助于更有针对性地进行服装市场调研。服装市场的特点具体体现在以下几个方面。

（1）流行性

尽管绝大部分产品都有流行性，但服装是最具流行特点的产品。服装，特别是时装或高级成衣，从整体风格到细部设计，从外观设计到面料色彩，随着时间的推移在不断变化，形成了一波接一波的流行浪潮。对服装来说，变是永恒的主题。因此对服装经营者来说，应掌握服装流行的特点、规律、变化趋势以及影响流行的各种因素。

（2）季节性

大多数种类的服装都有明显的季节特点，冬装、夏装、春秋装本身反映了服装的季节性需求。服装市场的季节性与服装企业的产品设计、生产安排和营销策略的制定有着密切的关系，同时也影响着人们的购买和穿着习惯。

（3）地域性

自然气候是影响人们着装的主要因素之一。在不同的气候条件和环境下，人们对服装的要求也不尽相同，因而形成了具有不同特点的服装市场。我国地域广阔，从南到北气候差异很大，当东北地区的人们还身着冬装时，广东、海南等地的人们可能已穿上了夏装。服装市场的地域性不仅与地理环境、气候有关，还受到当地的历史文化、社会经济发展状况等的影响,如我国南方和北方,人们的饮食、生活方式、消费观念等有很大差异。

(4)层次与多样性

市场由消费者组成,消费者个人之间的性别、年龄、受教育程度、收入、生活态度等方面都存在着差异,因此对服装的需求和偏好也是多种多样的,这就决定了服装市场的层次性和多样性的特点。层次性指服装市场分高、中、低档,价格从千元乃至万元的高级时装、名牌服装到百元以下的低档服装,其间分为若干不同的档次,以满足不同消费者群体的需求。多样性反映在两个方面:一是消费者需求的多样性和个性化,不同年龄、收入的消费者有着不同的需求,即使同一年龄、同等收入的消费者中也存在差异化和个性化需求,而且随着社会发展,这种需求特点越来越明显。二是反映在服装产品的种类上,可以按照多种方式分类,如按年龄分为童装、青年、中老年装等;按用途可分为正装、休闲装、运动装等。消费者对每一类服装有不同的要求,不同的消费者对同一类服装产品也有不同的要求。

2.2 服装市场调研流程

虽然服装市场调研内容包括很多方面,但是在服装商品企划时,更多的是需要进行服装市场需求调研、服装行业和竞争调研、服装营销活动调研以及服装流行趋势调研等。同时,服装市场调研涉及面广,也是一项较为复杂、细致的工作。为了确保服装市场调研质量,使整个调研工作有节奏、高效率进行,需要加强组织和管理,合理安排调研流程。市场调研大致要经过明确调研目标、制定调研方案、执行调研方案、数据处理与分析和撰写调研报告等过程。

2.2.1 识别研究问题及确定调研目标

识别研究问题和确定调研目标是市场调研过程的第一个步骤,也是最重要的一步,只有调研目标明确无误,其后的调研工作才能顺利开展同时,带着问题去研究,其寻找答案的过程即是调研的过程。

（1）识别研究问题

市场调研是为了探测企业本身管理运营的症结，对症下药，以探寻正确答案，谋求发展途径而实施的，即通过市场调研来帮助企业解决问题是调研的终极目标。因此，研究问题通常来自于服装企业的管理困境或管理问题。在这种情况下，识别研究问题就需要异常严谨，必须先对研究背景、影响因素（如消费者、经销商、竞争对手和企业自身等方面）进行分析，其次分清问题主次，并提炼核心内容，进而明确研究问题。

由于市场调研之初需求多是模糊的、宽泛的，所以在调研准备阶段必须弄清几个问题：

A. 为什么要进行本项市场调研？

B. 本项市场调研要了解哪些情况？

C. 调研结果有什么用途，解决什么问题？

（2）确定调研目标

在明确研究问题之后，还要进一步确定市场调研目标，使所要研究的问题更加清晰、准确和便于操作。由于需要解决的问题不同，研究的问题也不同，调研目标也就有所不同。而且有的研究目标比较单一，有的比较复杂，如专题性研究的目标可能比较单一，而综合性研究的目标可能是一组目标的组合。

① 设计调研方案

调研方案的设计是制定调研所要遵循的一个框架或计划，以保证市场调研能有效执行，这是整个市场调研中最复杂的工作阶段。一个调研方案主要包括调研项目、调研方法、调研人员、调研费用、调研进度安排等内容。

A. 调研项目。即调研内容，也就是调研要收集哪些方面的资料。选择调研项目取决于调研目标，它是对调研目标的具体指标分解，以使抽象的调研目标转化为具有可操作性的市场调研项目（或内容）。

调研项目是一个系统化和条理化的调研纲要，因此，它要求市场调研的设计者要根据调研目标的要求去梳理、提炼、组织、安排这些市场调研项目，使之形成一个科学合理的、具有一定内在联系的市场调研体系。一般的市场调研项目应列出两至三级的调研项目：第一级调研项目往往数目较少，但是关系调研目标的核心与方向，它们构成了一个调研项目的基本框架；二级调研项目是在一级调研项目范围内列出涉及到的一些具体调研项目；三级调研项目则是在二级调研项目的基础上，对二级调研项目内容的进一步细化。在市场调研项目系统化条理化的过程中，可用树形结构列出各级调研项目，以免遗漏关键的市场调研项目。

B. 调研方法。是指取得资料的方法，具体包括收集二手资料的间接调查法和收集一手资料的直接调查法（如访问法、观察法和实验法）。

调研方法应依据不同的调研项目选择，有些调研可能只需要采用一种调研方法即可达到目的，另一些调研则可能需要两种或两种以上调研方法结合在一起使用。

C. 抽样设计。大多数市场调研通常采用抽样调查，而非全面调查。因此，通过从总体中抽取部分样本进行研究成为市场研究的主要方法。

根据抽样是否遵循随机原则，抽样技术分为概率抽样和非概率抽样。常用的概率抽样技术有简单随机抽样、分层随机抽样、分群随机抽样等。常用的非概率抽样技术则有任意抽样、判断抽样、配额抽样等。

在抽样设计中还会涉及到确定调研地点，调研对象。确定调研地点首先要从市场调研的范围出发，如果是调研一个城市的市场情况，还要考虑城市的区域分布，其次是考虑调研对象的居住地点分布。确定调研对象，主要是确定调研对象所具备的条件，如性别、文化程度、职业等个人背景，同时还要确定调研对象的数目。

D. 调研工具。在收集一手资料中通常会使用一些调研工具，主要包括调查问卷、调查提纲、调查记录表和一些调研仪器（如录音设备、录像设备等）。

E. 调研人员。确定调研人员，主要是确定参加市场调研人员的条件和人数，包括对调研人员必要的培训。

F. 调研进度安排。即对各类调研项目、调研方法的工作程序、时间、工作方法等要求作出的具体规定。一个市场调研项目的进度安排大致要考虑以下几方面：调研方案论证、设计，抽样方案设计，问卷设计、测试、修改和定稿，调研人员的挑选、培训，实施调研，数据整理、录入和分析，调研报告撰写。表2-2提供了一个粗略的时间分配比例。

表 2-2 市场调研进度安排表

市场调研工作环节	时间分配(%)	备注
确定调研目标	5～10	
调研方案论证、设计	4～6	
二手资料收集	10～15	
实施调研	30～40	
数据整理、录入和分析	20～25	
撰写调研报告初稿	1～2	
修改调研报告并定稿	4～8	
报告呈交	3～5	

G. 调研费用。 即调研的各项开支。 在达到调研目标的前提下,应尽可能控制调研费用。 调研费用一般包括人员劳务费、问卷印刷费、资料费、交通费、数据处理费等。 通常一个市场调研中前期的计划准备阶段的费用安排占总预算的 20%,实施调研阶段的费用安排占总预算的 40%,后期分析报告阶段的费用安排约占总预算的 40%。 在制定预算时,依据抽样设计和资料采集方法列出调研过程中各个费用支出项目的金额,然后求出总费用,具体见表 2-3。

表 2-3 市场调研费用预算表

支出项目	数量	单价	金额	备注
方案策划费				
抽样设计、实施费				
问卷设计费				
问卷印刷、装订费				
测试调研费				
调研员劳务费				
督导员劳务费				
受访者礼品费				
交通费				
数据录入费				
统计分析费				
撰写报告费				
资料费、印刷费				

（续　表）

支出项目	数量	单价	金额	备注
管理费				
服务费				
杂费				
合计				

2.2.2 执行调研方案

制定好调研方案后，即可按照设计有效执行方案。实地调研对象主要分为消费者的商业区调研和入户调研、经销商的调研、生产厂商的调研等。

2.2.3 数据处理与分析

市场调研过程中所得到的资料大部分是零散的，只有进行整理和分析才具有价值，以帮助企业科学决策。

对调研数据的处理根据调研方法的不同应有所不同。如访问法中经常会使用调查问卷来收集资料，其数据的处理过程是：审核、分类、编码、录入、缺损检验、分维度统计、制图表、打印、归档等。而座谈会的调研数据的处理过程则是：审核、分类、编码、整理、音像带、补充、统计（半自动）、制图表、打印、归档等。

2.2.4 撰写调研报告

资料的处理和分析是提出调研报告的基础，而提出调研报告则是市场调研的最终结果和成果。调研报告应包括以下几方面内容：

A. 序言。主要说明调研的目的、调研过程及采用的方法。

B. 主体部分。根据调研目的，对数据处理结果进行分析，作出结论并提出建议。

C. 附件。主要是报告主体部分引用过的重要数据和资料，必要时可把详细的统计图表和调研资料作为附件。

需要说明的是，调研报告要简明扼要，用资料数据说明问题，切忌主观臆断，并且注意在规定的时间内完成。

2.3 服装目标市场选择及定位

服装企业为其品牌、产品选择目标市场并进行市场定位，是进行服装商品企划必要且重要的一个环节。美国著名营销权威菲利普·科特勒指出：定位是树立企业形象，设计有价值的产品和行为，以便使细分市场的消费者理解企业与竞争者的差异。这就像在广袤的服装市场上圈定一块“地盘”，并在这个“地盘”上的消费者心目中再圈出一块“领地”。

服装产品种类繁多且与流行时尚联系密切，企业无法用有限的资源来设计、生产和销售所有的服装种类以满足每位消费者的需求。因此，如何为目标消费者开发出具有特色并满足其需求的产品，成为服装企业参与激烈竞争的重要砝码。而目标市场营销战略则是这一砝码的关键所在。目标市场营销战略包括三个步骤，即市场细分（Segmentation）、选择目标市场（Targeting）和市场定位（Positioning）。

2.3.1 市场细分

市场细分是指企业依据消费者需求的差异性和类似性，把整体消费者划分为若干不同消费群，即把整体市场划分为若干个不同的子市场。需要注意的是，市场细分不是细分商品，而是细分消费者，通过研究消费需求的差异性，把有类同消费需求的消费者划分为子市场，为企业之后选择目标市场和市场定位提供依据。随着服装市场竞争日益激烈，消费需求趋向多样化和个性化，市场细分显得愈加重要。

（1）服装市场细分依据

服装市场细分根据营销对象的不同，可以分为两大类，消费者市场细分依据和产业市场细分依据。下面重点介绍消费者市场细分依据。

① 消费者市场细分依据

消费者市场细分的依据可分为两类，一是按消费者特征细分，如地理、人口和心理因素；二是按消费者行为细分，如购买（或使用）时机、利益、态度等。如表2-4所示。

表 2-4 消费者市场细分依据

细分依据	特 点	细 分 变 量
人口因素	相对稳定	年龄、性别、家庭结构、职业、受教育程度、收入、民族、国籍、宗教
地理因素	静态因素	国家或地区、气候、城市规模、人口密度
心理因素	动态因素	生活方式:朴素、时髦、高雅、传统等 个性:内向与外向、独立与依赖、乐观与悲观等
行为因素	复杂多变	购买动机:实用、从众、炫耀、保值、收藏、便利等 使用时机:一般、特殊 购买频率:很长时间购买一次、阶段性购买、经常购买 品牌忠诚度:低、中、高 追求利益:质量、服务、功能、舒适、品牌声望等 进入程度:不注意、注意、知道、感兴趣、想买、打算购买等

服装消费市场本质是商品分类选购,由于构成服装产品的要素众多,而消费者的需求各有不同,因此理论上的细分组合是无限的。但对于服装企业来说,细分的目的主要是选择有足够容量、有利可图并且是可操作的目标市场。在进行服装市场细分时,应广泛开展市场调研,收集消费者信息,听取销售、店铺人员的见解,分析竞争对手的战略和策略,以及企业自身的能力细分市场,并确立企业的战略目标。

例如,飒拉(ZARA)在进入中国市场前,首先选定有代表性的与欧洲文化有较大兼容的上海市场作为研究对象,不仅调查了主要国际服装品牌在上海市场的策略、经营模式、产品种类、价格档次和零售分布,还针对上海消费者对价格、面料、色彩、服装类型和款式的喜好做市场调研,为最终确定细分市场和应对策略提供参考依据。

② 产业市场细分依据

产业市场细分依据和消费者市场细分依据有些不同,但许多用来细分消费者市场的变量,还是可以用于产业市场细分。产业市场细分依据主要包括地理因素、行为因素、购买条件、商品因素等。

(2)细分市场评估

服装企业根据多种依据细分市场后,还要针对每个子市场进行评估,要从三个方面评价:

① 细分市场的规模和发展前景

细分市场的规模和发展前景即潜在的细分市场是否具备适度规模和发展特征。“适度规模”是个相对的概念。大的服装企业一般重视销售量大的细分市场,而小的或新兴的服装企业则避免进入规模较大的细分市场,因为那样需要太多的资源投入。细分市场的发展前景通常是一种期望特征,因为企业总是希望销售额和利润能力不断上升。但需要注意的是,竞争对手也会迅速抢占正在发展的细分市场,从而抑制本企业的赢利水平。

② 细分市场结构的吸引力

有些细分市场虽具备了企业所期望的规模和发展前景,但可能缺乏赢利潜力。企业要评价五种因素对长期赢利的影响,五种因素即同行竞争者、潜在的竞争加入者、替代产品、购买者和供应商。

③ 企业的目标和资源

即使某个细分市场具有较大的规模、良好的发展前景和富有吸引力的市场结构,服装企业仍需要结合自己的目标和资源进行考虑。企业有时会自动放弃一些有吸引力的细分市场,因为它们并不符合企业的长远目标。当细分市场符合企业的目标时,企业还必须考虑自己是否拥有足够的技能和资源,以保证在细分市场上取得成功。只有当企业能够提供具有价值的服饰产品和相关服务时,它才可以进入这个细分市场。

2.3.2 选择目标市场

经过市场细分之后,企业便会面临众多不同的细分市场,企业必须仔细从中选择自己的目标市场,以便集中全部市场营销能力,有效地为这些目标市场服务,从而获得相应的经济回报。

目标市场,是指企业在市场细分的基础上,根据市场潜量、竞争对手状况、企业自身特点所选定和进入的特定市场。目标市场选择,是指企业从可望成为自己的几个目标市场中,根据一定的要求和标准,选择其中某个或某几个目标市场作为可行的经营目标的决策过程。目标市场选择是市场细分的直接目的。一旦确定了目标市场,企业就要集中资源,围绕着目标市场发挥其相对优势,来获取更佳的经济效益。因此,选择目标市场是企业制定市场营销战略的基础,是企业经营活动的基本出发点之一,对企业的生存和发展具有重要的现实意义。

（1）目标市场选择策略

服装品牌选择的目标市场的范围不一样，商品策划的策略也相应有差别，品牌的目标市场选择策略有无差异性市场策略、密集性市场策略、差异性市场策略三种类型。

① 无差异性目标市场策略

指企业把整体市场看作一个大的目标市场，认为企业只向市场推出单一的、标准化的品牌产品，并以统一的销售方式来销售，从而取得价格上的优势，但难以满足消费者多样的需求。 显然这种大众化的市场策略运用是很有限的，且只有常规的品类，如中低档均码的袜子、汗衫、牛仔裤。

② 密集性目标市场策略

指企业把全部力量集中在某一个或某几个细分市场上，企业针对细分市场的消费需求的差异，选择某一个具有较大发展潜力又占据一定优势的市场，设计、生产、销售目标顾客需求的品牌产品，并且制定相应的营销策略。 优点是，企业可以集中全部力量为一个或少数几个细分市场服务，容易掌握消费者的反应和要求，了解市场的竞争动态，扬长避短，在市场中处于有利地位。 由于在较小市场上进行生产，营销专门化的企业可以节省经营费用，加快资金流转，提高投资效益，从而增加盈利。 缺点是，由于目标市场较单一、狭窄，一旦市场情况发生突变，企业可能立即陷入困境，造成严重经济损失。

③ 差异性目标市场策略

指企业对整体市场进行细分的基础上，针对每个细分市场需求特点设计、生产不同品牌产品，制定并实施不同商品策划方案，试图以差异性的产品满足差异性的市场需求。 优点是，服装企业针对市场和顾客需求，确立多个目标市场，为每个目标市场设立一个品牌，这样既可扩大经营领域和销售的潜量，又不会造成目标市场混乱和市场定位差错。 通常成立各个品牌专门的部门，每个品牌都有品牌经理负责设计、生产、促销管理，这种由多目标市场的多元化商品而形成多品牌共存和品牌负责制能充分发挥平衡发展，从而避免单一目标市场的竞争风险。

（2）影响目标市场策略选择的因素

在营销实践中，企业究竟应选择何种目标市场策略，主要需考虑以下因素：

① 企业资源实力

企业资源实力主要指企业的人力、物力、财力和技术状况。如果企业资源条件好，经济实力和营销能力强，可以采取无差异性或差异性目标市场策略。如果企业资源有限，无力兼顾整个市场，则应该考虑选择密集性市场策略，以取得在小市场上的优势地位。

② 产品同质性

产品的特征不同，应分别采用不同的市场策略。对于大米、食盐、钢铁等产品，尽管每种产品因产地和生产企业的不同会有些品质差别，但消费者并不加以严格区别和过多挑剔，这样的产品一般宜采用无差异性市场策略。对于服装、化妆品、汽车等产品，由于在型号、式样、规格等方面存在较大差别，产品选择性强，同质性较低，因而更适合采用差异性或密集性市场策略。

③ 市场同质性

当市场消费者需求比较接近，偏好及其特点大致相似，对市场营销策略的刺激反应大致相同，对营销方式的要求无多大差别时，企业可采用无差异性市场策略。若市场上消费者需求的同质性较小，明显对同一商品在花色、品种、规格、价格、服务方式等方面有不同要求时，则宜采用差异性市场策略或密集性市场策略。

④ 产品生命周期

产品处在生命周期的不同阶段，应采取不同的市场营销策略。产品处于投入期，同类竞争品不多，竞争不激烈，企业可采用无差异性市场策略。当产品进入成长期或成熟期，同类产品增多，竞争日益激烈，为确立竞争优势，企业可考虑采用差异性市场策略。当产品步入衰退期，为保持市场地位，延长产品生命周期，全力对付竞争者，可考虑采用密集性市场策略，或者采取差异性市场策略开辟新的细分市场。

⑤ 竞争者的市场策略

企业进行目标市场选择时，如果不考虑竞争者状况及其采取的策略，就难以生存与发展。正所谓："知己知彼，百战不殆。"一般说来，企业的目标市场策略应与竞争者有所区别，反其道而行之。如果强大的竞争对手实行的是无差异性市场策略，则企业应实行密集性市场策略或更深一层的差异性市场策略。如果企业面临的是较弱的竞争者，必要时可采取与之相同的策略，凭借实力击败竞争对手。

2.3.3 市场定位

通常讲的市场定位有三种:消费群体定位、品牌定位和产品定位。三种市场定位的内涵各有侧重,而又相互交叉和支持。

(1)消费群体定位

消费群体定位是指企业所选择的是哪个部分的消费者群体。消费者定位主要有社会属性定位、消费者心理定位、消费者情感定位和消费者情调定位。

① 消费者社会属性定位

传统的消费者定位主要停留在对目标消费者的性别、年龄、职业、收入等基本信息的定位上,但是随着市场的细化和深入,消费者的民族、地区、爱好、性格、生活方式等其他社会属性也同时是市场定位需要考虑的内容。

例如,Bestseller集团旗下的杰克·琼斯(JACK & JONES)商务休闲男装品牌,1999年进入中国市场,其最初的目标消费群定位是20岁左右的年轻人,但后来对目标消费者群体进行了重新划分。目前的定位是18~25岁的青少年,较之其以前的目标消费群体范围有明显扩大。同时,这些顾客有如图2-1所示的社会属性特征。

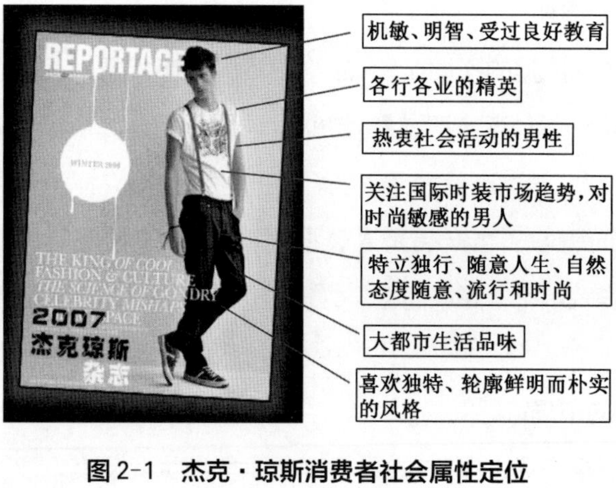

图2-1 杰克·琼斯消费者社会属性定位

② 消费者心理定位

消费者消费品牌产品的理由之一,是消费者希望通过品牌的符号价值来表达其社会属性、审美情趣、自我个性、生活品味等可以产生自我满足和自我陶醉的心理感受。因此，服装企业往往通过对消费者心理的影响，制定相应的营销策略，以赢得消费者的心理共鸣。

③ 消费者情感定位

情感定位是将人类情感中的关怀、牵挂、思念、温暖、怀旧、依恋、欢欣、舒畅等情感因素以任何可以察觉的方式融入品牌形象和产品中，使消费者在观赏、购买、使用产品的过程中获得这些情感的体验，从而唤起消费者内心深处的认同和共鸣，最终获得对品牌的喜爱和忠诚。

④ 消费者情调定位

情调定位是在品牌定位时为消费者特意安排的影响心理感受的外在因素。情调定位的目的是将产品假设在一定使用环境和场合中，置情于景，利用消费者的联想能力，召唤其对该品牌的情境联想，让消费者在使用产品过程中产生一种能够令人炫目的生活气氛、令人流连的生活情调和令人惬意的生活感受，从而产生购买欲望并完成购买行动。这种定位的高端境界专注于消费者的精神满足，符合产品设计更加人性化和生活化的潮流。

（2）品牌定位

根据菲利普 · 科特勒教授的界定，品牌定位是："针对目标市场确立一个独特的品牌形象，并对服饰品牌的整体形象进行设计、传播，从而在顾客心中占据一个独特的、有价值的地位的过程或行动。"品牌定位是针对产品品牌的，其核心是打造品牌价值。因此，服装品牌的定位不是针对服装本身。对品牌进行清晰的定位和鲜明的品牌形象的传播，是通过理解特定消费者的心智，从而把握清晰的服装品牌消费群体，获得他们的理解、接受和认同。当然，服装产品本身的设计理念，是在服装品牌的内涵下实施的。

如表 2-5 中的服装品牌分别代表了欧美的一些典型的男装服装品牌，像博伯利（Burberry），登喜路（Dunhill），爱马仕（Hermes）等品牌有上百年的历史，也有新崛起的服装品牌，比如卡尔文 · 克雷恩（Calvin Klein），从 1968 年才开始创建品牌，但是现在其开创了美式生活方式的先河，满足各个年龄、层次的不同需要，成为生活方式的代表品牌。这些品牌的成功与其准确的定位有密切的关系。这些品牌的定位有着共同的特点，那就是以本国的生活或者文化为依托，同时加入时尚的元素，其发展不但保留本国的生活方式或者文化的精髓，而且还突破固有的发展模式，不断地跟随时代潮流变化，进行创新发展，使老品牌焕发出新的生机。他们对品牌的定位也在与时俱进，不但对品牌进行定位，而且实现了对品牌的“升位”。通过品牌升位，不断自我更新实现品牌内涵的升级，并同步实现产品、营销、传播、管理升级，通过把握消费者的心智，使企业品牌与时俱进，持续不断地向品牌金字塔上一层级迈进。

表 2-5 国外著名品牌的定位特点

品牌名称	品牌的价值秘密	风格定位特点
博伯利（Burberry）	在一战期间因轻巧、保暖、透气、防水而被视为战场福物的 Trench Coat 是博伯利扬名四海的立身之本。现在，从伦敦到东京，在雨天，都是博伯利的天下。Keep Burberry British 是博伯利英伦时尚的经典代言。	卡其纹是其招牌标记，现在已经不大面积的应用格纹，含蓄甚至隐形的格纹受到新生代消费者的热捧。
卡尔文·克雷恩（Calvin Klein）	简约派时装的代表，永不过时的简式性感成为品牌的精神。	细分化的产品线组合，成为各个年龄段的生活时尚的代言。
登喜路（Dunhill）	宣扬传统生活与冒险精神结合的英伦绅士生活方式。	无畏冒险的精神贯穿品牌的历史全程，并成为登喜路的风格特点。
阿玛尼（Armani）	通过持续的行为，把品牌包装成意式生活方式的梦想王国。	为保守的男装中加入新的时尚元素，通过对男女装设计的相互融合，演绎奢华风格特点。
爱马仕（Hermes）	在传统与经典中寻求创新，不断求变求新的精神让品牌成为屹立于时装界的常青树。	着重与细节，精致面料和色彩的极简搭配，成为爱马仕的经典标签。
拉克斯特（Lacoste）	享誉世界的鳄鱼标志，象征着像鳄鱼一样的拼搏精神，赋予拉克斯特积极向上的品牌精神。	创造性的双线双眼针织法让网球运动衫变得合身合体，引发了运动衣的革命，法式优雅的贵族风格成为品牌的一个代名词。
拉夫·劳伦（Ralph Lauren）	不仅是美式经典品牌，更是一种生活方式的象征，其打造的美国生活神话成为“优秀”“卓越”的象征。将历史灵感和永不过时的古典主义风格结合起来，塑造出美国文化的魅力。	印有马球手标志的 Polo 衫成为品牌的经典款式。

（3）产品定位

产品定位是产品在未来潜在消费者心目中占有的位置。重点是在对未来潜在消费者的需求上下工夫，为此要从产品特征、包装、服务等方面作研究，并考虑竞争对手的情况。产品定位一般包括产品类别定位、产品价格定位、产品风格定位等。

① 产品类别定位

产品类别定位的目的，在于该产品在消费者心目中的价值地位。品牌实现盈利必须依靠具体的产品，而产品的销售又取决于消费者的需求。因此，市场需求决定了产品的类别，应将某类产品固有的独特优点和竞争优势，连同目标市场的需求特征和消费欲望等结合在一起考虑，以分析本身及竞争者所销售的产品作为定位的起点。

服装企业在创新产品类别时，除了依据市场对产品的需求以及自身企业资源的特点，还应该使用其他手段来弥补产品类别开发的不足。服装产品类别还体现在品牌的档次上，不同档次的品牌带给消费者不同的心理感受。

② 产品价格定位

产品的价格直接与企业的利润率有关，同时也与企业的市场定位有关。

表 2-6 服装产品价格定位的类型

定位类型	利润空间
设计师服装	大
高档价位服装	大
中档价位服装	中
低档价位服装	小
折扣价服装	小

③ 产品风格定位

产品风格就是品牌所提倡的通过具体的产品表现出来的设计理念和流行趣味。

夏姿 · 陈（SHIATZY CHEN）品牌于 1978 年在中国台湾创建，从设计与生产高级女装开始，至今已成为拥有高级女装、高级男装、高级配件以及高级家饰品

图 2-2 夏姿 · 陈春夏“渲影”系列

的高级时装品牌。融合中国美学元素和西方立体剪裁的夏姿·陈将东方与西方元素合而为一，每一季，夏姿·陈会从历代文化或者色彩图腾中撷取一个设计元素，优雅地传递着现代中国风格。2008年夏姿·陈成为唯一入选世界顶级时装周——巴黎时装周的中国品牌。

思考练习题

1. 服装企业如何分析市场竞争结构？
2. 当前服装市场特点和发展趋势如何？
3. 服装市场调研的流程是怎样的？
4. 请根据服装企业实际需要，设计一份市场调研方案。
5. 服装企业市场细分的依据有哪些？
6. 服装企业如何做好市场定位？

第 3 章　服装品牌策划

知识要点

1. 认识服装品牌，理解品牌定位与再定位的概念及意义；
2. 掌握品牌定位与再定位的实施内容；
3. 理解品牌名称的内涵；理解品牌的命名原则；
4. 掌握品牌标识以及品牌标识再设计的相关内容；
5. 理解服装品牌个性的概念、分类以及个性选择的原则；
6. 掌握品牌形象代言人选择的原则。

本章内容提要

本章介绍品牌定位规划、品牌名称的确定、品牌标识的确定、品牌个性与形象选择四个方面，通过对这四个方面的理论与实践知识的学习来具体实施服装品牌的策划。 品牌的定位规划为品牌的整体运作确立了方向，规定了品牌的框架；品牌名称与标识的确定使品牌与众不同，产生差异化，有利于品牌的传播与品牌文化的构建；品牌个性与形象选择是围绕着品牌定位、品牌名称、品牌标志内涵进行的，是对它们的实施和深化，是顾客印象的主要组成部分。

服装品牌的策划是服装品牌建设的基础，对品牌后期的建设与发展有导向作用。 本章的学习目的在于了解服装品牌的构架，实现对品牌的客观分析，并加强中国服装企业的品牌意识，完善中国品牌系统化建设体系。

面对国内外的激烈竞争，提升品牌的核心竞争力是中国服装品牌的必经之路。 通过品牌企划，加强我国服装企业的品牌意识和整体规划意识，使品牌运作更加系统化，提高其竞争力，从而打造国际知名品牌。 树立成功品牌的首要任务

就是确立品牌策划方案，可以说服装品牌策划是整个商品企划的核心，是保证品牌定位、品牌名称、品牌标识、品牌包装等工作有序运作的系统工程。通过品牌策划确立品牌文化与理念，本品牌产品与其他同类商品产生差异，进而引导目标市场的选择。

3.1 服装品牌定位规划

3.1.1 服装品牌的定义及特征

（1）服装品牌的定义

市场营销专家菲利普·科特勒认为："品牌是一种名称、术语、标记、符号或图案，或是它们的相互组合，用以识别企业提供给某个或某群消费者的产品或服务，并使之与竞争对手的产品或服务相区别。"品牌包括品牌名称和品牌标识两个部分。品牌名称是可以用语言表达的语音部分，品牌标识是用图像表示的可视部分。

服装品牌是指企业通过各种营销手段在消费者心中所建立的产品形象，是产品内在精神与外在特征的综合反映。在狭义上是指服装的商标，是区别服装商品归属、经过工商登记注册的商业性标志。它是一个具有认知代表意义的非物质状态的产品符号。

（2）服装品牌的特征

① 品牌具有差异化特征

品牌的差异化主要表现在品牌内在的文化内涵与品牌外在的形象上。品牌文化是一种客观存在，是人类认识的对象本身所蕴含的文化底蕴；品牌形象则是品牌在人们头脑中的反映，属于消费者的主观意识。品牌文化是由品牌经营者创建的并能被消费者接受的思想理念与品牌风格，它决定了品牌的态度、情感、责任、义务、行为特点和存在方式，是品牌经营理念的客观反映；品牌形象包括产品形象、宣传形象、卖场形象与服务形象，是消费者对品牌的感官感受，是具体化、可视化的表现，是企业在人们心中构建的形象。

通过赋予品牌强烈的文化内涵与塑造品牌的独特的形象，使之与其他产品相区别以实现差异化、个性化，激起消费者的联想和情感共鸣，进而吸引消费者成为其忠诚顾客。例如“白领”代表了优雅、自信、知性；“杉杉”代表了成功、地位和尊荣；“例外”（如图 3-1）则是为了表达与众不同的审美、个性、朴素和灵秀气质。品牌的差异化特点能使产品在同类产品中脱颖而出，提高品牌的认知度和核心竞争力，提升产品的附加价值，是品牌得到消费者认知与认可的关键因素。

图 3-1　“例外”夏——大碗和小碗系列

② 品牌具有服务性特征

品牌的服务主要指产品的售前售后服务。服务是提供给消费者无形的、可感知的、能满足消费者欲望，不会导致任何所有权转移的活动。它的实质是更好地与消费者沟通，挖掘消费者现有的或潜在的需求，并最大限度的满足需求，以获得利润，创造财富，提高品牌的竞争力。服务系统是品牌的重要组成部分。

企业与消费者之间所要建立的不只是单一的商品交换关系，而是长期稳定的买卖关系，要想不断挖掘潜在顾客与发展忠实顾客，就必须提供给消费者良好的服务体验。优质的售前和售后服务，能够发展成为品牌的文化优势，是产品附加值的主要来源之一。

③ 品牌具有产品属性特征

品牌的产品特征包括有形产品与无形产品。有形产品是指产品物理属性的集合；无形产品指服务、风格、档次、创意、流行信息、生活状态等属性。产品属性特征是产品自身构造所形成的特色，是品牌的主要内容。

产品是影响消费者认知、情感、消费行为的主要刺激物，是连接品牌与消费者最直接的纽带。因此，企业在设计产品属性时，应考虑品牌形象的塑造，做到产品形象与品牌形象相统一。

3.1.2 品牌定位的概念

品牌定位是表达品牌流行、风格、文化价值、经营理念、社会角色的标识象征，并能被消费者认知或认可。

品牌定位的目的是将产品转化为品牌，以创造差异性，使之与竞争对手区别开来，在激烈的市场竞争中为自己寻找适合生存的空间，并在消费者心中占据独特而具有价值的地位。品牌定位是企业对其文化取向和个性差异上的商业性决策，决定了企业的竞争力与发展空间，直接关系到企业的生存与发展，企业在经营过程中所做的一切都是在实施它的商品定位。

3.1.3 品牌定位的方法

品牌在定位之前，为保证企业定位的准确性，要进行市场调研，对品牌进行全面的诊断与分析并制定适合的品牌定位方案。品牌定位的方法主要有 3C 分析法、SWOT 分析法和品牌定位图分析法三种。它们的适用范围不同，调查的侧重点也不同，企业应根据自身的情况选择适合自己的品牌定位方法。

（1）3C 分析法

3C 分析法是指针对企业所处的微观环境，包括消费者（Customer）、竞争者（Competitor）、企业自身（Corporation）三大方面进行全面的营销扫描。消费者的分析主要有消费者的年龄、性别、职业、收入、教育程度、个性特征、生活方式、偏好、消费习惯和行为模式等内容。竞争者的分析主要有企业的主要竞争品牌、企业在竞争中的地位、竞争品牌的产品特征、竞争品牌的定位、竞争品牌的形象及传播策略等方面。企业自身的分析主要有企业的产品特征、企业现有的目标市场、企业在消费者心中的形象、企业现有的品牌传播策略、企业现有的知名度及美誉度等方面。

（2）SWOT 分析法

SWOT 分析法是战略管理理论最常见的分析工具之一，它是一种综合考虑企业外部环境和内部条件的各种因素，进行系统评价，从而制定最佳的经营战略。其中 S 指企业内部所具有的优势（Strengths），W 指企业内部所具有的劣势（Weaknesses），O 是指企业外部环境的机会（Opportunities），T 是指企业外部环境的威胁（Threats）。优劣势分析（SW）主要是着眼于企业自身的实力及其与竞争对手的比较，而机会和威胁分析（OT）主要针对外部环境的变化及对企业的影响上。

（3）品牌定位图分析法

品牌定位图分析法主要用于市场上各种竞争品牌的定位比较分析，企业通过调查、统计、分析，了解不同品牌的定位及各竞争品牌的定位区分，形成品牌定位分布图。相对于 3C 分析法和 SWOT 分析法，品牌定位图的调查范围更为狭窄，主要是对竞争对手的分析。

品牌定位图准确直观地指出了企业主要竞争品牌的定位布局，有利于企业迅速找到细节市场上的空隙，从而确立自己的品牌定位。

3.1.4　品牌定位的实施

（1）品牌核心定位

品牌的核心定位是比较抽象的概念，其实，品牌的核心定位即品牌核心价值的定位，品牌的核心价值是品牌资产的主体部分，使消费者明确、清晰的识别品牌的个性与内涵，是促使消费者认同品牌的关键。品牌核心定位包括了品牌文化、品牌理念的定位。

① 品牌文化

品牌文化是企业在长期经营活动中创造出来的物质形态和精神成果，是企业和消费者共同作用下形成的对品牌的价值评价，是体现企业精神、满足消费者需求的重要内容。品牌是文化的载体，文化是品牌的灵魂。品牌价值的核心是文化，品牌拓展的空间也在于文化。品牌文化发展的最高层次是在消费者心目中形成一种信仰。

通过传达自己特有的品牌文化特点形成一定的品位，成为某一层次消费者文化品位的象征，从而得到消费者认可，使他们获得情感和理性的满足。根据马斯洛的需求层次理论（如图 3-2），消费者购买行为追求的是：实质利益＋精神和心理利益。即人们不仅注重产品给消费者带来的具体效用,更注重产品背后的企业形象和产品声誉。拥有文化内涵的品牌具有独特的魅力,会拥有消费者的强大认同感,有助于品牌的发展与传播。

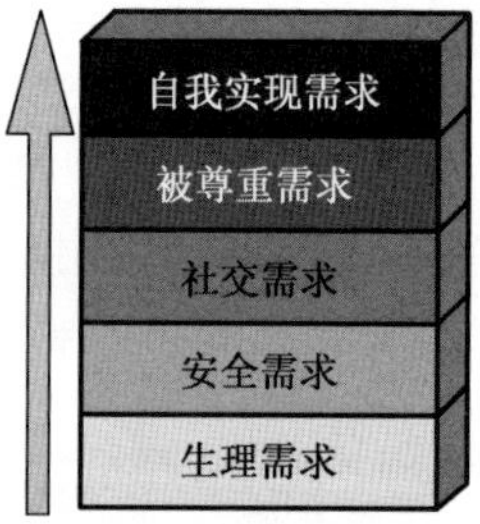

图 3-2 马斯洛需求层次论

品牌的文化需要时间的积淀,用悠久的历史文化或社会背景作为品牌形象建设的素材,更易获得人们的认可和信任。国际高端市场有一句名言:所有的奢华做到最后都是在做文化。例如法国的奢侈品品牌“路易威登(Louis Vuitton)”、“迪奥(Dior)”、“爱马仕(Hermes)”,它们都有自己的故事和文化,它们本身所代表的文化已经超越了企业本身。时间是最好的广告,因为是经过时间与消费者考验的,所以其质量与服务是值得信赖的。品牌具有差异性的文化定位能够大大的提升品牌的品味与档次,并且能够带来巨大的产品附加值,使品牌长期屹立不倒。

案例:

爱马仕(Hermes)从 1837 年在巴黎开设首家马具店以来,历经 170 多年,一直以精美的手工和贵族式的设计风格立足于经典服饰品牌的巅峰。爱马仕(Hermes)以其独特的马文化为品牌的文化底蕴,不断地传承与发展,凭借精湛的工艺技术和源源不断的想像力,成为当代最具艺术魅力的法国高档品牌。如图 3-3、图 3-4 所示。

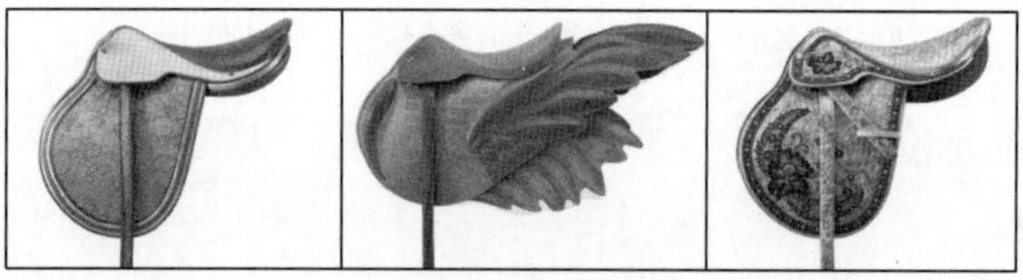

图 3-3 爱马仕的顶级马鞍

图 3-4 以马与旅行为灵感来源,将宫廷马具的图案运用到方巾上,体现了爱马仕与马具之间深厚的渊源。

② 品牌理念

品牌理念是指导品牌运营的思想,体现品牌自身的价值取向体系。企业理念定位就是企业用自己的具有鲜明特点的经营理念和企业精神作为品牌的定位诉求,以体现企业的内在本质。例如路易威登(Louis Vuitton)的品牌理念是“精致、舒适的旅行哲学”、贝纳通(Benetton)的品牌理念是“不分界限、不分种族地为全世界服务”。

图3-4 宫廷马具图案

确立品牌理念对企业的运营具有战略性的指导作用。品牌理念是抽象的概念,需要通过产品形态、品牌的商标、广告、海报、卖场的陈列等实物载体表现出来,在感官上刺激消费者,强化其在消费者心中的概念与地位,以求获得消费者的强大认同感。通过独特的品牌理念的传达,可以突显品牌的个性,及与其他同类品牌的差异,达到品牌识别与品牌传播的效果。

(2)品牌风格定位

品牌风格是产品在消费者心中形成的总体印象,是品牌设计理念的表现。著名设计师香奈尔(Chanel)说过:流行稍纵即逝,唯有风格永存。服装风格往往受设计师影响,表现设计师独特的创作思想与艺术追求,具有鲜明的时代特色。设计师在设计服装时,可以不断地为品牌注入新的活力,但应注意服装风格与品牌风格相符合。风格不是固有的,而是可以创造的。风格一旦形成,影响的便不只是一个时代、一个地区,而是具有长期的传承性和世界范围的延伸性。每个品牌都应有自己独特的风格,确立成熟稳定的品牌风格,是企业永葆青春的决定性因素。

风格是一个比较抽象模糊的概念,没有具体规定的分类标准,对风格的称呼因人而异。笼统来讲,可分为八种风格:民族风格、前卫风格、保守风格、严谨风格、简约风格、优雅风格、奢华风格、休闲风格。有些企业在扩大产业链条时,可能会确立新的品牌风格,以求获得更多消费者的青睐,这就需要企业经营者明确风格的主次关系,清楚地划分不同风格的界限,否则会造成品牌总体风格的模糊不清,造成消费者的认知困难。

(3)品牌结构定位

品牌结构是指一个企业不同产品品牌的组合,它具体规定了品牌的作用、各品牌之间的关系,以及各个品牌在服装产业中所扮演的角色。

① 独立式品牌结构

独立式品牌结构适用于特定商品或商品功能、属性等有很强的对应联想,或者具有很强的文化个性风格的品牌。具有文化传承性的品牌不宜采用这种结构模式，由于品牌原有的文化已得到强烈的认可并在消费者心中占据很大的份量，如果进行品牌延伸会让消费者在情感上难以接受。例如，耐克（Nike）的所有产品使用统一的品牌标志，其品牌标志成为耐克品牌文化的一部分，表达了耐克（Nike）所追求的"体育、表演、洒脱自由的运动员精神"的个性化的生活理念。

② **共享式品牌结构**

共享式品牌结构指多种类型产品共同使用一个品牌名称的结构模式。这种结构模型有利于统一品牌形象，节省导入期的营销成本和缩短导入期的时间长度，但可能会造成消费者对品牌身份和角色的混淆，所以不适用于产品跨度太大的延伸。

③ **主副式品牌结构**

主副式品牌结构主要是为了区分不同功能、特点、级别、风格的产品而采用的品牌模式。主线品牌又称主要品牌、一线品牌；副线品牌又称次要品牌、二线品牌，副线品牌在产品的完整性、投资额、经营时间等方面都逊色于主线品牌。一个企业可以拥有多个副线品牌，但只能拥有一个主线产品。主副品牌代表着价值驱动关系，即副线品牌被主线品牌驱动。合理的协调各个品牌的关系，平衡各品牌的资源，使之产生协同作用，可以促进品牌的发展与传播，为企业带来巨大的利益。主副式品牌战略的创始人是乔治·阿玛尼（Giorgio Armani），他于1981年创立了副线品牌 Emporio Armani，在此之后，又推出了 AJ Armani Jeans、A/X Armani Exchange、Armani Junior 等多个副线品牌。如表3-1所示。

表3-1 Armani 主、副线品牌分布

主线品牌	品牌定位	副线品牌	品牌定位
阿玛尼（Armani）	顶级时装	Armani Prive	高级定制系列
		ARMANI COLLEZIONI	高级成衣系列
		Emporio Armani	高级成衣系列，年轻风格
		AJ Armani Jeans	休闲、牛仔系列
		A/X Armani Exchange	休闲系列
		Armani Junior	童装系列

④ **母子式品牌结构**

企业在延伸和扩张过程中，为避免"鸡蛋放在同一个篮子里"的风险，往往采取母子品牌战略。如果企业的企业品牌与其旗下的产品品牌不用同一个名称，那么企业品牌称为母品牌，其产品品牌称为子品牌。使用这种结构的企业旗下至少要有两个产品品牌。

母子品牌之间是资产隶属关系，即子品牌被母品牌拥有。母品牌的形象有利于子品牌形象的树立，子品牌的细分化能够加强母品牌的专业化形象，两者相互作用，使品牌形象得到统一和强化，有利于品牌的长期稳定发展。

例如，丹麦服装集团 Bestseller 就是采用母子式的品牌战略，其设计和销售适合都市女性、男性、儿童及青少年的流行时装和饰品，它的旗下有十多个品牌，分别占据不同的细分市场。如表 3-2 所示：

表 3-2 Bestseller 旗下子品牌分布

女装品牌	男装品牌	消费者年龄层
GOSHA		35 岁以上
PIECES		30~35 岁
VERO MODA		28~30 岁
VIVA	SELECTED	25~28 岁
ONLY	JACK & JONES	20~25 岁
OUTFITTERS NATION		16~20 岁
EXIT	EXIT	16 岁以上

3.1.5 品牌的再定位

（1）品牌再定位的概念

再定位，就是对品牌的重新定位。通过打破品牌在消费者心目中所保持的原有位置与形象，使其按照新的观念在消费者心目中重新定位，调理关系，以创造出一个有利于产品发展的新秩序，以求更加适应市场的变化，使品牌获得新的增长与活力。

品牌再定位的本质就是“扬弃”，是企业经过市场的洗练后，对原有定位的重新思考，保留和发展对企业有利的因素，摒弃对企业不利的因素，因此品牌重新定位必须辨别调整时机并采用恰当的定位策略才能取得预期效果。品牌只有通过不断变革、创新，完善自身体系或体制，来适应外部环境，才能在激烈的市场竞争中立于不败之地。

（2）品牌再定位的原因

① 原有定位有不足之处

产品投放市场后，市场对产品的反应冷淡，销售情况与预期差距过大，这可能是原有定位的不准确导致。这就需要企业检查分析原有定位的不足之处，对原有定位进行一定程度的调整。

② 原有定位成为阻碍企业发展的制约因素

在企业发展过程中，原有定位成为阻碍企业拓展市场的因素，或者由于外部因素的变化，企业获得新的市场商机，而原来的定位与外部环境难以融合，因此企业必须调整或改变原有定位。

③ 原有定位的优势已不复存在

品牌在竞争中原有优势可能会丧失，而建立在此优势的品牌优势也会减弱，从而削弱了企业的市场竞争力。若企业固守原有定位，就会成为竞争者攻击的对象，最终彻底失去市场。在这种情况下，企业需要对品牌进行重定位。

④ 顾客的价值取向和消费者偏好发生变化

随着社会的快速发展，消费者的消费观念与审美观念都会发生变化，以致对产品的需求有所降低，这时就需要考虑对品牌进行重定位，来满足消费者的需求。重定位决策可以继续利用过去所建立起来的品牌认知率和消费者的忠诚性。

（3）品牌再定位的实施

企业在对目前品牌形势调查分析评估后，明确了重新定位的必要性，就可以进行品牌的再定位。

品牌再定位的首要任务就是找准原因，从而找出相应的解决办法。通过对原有定位方案进行检讨、反思，进而进行市场调查。调查的主要内容包括消费者和经销商对品牌的客观评价、对其他品牌的比较、对消费行为变化的解释、对理想品牌的定义以及对其产品的属性分析、对品牌形象的认知等。通过对综合形势的调查，发现问题，查漏补缺，避免在重新定位的过程中出现同样的错误。

品牌再定位要明确目标消费群体，因为目标消费群体是品牌定位的导向，企业要以消费者接受信息的思维方式和心理活动为准绳，突破信息传播沟通的障碍,将定位信息进驻于消费者心里。品牌定位是否成功,取决于社会公众的评判,只有准确地表达出消费者的心中的诉求,品牌才能深入人心。

品牌的再定位需要很大的资金投入,因为企业要投入很大的精力对新定位进行宣传推广,以求消除原有定位在消费者心中的形象,并在消费者心中创建新的品牌形象。一般情况下,新定位与原定位差异越大,企业所消耗的资金就越多。因此,企业是否有足够的财力、物力、精力,是企业再定位的关键因素。

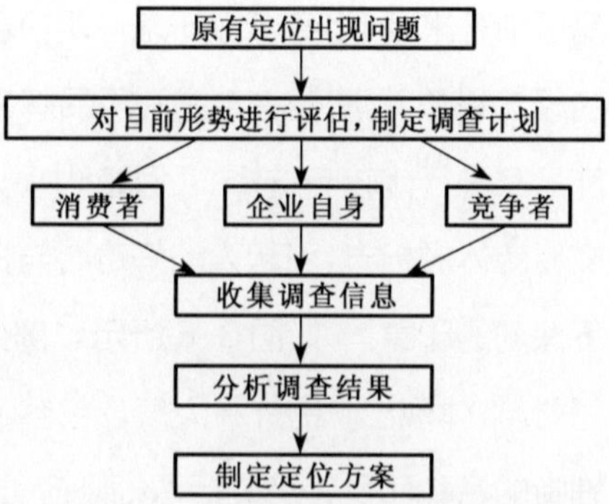

图 3-5　再定位实施的步骤

品牌的再定位会面临很大的风险,如果处理不好,就容易犯“品牌精神分裂症”,造成消费者对品牌定位的认知模糊。

3.2　服装品牌名称确定

3.2.1　品牌名称的概念与作用

(1) 品牌名称的概念

品牌名称是品牌中能够读出声音的部分,是品牌显著特征的浓缩,是形成品牌文化概念的基础。品牌名称是品牌的第一张名片,是打开市场的敲门砖,它能通过语言文字第一时间向社会公众表达自己的信息,是品牌留在社会公众心中的第一印象。

品牌名称一般由词语、字母、数字、特殊符号等元素组成。将这些元素进行有机组合,使之能够清晰表达品牌独特的个性与文化。

(2) 品牌名称的作用

对于品牌而言,品牌名称具有特殊的功能与作用,具体表现为:

① 体现差异性

体现差异性是品牌名称最基本的功能。企业通过品牌的命名与其他同类商品区别开来，利用商标注册来声明自己的专用权，由此获得法律的保护，维护自己的经济利益。 消费者也是利用品牌名称区别同类产品的不同经营部门和不同生产厂家进行比较与选择。 例如，中国服装品牌“例外”，其个性名称与独特的英文反转体的标志，引起人的好奇心与探知欲，与其坚持原创的理念相融合，给人留下深刻的印象。 如图 3-6 所示，“例外”的店面设计采用洞穴式的构造，以竹子为材料，体现出“例外”大气、包容、质朴、自然的东方哲学思想和审美，与其独特的名称和反转英文标识相呼应。

图 3-6 “例外”的店面设计

② **体现品牌文化**

品牌名称是品牌文化的符号，体现了企业对于品牌的期望和为之注入的文化内涵，反映了品牌的文化水准与文化品位。 通过品牌名称的命名可以表达企业的经营理念，例如中国休闲服装品牌美特斯 · 邦威，“美”代表美丽，时尚；“特”代表独特，个性；“斯”代表在这里，专心、专注；“邦”代表国邦、故邦；“威”代表威风，每个词都传达着品牌文化，代表着美特斯 · 邦威为消费者提供个性时尚的产品，立志成为中国休闲服市场的领导品牌，达到扬国邦之威、故邦之威的目标。

③ **具有广告宣传功能**

一个好的品牌名称本身就是一个最简单、最直接、最有效的广告语，能够起到很好的宣传作用。 产品一旦以其优异的质量、独到的特性取得消费者的信任与好评时，社会公众及消费者就能充当很好的宣传媒介，为品牌做免费的宣传，这可以为企业节省很大的宣传推广费用。 例如森马休闲服借助“森马”与“什么”谐音，提出“爱什么是什么”、“穿什么 潮我看”的口号，赋予了森马放荡不羁、年轻活力、追求个性和解放的自由精神，代表了年轻一代的价值观与生活态度，深得消费者的喜爱，森马因此得到快速推广，成为中国休闲服饰领先品牌之一。

④ 体现社会文化

品牌名称是一种语言符号，而语言之中蕴藏着丰富的民族文化，所以品牌名称可以体现一个民族的政治制度、历史传统、风俗习惯、宗教信仰等各个方面的文化。将品牌文化与民族文化通过品牌名称有机地融合起来，形成共通点，赋予品牌名称独具内涵的文化联想，更容易被消费者接受。例如，万宝路以富有进取精神和勇敢豪迈的西部牛仔作为自己的形象象征，这是美国精神文化的一种体现；博伯利的经典米色格纹和风衣，它就像一个穿着盔甲的武士一样，代表着浓郁的英伦风情，是英国服饰文化的体现。

⑤ 具有商业价值

品牌命名是一种低投入高产出的投资，一个成功的品牌名称可以具有相当大的市场价值，但在品牌的背后需要浓厚的文化和极高的信誉度与美誉度作为支撑，这需要企业长期的资金、人力、物力的投入，不断地发展壮大。

调查研究显示，法国奢侈品品牌路易威登品牌价值 231.72 亿美元，美国运动品牌耐克品牌价值 145.28 亿美元，可见，品牌的商业价值是非常巨大的。

成功的品牌也能为产品带来极大的附加值，为企业带来高额利润。以男装为例，500 元一件的衬衫，冠以品牌之后能表现出价格的巨大区别，从 2 000 元的汤尼威尔（Tong Wear）到 7 500 元一套的雅格狮丹（Aquascutum）再到一件上衣就 2.3 万元的杰尼亚（Zegna），其附加值可以达到产品本身价格的几倍甚至是几十倍，世界著名奢侈品品牌更是如此，詹弗兰科 · 费雷（Gianfranco Ferre）设计的一双鞋可以售价高达 160 万欧元，范思哲（Gianni Versace）品牌的结婚礼服可以卖到 730 万美元。

3.2.2 品牌的命名

（1）品牌命名的原则

品牌名称的命名目的是让消费者产生购买联想，塑造意识价值，促成消费者的购买行为。品牌名称通过影响消费者的品牌认知和品牌联想，决定着一个品牌建设的兴衰成败。因此，企业在进行品牌命名时需要遵循一些基本的命名原则，从而确定一个有利于传达品牌定位方向、有利于品牌传播的品牌名称。

① **合法原则**

品牌名称必须符合商标法的规定才能向专门机构申请商标注册，才能得到法律的认可和保护。例如，商品品牌中不能出现与国家或组织名称、国旗、国徽等相似类似的文字及图案，不能用地理名称，所用外文没有姓氏的意义。

② **简短并具有象征性原则**

品牌名称应简单、凝练，并具有特殊的寓意，以便于消费者通过各种途径在市场上流传。德国著名的品牌专家海因里赫·赖夫认为，评价品牌名称好坏的第一项标准就是简明性。品牌名称过长或过于复杂，会造成消费者认知、理解上的困难，产生厌烦排斥心理，不利于品牌形象的建立。

象征性能启发消费者的心理联想，可以直接或间接地传递产品的某些信息。这些联想可以是品牌具体服务对象、品牌经营理念、品牌文化、传统文化、美好的感情等正面联想。例如中国运动品牌李宁，以体操王子李宁的名字作为品牌名称，简单易记，很容易让人联想起李宁的奥运冠军形象和其充满激情的运动精神，这有助于李宁品牌创建良好的品牌形象。

③ **易读记、易发音、易识别原则**

品牌名称在词形上应让人一目了然，避免出现生冷晦涩的字眼，体现出易记、易识的特性；在词音上应避免出现多音字和使人产生误解的词语，体现易读、悦耳的特性，品牌名称只有易读、易记、易识，才能高效发挥它的识别功能和传播功能。

④ **暗示产品属性原则**

品牌名称能够反映产品的某些性能和特点，通过品牌名称的传播向消费者透露产品的相关信息，能够引导消费者认知产品特色，促进购买。例如雪中飞暗示产品的防寒性能极好；淑女屋暗示产品风格甜美、优雅，适合具有淑女气质的女性。

⑤ **尊重地域文化原则**

由于各个国家和地区的文化会有差异，所以品牌在进驻某个国家或地区时应尊重当地的文化习俗，适应消费者的文化价值观念和潜在市场的文化观念，将自身的品牌名称与当地所崇尚的文化联系起来，进而减少品牌推广的时间和精力。例如仙鹤是我国与日本都喜欢的一种动物，代表着长寿和吉祥，而在法国人眼里，它却是荡妇和笨蛋的代称；红色深受中国人所喜爱，能驱邪避灾，是吉利的象征，而在美国红色被认为是愤怒的象征，泰国人也忌讳红色。

（2）品牌命名的方法

① 产品特点命名法

根据产品的特点命名，使消费者快速联想和认知产品属性和特点，对产品有清晰的定位。例如南极人、雪中飞就是根据产品的保暖性能命名的。

② 人名命名法

根据真实的人物命名，往往由企业的创始人、设计师和名人的姓名命名，例如乔治 · 阿玛尼（Giorgio Armani）、李宁、乔丹、朴树等。

由虚拟的人物命名，例如达芙妮（Daphne）、耐克（Nike）根据希腊神话人物命名，一休、青蛙王子、海尔兄弟、兔八哥根据童话故事和卡通人物命名。

③ 动植物命名法

一般以故事丰富、外观特征突出的动物和美好象征的植物来命名，以此来表达品牌的形象，例如啄木鸟、红蜻蜓、七匹狼、袋鼠、春竹、杉杉等。

④ 数字、字母命名法

运用数字、字母或两者结合起来为品牌命名，给人新颖、独特的感觉，提升消费者的好奇心，引起消费者的兴趣。例如 18teen、PH7、361° 等。

⑤ 目标市场命名法

根据品牌的目标市场命名，将目标市场与品牌联系起来，可以目标市场的强大认同感，在社会公众对品牌有准确的认知。例如淑女屋、白领、Boss、才子西服、都市丽人、男孩女孩等。

⑥ 中外结合法

运用中文和字母或两者结合起来为品牌命名，来迎合消费者的崇洋心理，增加消费者对产品的信心，进而促进产品销售。例如“雅戈尔”就是用英文“YOUNGER”音译作为品牌名称，“YOUNGER”代表着年轻，具有很好的寓意。有一些企业盲目使用洋名，虽然在一定程度上促进了销售，但对中国服装品牌的发展和中国文化的传播是极其不利的。

⑦ 创意命名法

运用新颖独特的创意性词汇，使品牌名称具有差异性以满足消费者的反叛求异心理，并以此表达一种酷、炫的生活态度和生活方式。例如，生活几何、哥弟、第五元素、忘不了等。

表 3-3 中国服装品牌名称分析

品牌名称	英文名称	品牌名称的含义
阿依莲	Ayilian	东方审美情趣与时尚文化的完美结合，纯真如少女，清雅如莲花，代表着自我、本真、美好的淑女形象。
唐　狮	Tonlion	唐：繁荣的唐朝；狮：万兽之王，代表盛世中华，成就世界之王的寓意。
真维斯	Jeanswest	"真的，更精彩"，代表着一种真诚乐观的生活态度，打造最真生活方式。
例外	反转的 EXCEPTION	代表着逆潮流而行、独树一帜的风格取向，就其内敛的服装风格而言，传达的则是一种都市女性低调的反叛。
白　领	WHITE COLLAR	以社会中白领一族命名，代表了知性、优雅、自信、有品味的成功女性。
才　子	TRIES	源于中国传统文化中的"才子赢天下"，代表着儒雅自在、怡然天成、有内蕴而不张扬的品牌风范；另外，"TRIES"被赋予了深层的含义，"T"：Thanksgiving heart；"R"：Romantic；"I"：Individual；"E"：Enjoy with you；"S"：Successful man。
七匹狼	SEPTWOLVES	"狼"集智慧、机灵、团结于一身，是极具拼搏力、顽强执著、不停地为生存而奋斗的群体性动物，这与男人的形象形成契合点。
利　郎	LILANZ	利：兵器有棱有角很锋利，用来形容男子汉；"郎"：人品、才品俱佳的男子称为"郎"，代表了德才兼备的君子，以"简约而不简单"为口号，提倡简约主义；英文名称由原来的"LILANG"改为"LILANZ"，更加简约、霸气、国际化。
隆庆祥	FLOURISH	先祖袁氏曾获隆庆帝亲书"袁氏制衣"，后人遂名店铺"隆庆祥"，具有浓厚的历史文化背景，将国服精髓融于西方工艺，打造中国量身定制第一品牌。
海澜之家	Heilan Home	带给人家的感觉，提出"男人的衣柜"的口号，给顾客最贴心、最优质的服务。
太平鸟	PEACE BIRD	"太平鸟"即"和平鸟"，意为"和谐"、"美丽"。人们只有在和平、和谐的条件下才能穿到好的服装。
报喜鸟	Saint Angelo	吉祥、喜悦，代表着喜·阅人生的愿望，将原来的英文名称"BAOXINIAO"改为"Saint Angelo"，意为尊贵天使，具有美好的象征意义。
木真了	MOZEN	木的清雅，真的透明，了的自然，质朴、天然、真诚，坚持高品质与纯风格立场，充分体现民族特色。

（3）品牌名称的翻译

品牌在拓展国际市场时，会涉及中文和外文的翻译问题，通常使用的翻译方法有音译法、意译法、改译法、音意兼译法。译后的名称应表达出品牌的信息价值、文化价值、审美价值和商业价值，并且必须在目的国相关法律法规的允许范围之内能够作为商标合法注册，并受到该国法律的保护和约束。

① 音译法

音译法是翻译外来词语最常用、也是使用最广泛的一种方法，可以分为纯音译和文化音译两种方法。翻译时要注意有节奏和肌理，还要符合当地人的文化欣赏。

纯音译是指没有具体意义的译名，只是按照音译的结果所产生的。

例如：Chanel——“香奈尔”；Versace——“范思哲”；Yve sssain laurent——“伊夫 · 圣洛朗”；美特斯邦威——“Meters/bonwe”等。

文化音译是指具有文化意义的译名，翻译者根据原品牌名的发音，将之翻译成与产品的功能、影响等有关的词汇，且能使人产生美好、正面、有益联想的字词。

例如：Nike——“耐克”；Hermes——“爱马仕”；Dunhill——“登喜路”等。

② 意译法

意译法一般是用来翻译原外来词语有明显意义的常用方法，用来翻译两种语言文化中意义对等或基本对等的词汇，使用这种方法能较好地体现原品牌创立者的初衷和希冀，同时能使原品的意义融入另一个国家的文化，使得消费者容易接受，从而达到在异国获得认可的目的。

例如：七匹狼——“SEPTWOLVES”；东北虎——“NE. TIGER”；花花公子——“Play Boy”；杉杉——“Firs”；唯一——“UNIQUE”等。

③ 音意兼译法

音意兼译法是指对原有品牌名称一部分采用音译，一部分采用意译。一部分根据发音翻译，一部分根据意译部分的结果进行翻译，注重寓意的表达，可能与原词有所不同。

例如：Brooks Brothers——“布克兄弟”；Goldline——“金利来”；Heilan Home——“海澜之家”；Tonlion——“唐狮”等。

④ 臆译法

品牌名称在翻译时也可以创新性地在原来基础上进行合理的臆造，使译后的品牌名称立意新颖。这种命名方法可降低与其他品牌名称重复率，便于获得专利。

例如:森马——“Semir”;劲霸——“K-BOXING”;“爱马仕”——“Hermes”等。

⑤ **移译法**

移译法就是将原品牌名称原封不动的移到目的语中,这种命名方法适用于原品牌名称是国际通用语,能被消费者认知。

例如:LV、CD、ONLY、ZARA等。

⑥ **拼音法**

中国很多企业用拼音法解决品牌名称的翻译问题,但是汉语拼音不是国际用语,外国人知道它的读音,而且不适当的运用会引起误会。

例如:李宁——“LiNing”;绅士——“ShenShi”;波司登——“BSD”等。

3.2.3 副线品牌的命名

副线品牌是品牌延伸的一种具体表现形式,较之主线品牌可以有多种风格的存在。作为与主线品牌一脉相承的副线品牌,有着主线品牌的印记,能够满足人们对奢侈品的诉求,更具浓厚的生活气息,性价比程度较高。

副线品牌命名时要与主线品牌协调一致,主、副线品牌相互作用、相互影响,促进共同发展。副线品牌要有特色,能表达产品的属性、功能或代表一定的风格,有属于自己的目标消费群体。

(1) 服装主线品牌名称或其中的一部分加后缀

这种命名方式是最常用的一种,能够具体地表述商品的功能、类别、风格特点,具有明确的市场针对性,能促进销售。后缀一般是表现风格或产品类别的词语。例如jeans(牛仔系列)、sports(运动系列)、underwear(内衣系列)、classic(经典款系列)、xxx label (Label标记,标志)等(表3-4)。

表3-4 服装主线品牌名称加后缀形式

主线品牌名称	副线品牌名称	加后缀的类别	风格特点
Calvin Klein	Calvin Klein jeans	+ jeans	休闲/牛仔系列
Giorgio Armani	AJ Armani Jeans		
Jean Paul Gaultier	Gaultier Jeans		
Gianfranco Ferre	Gianfranco Ferre JEANS		
Issey Miyake	Issey Sport	+ sport(s)	运动系列
Missoni	Missoni Sports		

（续　表）

主线品牌名称	副线品牌名称	加后缀的类别	风格特点
Calvin Klein	Calvin Klein Underwear	+ underwear	内衣系列
Ralph lauren	Ralph lauren classic	+ classic	时尚休闲
Vivienne Westwood	Vivienne Westwood Red Lable	（+颜色）+ label	副线品牌，与主线品牌风格不同
Giorgio Armani	Armani Junior	+ junior/kid	童装系列
Aimer	Aimer kids		

（2）主线品牌名称前加介词

这种命名方式表明了副线品牌出自主线品牌，通过主线品牌影响副线品牌的形象，有助于在消费者快速认知与接受副线品牌。介词一般为 by/di（意大利语，相当于“of”）/de（表 3-5）。

表 3-5　主线品牌名称前加介词形式

主线品牌名称	副线品牌名称	介词的使用形式	介　词
Marc Jacobs	Marc by Marc Jacobs	主线品牌名称的一部分 + by + 主线品牌名称	by
Diane von Furstenberg	DIANE by Diane von Furstenberg		
Jean Paul Gaultier	JPG by Gaultier	主线品牌名称缩写 + by + 主线品牌名称的一部分	
JNBY	JNBY BY jnby	主线品牌名称 + by + 主线品牌名称小写	
Alberta Ferretti	Philosophy di Alberta Ferretti	单词 + di + 主线品牌名称	Di
Christian Lacroix	Bazer de Christian Lacroix	Bazer/Jeans + de + 主线品牌名称	de
	Jeans de Christian Lacroix		

（3）主线品牌名称的缩写或缩减，简洁易记（3-6）

表 3-6　主线品牌名称的缩写形式

主线品牌名称	副线品牌名称	缩减形式
Donna Karan	DKNY	主线品牌名称部分英文单词缩写
Gianfranco Ferre	GFF	
HUGO BOSS	BOSS	主线品牌名称中的一部分

（续　表）

主线品牌名称	副线品牌名称	缩减形式
Giorgio Armani	Emporio Armani	主线品牌中的部分单词与新词组合构成
Calvin Klein	CK Calvin Klein	主线品牌缩写形式与主线品牌名称组合构成

（4）副线品牌名称与主线品牌名称无关联，独立存在

这种方式命名的副线品牌名与主线品牌名相对独立，即将延伸出来的副线品牌重新定名。这种方式虽然给主线品牌系中注入新的活力，但是会削弱品牌的整体感，这就会给主线品牌带来不良的影响。例如 Yohji Yamamoto 的 Coming Soon，Prada 的 Miu Miu 都是独立于主线品牌独立存在的。

3.2.4　网络品牌的命名

网络品牌主要指企业注册在通用网址的域名与企业名称、商标一起构成企业的名牌。网络品牌是一种无形资产。广义的网络品牌是指："一个企业、个人或者组织在网络上建立的一切美好产品或者服务在人们心目中树立的形象就是网络品牌"。网络品牌有两个方面的含义：一是通过互联网手段建立起来的品牌，是虚拟品牌，无实体店；二是互联网对现实中既有品牌的影响方法，有实体店。两者对品牌建设和推广的方式和侧重点有所不同，但都是了为企业整体形象的创建和提升。

网络品牌命名主要是指企业用于在网络上推广的品牌命名，网络品牌的名称主要有品牌的网站名称及域名。在互联网平台上，品牌的名称与域名担当着索引的角色，是消费者进入并了解品牌的重要"入口"，因此，网络品牌的命名非常关键。

（1）网络品牌命名的原则

① 网络品牌与企业已有品牌名称具有相关性原则

这个原则主要是针对现实中已有品牌的企业，一般来说，企业的网站名称可以延用已有品牌名称或者令消费者产生企业已有品牌的相关联想。例如，太平鸟的网络品牌名称为太平鸟、李宁的网络品牌名称为李宁官方商城。

网络品牌可以借助企业已有品牌的影响力在网络空间获得品牌延伸，便于消费者的识别和认可，企业的已有品牌可以通过网络获得更大的影响力和知名度，并促进销售，两者相辅相成，相得益彰。

② 简短、独特原则

品牌名称充当着索引的角色，需要通过在键盘上敲入字母或词语进入网站，简短独特的名称有利于消费者记忆，在搜索时可以准确地输入索引，有利于消费者了解品牌，从而达到品牌的推广和促进产品的销售的效果。

③ 体现目标群体的个性特点原则

突出目标消费群体的个性特点是增强品牌亲和力的有效方式。 通过这种方式有利于发展忠实顾客。 一个与目标客群具有同样特点的品牌命名，能够突显品牌的消费者诉求和特色，更容易激发消费者的共鸣，吸引消费者的关注和兴趣，使之产生群体归属感。 例如：凡客诚品、韩都衣舍、梦芭莎购物等。

④ 显示产品属性原则

快节奏和信息过量是网络空间信息传播的特征，一个能进一步提示产品属性的品牌名称，能够向消费者提供关于品牌更进一步的线索，引导消费者进行品牌识别与选择。 例如优衣库、优尚网、走秀网等。

⑤ 具有亲和力的原则

在更具交互性和开放性的网络空间，消费者对品牌的影响力日益增强，口碑传播在发挥着越来越重要的作用。 具有亲和力、易于为大众所接受、易于口碑传播的品牌名称更加有利于品牌的传播。 例如走秀网、当当网等。

（2）域名的选择

域名是由一串用点分隔的名字组成的 Internet 上某一台计算机或计算机组的名称，用于在数据传输时标识计算机的电子方位。 域名在互联网上可以说是企业形象的化身，是在虚拟的网上市场环境中商业活动的标识。 所以，必须将域名作为一种商业资源来管理和使用。

域名分为顶级域名、二级域名、三级域名。

A. 顶级域名分为国际域名和国内域名。

国际域名，又称为国际顶级域名。 这也是使用最早也最广泛的域名。 例如.com 表示工商企业，.net 表示网络提供商，.org 表示非盈利组织等。

国内域名，又称为国内顶级域名。 按照国家的不同分配不同的后缀，例如中国是 cn、美国是 us、日本是 jp、加拿大是 ca、德国是 de 等。

B. 二级域名是指顶级域名之下的域名，在国际顶级域名下，它是指域名注册人的网上名称，例如 louis vuitton，hermes，ysl 等；在国家顶级域名下，它是表示注册企业类别的符号，例如 com、edu、gov、net 等。

C. 三级域名由字母、数字和连接符组成，各级域名之间用实点(.)连接，三级域名的长度不能超过 20 个字符。一般采用申请人的姓名或者其缩写作为三级域名,以保持域名的清晰性和简洁性。

一般来说,域名主体名称和品牌名称是一致的,采用品牌名的拼音、英文直译或缩写,也可以采用跟业务相关的英文字符或中文拼音,值得注意的是,主体命名最好不要与品牌名称隔离开来,以防给消费者识记其域名造成困难,最好的办法是让主体名称与品牌名称产生某种联系或联想(表 3-7)。

表 3-7 世界服装品牌域名

服装品牌名称	域 名	国 家
路易威登	http://www.louisvuitton.com/	法国
迪奥	http://www.dior.cn/	中国
香奈儿	http://www.CHANEL.com	法国
爱马仕	http://www.hermes.com/	法国
伊夫·圣洛朗	http://www.ysl.com	法国
克里斯汀·拉夸	http://www.christian-lacroix.fr	法国
范思哲	http://www.versace.com	法国
纪梵希	http://www.givenchy.com/	法国
朗万	http://www.lanvin.com	法国
拉夫·劳伦	http://www.ralphlauren.com	美国
李维斯	http://www.levi.com.cn	美国
山本耀司	http://www.yohjiyamamoto.com.jp	日本
玛丽·匡特	http://www.maryquant.com.uk	英国
唐狮	http://www.tonlion.com.cn	中国
真维斯	http://www.jeanswest.com.cn	中国
黛安芬	http://www.triumph.com	德国
滨波	http://www.beanpole.com	韩国
飒拉	http://www.zara.com	西班牙

3.2.5 品牌命名的程序

专业化的品牌命名应遵循以下程序:调查、制定命名策略、收集备选方案、审查、测验分析、确定名称、申请注册。

(1)调查

在取名之前,应该先对目前的市场情况、未来国内市场及国际市场的发展趋势、企业的战略思路、产品的构成成份与功效以及人们使用后的感觉、竞争者的命名等情况进行调查。

(2) 制定命名策略

前期调查工作结束后,便要针对品牌的具体情况,选择适合自己的命名策略。

(3) 收集备选方案

根据品牌命名的原则,收集那些能够描述产品的单词或词组。 充分利用发散思维,发动公司所有的人,或向社会公众征集,名称越多越好。

(4) 审查

审查包括法律审查和语言审查。 法律审查是指由法律顾问对所有名称从法律的角度进行审查,去掉不合法的名称,确认需要注册的名称是否已被别人注册。 语言审查是指由语言专家对所有名称进行审核,去除有语言障碍或使人产生误解的名称。 通过审查筛选出合适的品牌名称。

(5) 测验分析

将审查出的名称,对目标人群进行测试,分析测试结果,选择出比较受欢迎的几个名称。 如果通过测试分析显示消费者并不认同被测试的品牌名称,那么企业应考虑重新命名。

(6) 确定名称

根据测试结果和企业定位策略选定最适合的品牌名称。

(7) 申请注册

确定名称后,立即在工商银行注册,获得专利权。

3.3 服装品牌标识确定

3.3.1 品牌标识的内涵

(1) 品牌标识的定义

品牌标识,是指品牌中可以被认出、易于记忆但不能用言语称谓的部分——包括符号、图案或明显的色彩或字体,又称“品标”。 品牌标识是一种“视觉语言”。 它通过一定的图案、颜色来向消费者传输信息,以达到识别品牌、促进销售的目的。品牌标识自身能够创造品牌认知、品牌联想和消费者的品牌偏好，进而影响品牌体现的品质与顾客的品牌忠诚度。因此，在品牌标识设计中，我们不仅要考虑设计的美观性，还必须考虑营销因素和消费者的认知、情感心理。此外，通过品牌标识的统一性来传达企业精神与理念，能有效推广企业及产品的知名度和形象，具体表现为视觉识别系统的塑造。

（2）视觉识别系统

CI 系统（Corporate Identity）企业形象识别系统，是企业形象一体化的设计系统，是一种建立和传达企业形象的完整和理想的方法。CI 系统由理念识别（Mind Identity，简称 MI）、行为识别（Behaviour Identity，简称 BI）、视觉识别（Visual Identity，简称 VI）三部分构成。其中视觉识别设计是最外在、最直接、最具有传播力和感染力，也是最容易被社会大众所接受的部分，具有主导地位。

视觉识别系统是以企业标识、标准字体、标准色彩为核心展开的完整的视觉传达体系，是将企业理念、文化特质、服务内容、企业规范等抽象语意转换为具体符号的概念，塑造出独特的企业形象。视觉识别系统分为基本要素、应用要素两部分。

① 基本要素系统设计

A. 企业名称

企业名称与企业形象有着紧密的联系，是 CI 设计的前提条件，是采用文字来表现的识别要素。企业名称的确定必须遵循以下原则：a. 文字明了性，名称的文字要必须可视性好，容易辨认，语句简短，字型简洁；b. 识别性，名称必须个性鲜明，区别于竞争对手，让人一眼便可识别，过目不忘；c. 措辞明确性，发音响亮并易识易读，注意谐音的含义，以免引起不好的联想；同时还要注意国际性，适应外国人的发音，以避免外语中的错误联想；d. 持久性，企业名称一般都具有长期的使用价值，不宜轻易改动；e. 一致性，在表现或暗示企业形象及商品的企业名称，应与商标，尤其是与其代表的品牌相一致，也可将在市场上较有知名度的商品作为企业名称。

B. 企业标识

企业标识是特定企业的象征与识别符号，是 CI 设计系统的核心基础。企业标识是通过简练的造型、生动的形象来传达出企业的理念、经营内容、产品特性等信息。标识的设计不仅要具有强烈的视觉冲击力，而且要兼顾独创性、时代感和持久性等特点，必须广泛地适应各种媒体、各种材料及各种用品的制作。

在表现形式可分为：a. 图形表现（包括再现图形、象征图形、几何图形）；b. 文字表现（包括中外文字和阿拉伯数字的组合）；c. 综合表现（包括图形和文字的结合应用）三方面。在标识式样构成上，可以采用以下的表现形式：重复、渐变、对称、发射、近似、特异、均衡、自由等。

在制图方法上，企业标识要以一定的标准在 CI 设计系统中规范使用，设计时必须绘制出标准的比例图，并表达出标识的轮廓、线条、距离等精密的数值。其制图可采用标注尺寸法、方格标示法、圆弧角度标示法、坐标标注法或比例标示法，以便标识在放大或缩小时能精确地描绘和复制。

C. 标准字体

企业的标准字体包括中文、英文或其他文字字体，标准字体是根据企业名称、企业品牌和企业地址等来进行设计的。标准字体的选用要具有强烈的个性和美感，易于阅读。字体形式需要创新，但不能太过求异，若人们难于辨认，便起不到以文字语义传递企业信息的作用了。标准字体主要是以文字传递企业形象和品牌理念，因此无须过份装饰，但求新颖、别致。在设计时要考虑字体与标识在组合时的协调统一，整体风格相一致，对字距和造型要作周密的规划，注意字体系统性和延展性，适应于各种物品大小尺寸的应用。其标准制图方法是将标准字配置在适宜的方格或斜格之中，并标明字体的高、宽尺寸和角度等位置关系。

D. 标准色彩

企业的标准色彩是指应用在视觉识别传媒中的用来象征企业的指定色彩。通过色彩传达的情感刺激与消费者产生共鸣，体现品牌理念和风格。作为在品牌标识中最容易让人记忆的部分，色彩拥有最快的传递速度，在消费者还没弄清楚品牌标识时，首先记住的是它的颜色。企业标准色要综合考虑目标消费群体的色彩偏好和商品属性等因素，创造出与众不同的色彩效果区别于同行业，形成差异化竞争。标准色彩的选用是以国际标准色为标准的，通常包括标准色和辅助色两类。标准色通常采用 1～3 种色单独或组合使用。单色印象强烈、容易记忆，但是也容易与别人重复；多色组合易显出个性，用色过多，制作复杂同样存在弊端。标准色在两种以上的时候，色彩要根据设计分出主次，将其中一个色做为主色。辅助色彩作为对标准色彩的补充用于区别不同部门或场合。辅助色彩要注意与标准色之间的协调以及与用色环境及对象的协调。例如，网络用色和印刷用色由于承载工具的不同，用色方案也会存在差异。

E. 象征图案

企业象征图案是为了丰富和强化企业形象而设计的造型图案符号。通过象形图案的丰富造型，来补充标识符号建立的企业形象，使其意义更完整、更易识别、更具表现的幅度与深度。

在形的表象上，象征图案有抽象和具象之分。抽象图案综合运用点、线、面和方、圆、三角等几何图形来表现，有造型简洁、秩序感强、视觉冲击力强、便于记忆、寓意丰富、引人深思等特点。具象的图案忠于客观现实真实存在的对象，借助自然界中的具象事物，如自然界中的人形、五官、手足、花鸟鱼虫、树木、景观等作为基础原型来进行设计。具有可视性强、亲和力强的特点。

在表现形式上，多采用的是简单抽象与标识图形对比同时保持比例的关系，也可利用组成标识的要素进行设计，此时要注意明确主次关系、律动感的表达，以及在不同传播媒体上的延展性，以确保企业识别的统一性和规范性，强化企业形象，塑造鲜明的品牌识别。

F. 组合应用

组合应用是指企业按照一定的规范模式将企业标识、标准字、标准色等基本要素的组合起来进行运用。一方面要强调企业的个性，另一方面，也要为大量的应用设计提供模式，使之在应用之中更迅速、更规范。在基本设计系统中的编排模式包括两个内容。a. 标识和标准字体编排模式，分横排和竖排两类；b. 色彩在基本设计中的编排（色带组合），色带在应用中除了赋予标识以更强烈的个性外，还以自身的延伸来扩张色彩的印象。当组合模式的编排确定之后，为方便制作和使用，确保企业视觉识别的统一性和系统化，要绘制出组合的结构图。

G. 企业标语口号

企业提出的标语口号是企业理念的概括，是企业根据自身的营销活动和理念而研究出来的一种文字宣传标语。企业标语口号的确定要求字句简洁、朗朗上口、亲切感人。准确而响亮的企业标语口号对内部能激发出职员工作热情和潜能，对外则能增强品牌识别，给消费者留下深刻印象。

H. 企业吉祥物

为了活跃企业在消费者心目中的形象，拉近与消费者间的距离而设计的人物、动物、植物等拟人化形象的物品。

I. 专用字体

专用字体即是对企业新使用的主要文字、数字、对外宣传文字和产品名称等进行统一的设计。主要包括为企业产品而设计的标识字和为企业对内、对外活动而设计的标识字，以及为影视广告、报刊广告、招贴广告等设计的标题字体。

② 应用要素系统设计

A. 办公事务用品

办公事务用品按照严肃、完整、精确和统一规范的格式设计与制作，以形成企业形象高度强烈的统一性和规范化，同时也展示出现代办公的高度集中化和现代企业文化向各领域渗透传播的攻势。主要包括信封、信纸、名片、徽章、工作证、请柬、文件夹、介绍信、备忘录、资料袋、公文表格等。

B. 企业外部建筑环境

企业外部建筑环境设计是企业形象在公共场所的视觉再现，是一种公开化并标志着企业面貌特征的群体设计。一般具有较强的识别功能和特色，易于辨认，突出企业的标准化和正规化，给消费者以信赖和保障。主要包括建筑造型、公司旗帜、企业门面、企业招牌、公共标识牌、路标指示牌、霓虹灯广告、庭院美化等。

C. 企业内部建筑环境

企业内部建筑环境是指建设在企业内部的统一化形象环境，包括企业的销售店、办公室、会议室、休息室、厂房内部等。为塑造高度的识别统一性，在设计时将企业识别标识贯穿和渗透于各个企业室内环境中，主要包括企业内部各部门标示牌、楼层标示牌、公用设施门牌、企业形象牌、胸牌、吊旗、吊牌、POP广告、货架标牌等。

D. 交通工具

交通工具是一种流动性、公开化的企业形象传播方式，通过流动并给人瞬间的记忆，考虑到流动性强的特点，在设计时应注意标准色彩和标准字的统一性，深化消费者印象。强烈的色彩、醒目的标准字才能吸引消费者的注意力，最大限度发挥流动广告的效果。主要包括面包车、轿车、工具车、大巴士、货车、油罐车、轮船、飞机等。

E. 服饰

企业整洁高雅的服饰统一设计能增强员工的自信心，提高工作效率，并提高员工对于企业的归属感和荣誉感。在设计时应遵循以下基本原则：

员工的服饰应视其工作性质、岗位选用不同的面料，制定不同的样式。服饰的造型一要符合员工的身份；二要满足人体工学；三要参考流行趋势；四要注意色彩协调搭配。办公服设计要素：采用流行西服样式，要求端庄、沉稳、成熟，适合办公的环境气氛。工装设计要素：设计时要考虑穿着者是否便于操作，衣服是否耐脏、耐磨，同时工装要突出企业个性。材质多为化纤、卡其布、牛仔布。礼服使用设计要素：场合：周年庆典、公益活动等。饰物：包括工作帽、领带、领结、丝巾、别针、领带夹、扣子等。设计时领带、领结、丝巾多以企业的象征图案为主要表现对象；扣子、领带夹、别针则以单独的企业标识放置为主。

F. 广告媒体

为快速、广泛的传播企业信息，企业通常结合各种媒介，并将信息的传播纳入企业识别系统和企业识别形象的信息传播过程之中，以统一设计将各种不同媒体不同尺寸的广告版式做出规范，这是一种长远的、整体的传播策略。主要包括招贴、报纸广告、杂志广告、路牌广告、灯箱、霓虹灯、液晶广告、电视广告、网络广告、宣传手册和礼品袋等。招贴与杂志广告可以印制较为精美的广告画面，而报纸广告的印制相对粗糙，在设计时要将实际的印刷条件与设计效果一起来考虑。灯箱、霓虹灯和液晶广告都是夜间的表现媒体，设计时主要是要注重灯光的特殊效果，同时要考虑白天没有灯光时的视觉效果。网络广告要注意有目的、有选择的投放，否则易造成广告泛滥而引起消费者的厌烦。

G. 产品包装

产品包装是一种记号化、信息化、商品化流通的企业形象，起着保护、销售、传播企业和产品形象的作用。系统化的包装设计具有强大的推销作用，良好的产品包装能够成功激起消费者的购买欲，表达品牌理念，树立鲜明的品牌形象。主要包括纸盒包装、纸袋包装、木箱包装、金属包装、玻璃容器包装、塑料袋包装、陶瓷包装、包装纸等。

H. 赠送礼品

企业礼品是以企业识别标识为导向、传播企业形象为目的将企业形象组合表现在日常生活用品上面，拉近与顾客间距离，与顾客进行感情联络和沟通交流。同时，企业礼品也是一种广泛使用和行之有效的广告形式，具有亲和力，不经意间宣传商品让消费者容易接受，主要包括T恤衫、领带、领带夹、打火机、钥匙扣、雨伞、纪念章、礼品袋、茶杯等。

I. 陈列展示

陈列展示是企业营销活动中运用广告媒体，推广企业形象的一种传播活动。在设计时要突出陈列展示的整体感、顺序感和新颖感，以表现出企业的品牌风格，吸引目标群体。标准字、标准色、象征图案的运用以及与展示环境的协调都将影响企业在消费者心目中的形象。主要包括有橱窗展示、展览展示、货架商品展示、陈列商品展示等。

J. 印刷出版物

企业的印刷出版物品代表着企业的形象与企业的关系者和社会大众的直接接触。一般要求编排一致，采用固定印刷字体和排版格式，以形成强烈的统一化和规范化视觉形象来深化顾客的印象。主要包括企业简介、商品说明书、产品简介、企业简报、年历等。

（3）VI设计原则

① 传递品牌价值

企业视觉识别系统将企业的品牌理念与核心价值通过视觉传播形式，有组织有计划地传递给客户、公众及企业员工，从而树立起统一的企业形象。

② 个性原则

企业视觉设计必须以人为本，满足消费者的情感需求，以情动人。针对目标消费群体偏好，进行个性设计。

③ 民族性原则

不同的国家，不同的地域都有不同的文化，因此视觉识别设计必须传达民族的个性，才能独树一帜，凸显竞争优势。

④ 统一性原则

统一化的设计给消费者以深刻印象，增加品牌识别度。

⑤ 员工参与原则

VI 开发要充分让员工参与，这样便于激发积极性和认同感。

⑥ 法律原则

要严格遵守知识产权法律的相关规定。

（4）视觉识别系统的作用

① 有助于企业文化建设

企业识别系统的导入不仅能提升和强化企业实力，还赋予企业文化传播以鲜明的时代特色，是企业文化建设的重要途径和企业文化传播的有效手段。 企业需要在继承优秀传统的基础上，总结提炼适应新时代要求的文化要素，将企业的精神、思想等文化特质形成一个统一概念，通过各种媒体传播方式以视觉形式准确传达给消费者，使消费者产生认同感，达到识别的目的。

企业视觉识别系统作为一种文化传播的手段，具有文化的导向性和辐射性。即视觉识别能在潜移默化中使参与者接受共有的价值观，引导消费者的价值取向和行为取向。 消费者从周围环境获得的信息来进行选择品牌，视觉识别是消费者辨认品牌的一个主要途径。

② 有助于企业形象塑造

视觉识别系统通过不同的传播方式影响着企业形象，从品牌标识的设计到企业建筑内外环境以及各种广告宣传无一不渗透着企业的品牌文化和品牌理念。塑造完善的视觉识别系统对于树立良好的品牌形象，扩大品牌知名度至关重要。如国际知名服装品牌香奈尔的双 C 交叠标志很容易识别，这不光使其在众多的同类品牌标志中脱颖而出，这更是让其成为香奈尔迷们的“精神象征”。 从香水、皮革制品到服装首饰，加之卓越的品质和商标，香奈尔的声誉与产品密切结合，已成为一种身份和地位的象征。 如今的香奈儿代表的不仅是一个品牌，更代表着一种独立自信的生活态度，让无数女性为之疯狂。

③ 提高企业凝聚力

视觉识别能提高企业对内部员工和顾客的凝聚力和感召力。 就像我们无论何时看到飘扬的五星红旗，都会想到自己的祖国，一种自豪感和归属感油然而生。 因为五星红旗作为中国文化的一部分已经深入人心，与人们深深的爱国情结合在一起。同理，优秀的企业视觉识别系统能够形成特定的文化圈，使圈内外围绕中心共识形成一种凝聚力和感召力。这种凝聚力能在消费者心目中产生深深的信赖感和较高的品牌信誉。

3.3.2　品牌标识的作用

（1）增添品牌喜爱度

独特的风格标识能与消费者建立情感联系，刺激消费者产生幻想，从而对品牌的产品产生好的印象。简而言之，就是爱屋及乌。消费者都倾向于把某种感情（喜爱或厌恶）从一种事物上传递到与之相联系的另一事物上。例如康师傅方便面上的胖厨师、海尔电器上的海尔兄弟，肯德基标识上的老爷爷笑脸等都是友善、可爱的形象，很容易博得消费者的好感，从而增添对品牌的喜爱度，且有利于市场营销活动的展开。

（2）强化品牌识别

品牌标识是公众识别品牌的信号灯。随着市场中越来越多的产品供过于求，产品趋于同质，企业要在竞争激烈的服装行业中取得竞争优势，就应该通过强化品牌个性使品牌的标识有别于竞争对手，突出企业的特点，实现差异化竞争。从标识设计角度出发，则是品牌识别的一个很好的切入点。比如我们看到“对勾”标识就会马上想到耐克，看到美杜莎的头像，就会想到范思哲，看到“双 C”就会想到香奈儿，这些个性鲜明的标识已经在我们心里扎根，与品牌紧密联系在一起，成为品牌识别的一部分。

（3）引发对品牌的联想

品牌标识能够引发人们对品牌的联想，尤其能使消费者产生有关产品属性的联想。七匹狼的品牌标识是一匹奔跑的狼，以昂头挺尾奔跃的形状，四脚蓄积爆发的立姿让人联想到公司创业者不畏困难、顽强拼搏的精神，同时也折射出成功男人的优质品质和精神；整体呈流线型，具有动感性，让人联想到勇往直前、不断开拓、积极进取和渴求胜利的品牌形象。狼的顽强、协同合作精神，令人联想到该品牌像狼一样的决心以及团结协作精神。

图 3-7　七匹狼标志

3.3.3 品牌标识设计原则

（1）简洁性

人们往往不会特意去记某些品牌的标识，只有那些简单的品牌标识在消费者脑海中留下印象。如耐克的“对勾”就是典型的简洁性标识。它遵循了标识设计的基本原则，从视觉上给人以整齐简洁便于记忆的印象，同时又极具视觉冲击力。耐克商标象征着希腊胜利女神翅膀的羽毛，代表着速度，同时也代表着动感和轻柔，造型简洁有力，急如闪电，一看就让人想到使用耐克体育用品后所产生的速度和爆发力。

（2）独特性

品牌标识主要的功能之一就是用以区别于其他服装品牌。如果设计的标识与同其他企业类同，那将会大大减弱品牌标识的识别功能。服装品牌标识设计的精髓就是要在顾客头脑里占据一定的位置，代表一种能与顾客产生共鸣的追求和价值取向，并与其他品牌标识产生差异。所以我们在设计时，既要与企业的形象、产品的特征联系起来，又要体现企业独特的风貌，具备强烈的视觉冲击力和传达力，能迅速被识别并与其他企业（特别是同类企业）相区分。检验品牌标识是否具有独特性的方法是认知测试法，即将被测品牌标识与竞争品牌标识放在一起，让消费者辨认。辨认花费的时间越短，说明标识的独特性越强。

（3）造型性

由于人们文化素养不断提高和审美心理的需要，标识的表现形式越来越趋于精美，颜色也由以前的单色向过渡色转变，图案也越来越精细，具有艺术审美性。造型性体现了企业标识的审美要求，要与品牌风格保持一致。标识造型在一定程度上体现了企业及商品的档次和品位，进而影响企业在消费者心目中的形象和消费者对商品品质的信心。简洁、流畅、优美的造型给人以愉悦的享受。

（4）内涵性

内涵性是指品牌标识要能在一定程度上体现品牌的核心价值，如果只有漂亮的标识设计而没有文化的积淀，那么即便该商品标识设计的再美观，那一样是只是个肤浅的图片，而不能传达出该商品的任何有效信息，一样不能在消费者的意识中占有一席之地。只有将该品牌标识的设计理念、企业文化、艺术文化等综合表现出来，才能称为成功的标识设计。如范思哲品牌的标识头像是从古希腊神话中吸取灵感，以“蛇发魔女 Medusa”作为精神象征，意指他在创作时将想象力发挥到了极致。它精练客观物象的精神气质，简化其结构，强化其形象特征，从而具有单纯、鲜明的个性。除了准确传播信息的实用功能外，还具有艺术的吸引力和感染力，反映多元化服装的现代性。

图3-8 范思哲品牌标志

（5）统一性

统一性体现在两方面，一是与视觉识别系统内部基本要素的统一性。企业标识作为视觉传达的核心要素，需要与企业视觉识别系统中的企业名称、企业象征图案等其他基本要素组合使用。这种组合规范体现了企业标识应用的系统化、规格化、标准化，强化了企业视觉形象传达的系统性。二是品牌标识体现的风格、理念要与品牌理念、品牌风格、品牌价值相统一。标识的统一性给消费者以统一化、规范化的深刻印象，增添品牌信赖感，让消费者能对产品的品牌核心价值等有初步了解，吸引目标群体。

（6）延展性

主要包括两方面的延展性，一方面是在时间上的延展性，即标识要有持久性，在整体上保持稳定性。企业标识代表企业的理念、经营的内容、产品的特质，是企业的象征。若标识不断变化，消费者需要不断花费时间去熟悉记忆，并且对新标识也存在抵触心理，公众对于企业标识的认同就是对企业的认同。企业标识一经确定，在一个时期内，决不允许任意更改，否则会引起企业形象识别上的混乱，削弱消费者的信心，给企业带来负面的影响。

另一方面企业标识是使用最广泛、出现频率最高的视觉传达要素。标识要有在空间上的延展性，即在不违背企业标识同一性原则的前提下，各种由标识标准形延伸开来的变体设计适用于各种不同的传播媒体、大小场合、制作材料、加工技术，以达到理想的表现效果。如企业标识的反白形、线框形、线条形、放大缩小的视觉矫正。

（7）时代性

由于社会风尚、竞争格局、消费文化的变迁，企业要采纳新的角度、方式、风格来表现、深化、丰富自己的价值，以符合时代的要求，体现时代感，从而避免标识的老化、过时。 为了使品牌传播更有效益，企业必须根据目标消费群体的心理需求变化，来调整自己的标识设计达到与消费者心理变化的统一。

3.3.4 品牌标识再设计

随着文化价值、社会规范和消费习惯的不断改变，顾客需求和偏好也在不断发生变换，任何宣传口号、标识、广告都会逐渐趋于老化与过时。 为了使品牌传播更有效益，企业必须要把握住目标消费群体的心理变迁，来调整自己的标识设计达到与消费者心理变化的统一，并且要体现企业新的文化理念，增强品牌的差异化，以适应市场竞争的需要。

（1）品牌标识再设计原因

抛开审美方面的因素，一个拥有相当长历史的品牌标识，给消费者带来更多的是一种感情，一种回忆，这种与消费者建立起的微妙感情联系，不宜轻易将其打破。 只有在以下 5 种情况时可以考虑尝试更换品牌形象：

① 品牌老化

市场是不断发展变化的，很多企业为了品牌保持活力，采取了品牌换标这一策略，防止品牌老化。 劲霸服装公司替换了 1996 年以来几经修改沿用的“拳王”形象，打造了一个全新标志——“王者归来”。“王者归来”新标志由王者图形、“K - BOXING”英文和“劲霸”中文三部分组成。 新标志的王者姿态给人一种前进感和速度感，象征劲霸男装正在不断提升、蜕变和演进。 它继承了原标识奋斗、阳刚、霸气的男人图形，又融入了时尚、前卫、独特的艺术元素，使“拳王”形象生动起来。 品牌标志的演变、进化通常是处于一个持续发展的动态过程，不仅使品牌得到发展和升华，同时也可使企业永葆青春。

② 旧品牌产生了负面影响

此类情况多出现在品牌给消费者带来了负面感受时，企业重新设计品牌标识希望带给消费者全新感受，借以消除这种负面影响。 通常要结合内部生产以及外部经营策略，对标志进行微调，使其更具亲和力，拉近与消费者之间的距离，以

旧标志　　　　新标志

图 3-9　劲霸男装新旧标志对比

全新的形象暗示品牌的改进。

③ 品牌定位发生变化

品牌定位的转变需要重塑企业形象，原有的品牌标识也要做出相应的调整。李宁作为国内历史最悠久的运动品牌之一，当初的铁杆粉丝“60 后”、“70 后”正在慢慢变老，引领运动潮流的变成了“80 后”、“90 后”，公司为取悦年轻的消费者将“L”形变成“人”形，口号也换为“Make the change”，鼓励每个人敢于求变，敢于突破，是对新一代青年发出的召唤。“人”字型标识不但继承了经典的“LN”是视觉遗产，还抽象地融合了李宁原创的体操动作——“李宁交叉”，又以“人”字诠释运动价值观，鼓励每个人表达自我，实现自我。新标识线条更利落，更富动感和力量感。李宁公司敏锐察觉到了消费主体的变化而更改了品牌定位，定位的改变迫使品牌标识进行更改，而能否换位成功要看李宁以后如何经营品牌了。

旧标志　　　　新标志

图 3-10　李宁新旧标志对比

④ 顺应时代的需要

随着时代的变迁，消费者的心理需求不断变化，为了顺应时代的潮流，满足消费者情感诉求，更换标识在所难免。 如杉杉服装的新标识，新标识传承了杉杉一贯的品牌精神，同时又赋予了品牌新时代的社会责任含义。 杉树是杉杉服装品牌的精魂，在新标识中，字标部分保留了杉树英文“FIRS”，字体设计回归正统拼写。 图标在保持原有杉树外形的基础上，3D 整体形象更加立体、饱满。 对原有的蓝绿色调进行升华处理，彰显了杉杉品牌的活力和责任感，呼应了今天人们倡导低碳、环保和健康生活的心灵主张。

旧标志　　新标志

图 3-11　杉杉新旧标志对比

⑤ 品牌国际化需要

随着经济全球化的加快，国内很多品牌也开始加入全球化的竞争，为了塑造全球化形象，对品牌标识进行了重塑。 2008 年中国商务男装品牌利郎在广告片中大力推行新标识“LILANZ”，“LILANZ”基于原创的无衬线字款，设计简洁干净，就像男性拥有的自信和爽直，字母 L 的刻画精细入微，整体设计豪迈中彰显细致，反映了其“简约不简单”的价值主张。 新标志较原标志更为简洁、更能彰显利郎的气质、富有国际化气息。 随后利郎现身“米兰国际时装周”与《赢在中国》合作，又进行了一系列精准的新传播，以此来加快国际化进程。 更换品牌标识无疑是其迈向国际化的第一步。

旧标志　　新标志

图 3-12　利郎新旧标志对比

⑥ 品牌拆分、并购、重组的需要

品牌的拆分、重组、并购导致品牌的理念、品牌风格都发生了变化，为了达到企业品牌文化的统一性，品牌标识也需要重新设计以适应变化。

⑦ 节日或重大宣传活动需要

节假日通常会带来狂热的消费，此时微调品牌标识和消费者一起庆祝节日，能拉近品牌与消费者间的距离，并且会给消费者一种新鲜感。这种方法适宜于更换网络品牌标志，耗资少、更换迅速，以百度、谷歌为代表。

（2）品牌标识更换原则

① 实用性

替换旧标识的前提是新标识能解决旧标识无法解决的问题，否则替换毫无意义，还要承担巨大的风险。新标识要具有实用性，不仅能更好地表达品牌理念，还要符合消费者的审美标准。以盖璞（Gap）为例，美国最大的青年人服装品牌盖璞（Gap）2010 年 10 月 4 日公司在其网站上突然换下了拥有 20 年历史并为广大消费者所熟知与喜爱的旧版标识，发布了新标志。但消费者对这个新 LOGO 并不认可，在网站公布仅短短的几小时里，就有无数的消费者对盖璞（Gap）新标识提出质疑与反对。2010 年 10 月 11 日，公司不得不启用原来的标志，避免影响的扩散。由此可见，标识以旧换新不见得会令消费者喜欢，能否正确地传达品牌价值、品牌理念，满足消费者的心理需求才是关键。

② 与旧标识建立联系

新标识要与旧标识保持一定联系，让消费者能联想到以前的旧标识。因此，要继承旧标识的传统精髓，并结合当下消费者的欣赏需求和情感需要来设计新标识，这样才能既保留了消费者对于旧标识的情感，又满足了消费者的新诉求，这就是所谓的品牌储值。2009 年红蜻蜓实现成功换标。换标成功之处在于保留红蜻蜓的基本认知特征的基础上，赋予了红蜻蜓新的时尚特征——精致优雅。新的红蜻蜓结合了东方剪纸艺术的精华和现代设计的透叠元素，充满极简时尚及优美意态。平面与立体相互交融，极具想象空间。新标与旧标的结合颇具时尚感，带给消费者熟悉又与众不同的感受。

旧标志　　新标志

图 3-13　红蜻蜓新旧标志对比

③ 做好市场调研

在公布新标识前，要做好市场调研，即选定一部分目标群体针对新 Logo 进行测试。要考虑到调研的地点、对象和内容以及调研结果的可靠性、准确性。先进行小范围测试，测试反映良好后再进行扩大测试范围。最后做好数据统计，与测试者进行沟通交流，再在某些地方对标识进行调整。

④ 与企业营销同步进行

标识的更换不是一瞬间可以成功的，新标识需要企业文化作支撑，需要宣传来扩大知名度，需要更高层次的产品价值来提升品牌价值，才能在消费者心目中留下深刻印象。例如通过一些互动性的活动，让消费者参与到品牌换标活动中未尝不是一种扩大知名度的办法；通过新的品牌包装，增加附加值来提升品牌价值从而提升品牌形象。品牌换标要和品牌形象设计策略、品牌传播策略相配合，才能强化品牌。

3.4 服装品牌个性与形象选择

随着社会的进步，一方面为人的个性发展提供了广阔的舞台和空间；另一方面，人们迫切渴望展现自己的个性，实现自我价值，这种“自我实现”的心理在购买服装上尤为突出。服装品牌通过展现出的品牌个性在消费者心中塑造良好的品牌形象，与消费者建立深层次的情感联系，使其自然产生信赖感和认同感，以形成固定的购买模式和服装偏好，最终形成对品牌忠诚的顾客群。塑造良好的品牌形象是品牌个性培养的目的，鲜明的品牌个性是塑造良好品牌形象的必要方法，两者相互依存。要与消费者建立情感联系，在众多品牌中脱颖而出，品牌个性、品牌形象的选择显得尤为重要。

3.4.1 服装品牌个性的内涵

（1）服装品牌个性的定义

菲利浦 · 科特勒认为“一个品牌应可以表达出六层意思：一是属性，一个品牌首先给人带来特定的属性；二是利益，属性需要转换成功能和情感利益：三是价值，品牌还体现了该制造商的某些价值感；四是文化，品牌可以象征一定的文化；五是个性，即品牌可以给人带来浮想和心理定势的特点，品牌可视为消费者人格的体现；六是使用者，即品牌还体现了购买或使用这种产品的是哪一类消费者”。

根据菲利普·科特勒的观点，品牌个性是指品牌属性、利益、价值、文化等因素对于使用者的特有亲和力。消费者总倾向于购买与自己个性接近的品牌，品牌个性的实质是消费者自身个性在产品上的客观反映。

具体来说，品牌个性通过吸引拥有相同特质的人群或给人留下深刻的印象，赢得消费者共鸣，与消费者建立情感联系，增强消费者的购买理由，提升品牌形象，是博得消费者青睐的法宝。

（2）服装品牌个性的特征

① 稳定性

人的个性是随着时间的推移慢慢变化的。同理，服装品牌的个性也需要慢慢演变，不宜变化无常。否则易丧失原本已建立信赖关系的顾客，又要耗费资金去吸引新顾客。

② 简约性

服装品牌个性要求简约，不能太复杂。虽然人的个性十分复杂，难以捉摸，但若使品牌个性达到复杂程度是徒劳的。简约的品牌个性特点便于消费者记忆，用过多的词汇来描述品牌个性反而易把消费者弄糊涂。例如，万宝路品牌强调力量与独立，只有两个特点，但品牌治理始终出色，使其一直保持在世界上最具价值的品牌地位。

③ 合理性

品牌个性的特点不能相互矛盾。品牌个性特点可以有多个，但不能相互冲突。比如说可口可乐是活力的、刺激的，但如果为了迎合流行而强调健康就不合理了。若说一个服装品牌个性是成熟、稳重，是成功的标志，就不能说它酷、个性十足。

④ 独创性

在强调个性化生活的今天，追求服装品牌的个性化实际上是在追求一种个性化的生活主张、生活态度，没有个性的品牌很难引起消费者共鸣，也就难以建立品牌的忠诚。而独创的品牌个性使服装品牌有别于其他品牌，个性得到彰显，竞争也相对降低。纵观世界上出色的服装品牌每个皆有自己的个性特色。例如，香奈尔代表着自信与优雅，简洁与舒适；范思哲代表者性感与奢华，致命的吸引力；Levi's代表着独立、自由与冒险……

案例：美特斯邦威

2011年突破99亿元销售额其核心原因之一就是有“不走寻常路”的强有力品牌个性支持，引起无数年轻消费者共鸣，得到他们的青睐。美特斯邦威的目标群体是20～25岁的年轻人，他们已具有独立的思想、生活主张、生活态度，他们不愿随波逐流，被人云亦云的社会所淹没，他们渴望真实的自我、表现自己、证明自己。而美特斯邦威“不走寻常路”、“每个人都有自己的舞台”的独特个性正迎合了年轻人的心理需求，随着市场的推广，使美特斯邦威在真维斯、佐丹奴、班尼路等品牌林立的休闲服中脱颖而出，个性鲜明。品牌知名度不断上升、销售额连创新高，一举打造了美特斯邦威国内休闲知名品牌的地位。

（3）服装品牌个性分类

服装在发展中，形成了很多约定俗成的或相对稳定的个性类型如图3-14所示。

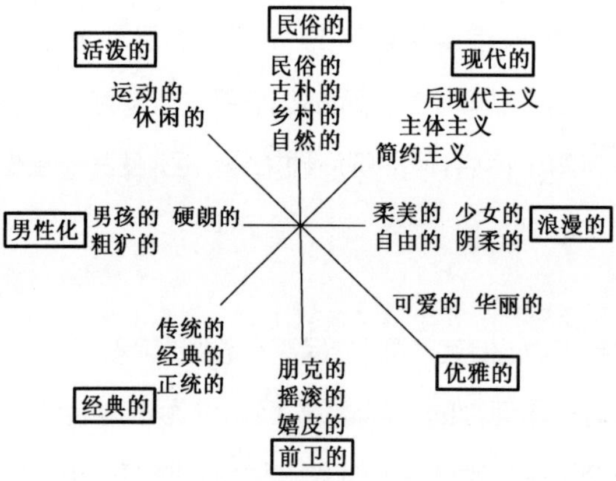

图3-14 服装品牌个性类型

① **民俗的**

服装设计常常从民间传统文化中汲取灵感，用民俗图案、纹样、面料等来表现服装整体风格，以此赋予品牌文化内涵。

② 前卫的

即非主流的、叛逆的，是将波普艺术、幻觉艺术、未来派等作为灵感来源的一种怪异的服装个性。

③ 浪漫的

指甜美、柔纯，梦幻般的少女形象。追求纤细、华丽、透明、摇曳生姿的效果。采用淡雅的中间色调，细节上通常采用蕾丝。

④ 优雅的

优雅着力体现成熟女性的端庄、洗练，采用柔和、悬垂性良好的面料塑造高雅、优美的女性形象。

⑤ 现代的

是指具有现代感的品牌个性。通常采用无彩色或冷色系的色彩，直线条的廓形，将女性的智慧与性感结合，雕刻知性、高雅的女性形象。

⑥ 经典的

指传统且保守的经典服装风格，用色一般是经典色，如深绿色、酒红色、藏青或海军蓝等，多是常规产品，如西服套装，风衣等。

⑦ 男性化的

通过主张男性化倾向，反衬女性另类妩媚。在细节上常采用缉明线、贴袋的手法，塑造严谨、干练的女性形象。

⑧ 活泼的

运用对比度高的色彩、简单的图案表现强烈动感，透露着青春、动感、舒适、轻松的个性。

3.4.2 服装品牌个性化原则

(1) 以消费者为中心

品牌个性的创建不是凭空产生的，它要以市场为导向，以消费者为中心。需要根据消费者的个性特点，进而创建相应的品牌个性来迎合这种特点。这就要求以人为本，了解消费者的需求、欲望和偏爱，进而了解消费者的心理、生理和精神文化需求，使设计的品牌个性得到消费者认可，取得情感上的共鸣，满足消费者的个性需求。消费者不认可的品牌个性，无论如何标新立异也毫无价值。个性只是与消费者建立情感联系的手段，而非目的，不能为了个性而个性。

（2）敢于创新

随着社会的发展，消费者的消费观念也发生了巨大的转变。从“别人有的东西我也要有”到“拥有别人没有的东西”，人们消费需求的多样化、个性化日趋明显，这就要求企业要树立鲜明的个性特征，敢于与众不同，挑战权威，打造前卫、至酷的甚至是“被禁止的”“不可思议的”，能引起消费者强烈好奇心进而引发潜在购买欲望的品牌。

（3）以情动人

谁拥有开启人类情感的钥匙，谁就找到了通往品牌个性的捷径。美国著名品牌专家斯科特·贝德伯里说过“伟大的品牌能找到相关的方法开启已经存在于人们内心深处的情感动力。强烈的情感是人类存在的一部分……伟大的电影制作者意识到了这一点，于是在讲述故事时可以打动人们敏感的情感之弦。如果伟大的品牌始终如一，那么它会年复一年地取得成功。”品牌初创期，李宁靠着人们爱国的热忱迅速发展壮大。耐克“Just do it”的口号建立起体育运动与人们内心情感之间的深层联系，取得消费者的强力共鸣，他们非常积极参加体育运动并制定目标！满足并引导人们个性或精神需求的耐克由此与消费者之间建立了关系的纽带，自然也比其他体育品牌单一满足消费者理性需求领先一步！

（4）创造“超凡魅力”

消费者的需求是在不断变化的，品牌个性也要根据企业经营理念的调整与市场消费导向的变化而进行优化和拓展。扩展品牌个性的有效途径就是创造品牌的“超凡魅力”，美国加利福尼亚大学的诺·斯莫泽仔细观察和分析了包括万宝路和耐克等在内的一些著名品牌，他断言，一些品牌的魅力经过延伸，能够超越品牌本身的固有属性，产生“超凡魅力”。他对此总结了四种情形：一是这种超凡魅力隐藏在颇有说服力的隐喻之中；二是要想形成超凡魅力，必须赋予品牌本身特殊的意义；三是品牌本身具有超凡魅力；四是品牌的超凡魅力能建立特别的忠诚和信赖。

超凡魅力能创造出巨大的价值，能与消费者建立更深层次的情感联系，使品牌获得巨大的差异优势和溢价，是品牌个性的升华。品牌的超凡魅力一旦形成，品牌价值、品牌形象也将大幅提升，创建中国服装品牌个性的超凡魅力，任重而道远。

3.4.3　服装品牌形象的选择

（1）品牌形象的概念

从心理学角度来讲，形象是指客观事物在人们心理上的一种反映。 服装品牌形象是指品牌通过展现其属性、利益、价格、文化等特征后，在消费者心理形成的对该品牌的整体认识、评价和态度。 概括地说，品牌形象就是品牌在消费者心目中的整体印象。

（2）品牌形象的内容

品牌形象主要有三大块内容构成，即品牌的文化形象、品牌信誉和终端系统形象。

① 品牌的文化形象

品牌文化形象是指消费者对于品牌所体现的品牌文化或企业文化的整体认知和评价。 品牌文化是品牌属性、品牌价值和品牌利益的内在根源。 企业凭借其经营理念、价值观、道德规范、行为准则等企业行为，创造企业文化，并影响顾客忠诚，产生超凡魅力。 品牌文化是品牌的灵魂，是品牌赖以生存的土壤。品牌文化的培植让品牌独具内涵，让消费者回味无穷，随着时间的积淀愈发动人。 纵观世界名牌，无不渗透着鲜明的文化特征和丰富的文化内涵。

② 品牌名誉

品牌名誉即品牌的美誉度，是消费者对于一个品牌可信度认知和评价。 比较而言，知名度是让人被动的了解，而美誉度是令人愉悦、主动去接受。 要想获得品牌美誉度，企业在产品质量、技术能力、售后服务、品牌理念、品牌文化等方面都有卓越的表现，同时注重意见领袖的培养，扩大品牌在消费者中传递的频率、范围与速度，形成口碑，增强市场竞争力。

③ 品牌的终端形象

品牌的终端形象即消费者对品牌终端形象的整体认知和评价，是品牌形象的主要外在表现之一。 品牌的终端形象包括产品形象、网络终端形象、卖场形象和服务形象（图 3-15）。 产品形象是指产品的价格、规格、质量及外观等在消费者心中形成的整体印象。 卖场形象、服务形象和网络形象在下面的内容中会详述。

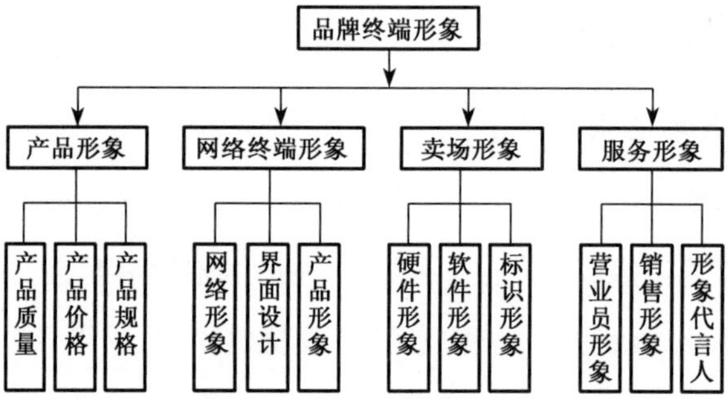

图 3-15 品牌终端形象

（3）卖场形象

卖场形象可分为卖场的硬件形象、软件形象和标识形象。卖场是销售的一线基地，直接与消费者接触，是搜集信息的据点，也是资金回笼的源泉，是商品与货币交换最为关键的环节。

① 卖场的硬件形象

A. 道具形象

用于陈列和销售商品的道具，主要有橱窗、货柜、收银台、展示台、休息椅、试衣间、穿衣镜、服务台等。

B. 广告形象

用于宣传商品的物品，主要有样品、灯箱、广告画、包袋等。

② 卖场的软件形象

A. 营业员形象

营业员的外貌、衣着、语言、行为。

B. 销售形象

售后服务及退换商品的服务、促销活动和会员卡等促销手段。

C. 形象代言人

企业对消费者能起到一定引导作用的人。

③ 卖场的标识形象

标识形象是最能体现卖场品牌形象的视觉元素，通常通过 LOGO、海报、包装等统一化的视觉元素塑造强烈的品牌识别，从而建立鲜明独特的品牌形象。

④ 终端卖场现场管理

终端卖场推行5s管理可为消费者提供清洁、卫生、美观的消费环境，同时改善了卖场工作者环境，提高工作效率，从而提升服务水准和品牌形象，建立顾客忠诚。

A. 整理

将卖场内的物品分类，把不用的物品清理掉，如垃圾、破损物品。 把一周要用的东西放到指定位置，把每天要用的东西放到容易取到的位置。 如样品、笔、表单等。

B. 整顿

物品放置位置合理规划，分类整齐并摆放标识；通道畅通无阻，无阻碍物。工作台面物品摆放整齐。

C. 清扫

天花板、地面、窗户、墙面打扫干净；样品、柜台无灰尘等其他脏物。

D. 清洁

每天上下班花5分钟做好5S清洁工作；随时自我检查，相互检查；保持整理、整顿、清扫。

E. 素养

公司定期对员工进行培训，确保每个员工养成良好的生活及工作习惯，遵守规章制度，积极学习各种业务知识，为消费者提供优质的服务。

⑤ 服务形象

A. 营业员形象

营业员的形象是品牌形象很重要的一部分，是与顾客接触的销售最前线，在一定程度上代表企业的形象。 服装销售营业员需要有较高的服饰美学素养和了解面料加工技术等业务知识，反应快，表达能力强。 选择营业员要综合考虑外表、服务技能等因素。 另外，销售业绩并不能评判营业员的好坏，虽然营业员的主要作用是销售，但培养顾客忠诚度和潜在顾客也很重要。

B. 销售的形象

销售的形象主要体现在三方面。 一是稳定的定价政策，二是适当的促销方式，三是良好的售后服务。 市场细分决定了一个品牌的价格不可能同时满足所有的消费者，将价格变化保持在一个相对稳定的范围内，能增添消费者对于品牌的信赖;促销的实质是产品价格的降低。通过价格的降低,引起消费者的购买欲望,从而达到促进消费的目的。虽然促销在一定程度上刺激了消费,值得注意的是,过多促销会降低品牌价值,令消费者反感;良好的售后服务是提高品牌忠诚度的保证,同时也是塑造品牌形象的重要组成部分。

C. 形象代言人

品牌形象代言人,是企业聘请或塑造的,能让人们通过对其知名度、职业、形象的联想,产生对品牌美好印象的人。企业利用明星的无形资产,把消费者对于明星的联想转移到品牌本身,提高品牌知名度、增强品牌回忆,塑造鲜明的个性形象。下面会详述品牌形象代言人的选择。

⑥ 网络终端形象

网络消费凭借着快捷、方便、自由的消费模式已经深入到生活中,良好的网络形象在用户的潜意识中是信誉的保证,在某种程度上可以抵消虚拟环境带来的不安全感。网络终端形象主要包括三方面内容:网络形象、产品展示形象、网页界面设计。

A. 网络形象

包括“使用者自身形象”和“品牌形象代言人”。通过使用者即穿着者展现品牌,使用者形象与品牌形象越符合越能体现品牌个性,取得良好的视觉效果,诱导消费者购买。

B. 产品形象

在网站中,一般以图片形式展示产品,最常用的是模特着装效果的图片(图3-16),消费者可以自由观看产品的款式、颜色、型号,了解品牌的定位、风格和文化,对产品有一个全方位的认知。服装产品的特点和网络的局限性决定了无法表现面料的质感、不能看到自己的着装效果。随着科技的发展,逐渐采用技术手段在一定程度上弥补不足。如在线三维试衣;如试衣网采用了虚拟模特,客户可以输入自己的体形参数,建立自己的模特原型,可以穿上衣服后观看效果。

C. 网页界面设计

消费者通过浏览网页获取品牌相关信息,易于操作、简洁美观的界面、表述清晰的文字能带给消费者视觉享受,增添对品牌的喜爱度。统一的标志系统让消费者记忆深刻。界面的风格要与品牌风格一致,能让消费者体验到品牌理

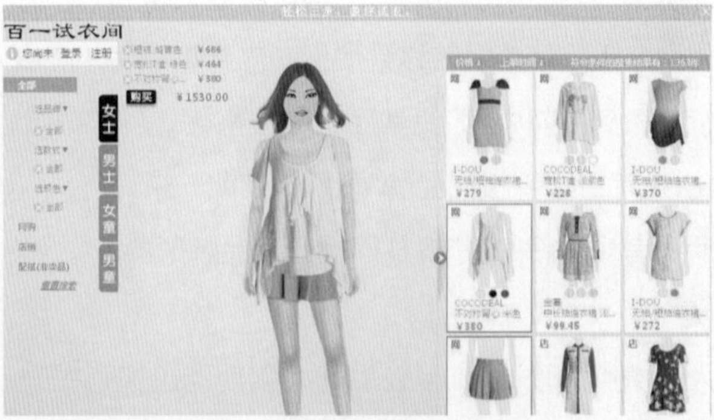

图 3-16　试衣网的试衣模型

念、品牌文化,建立起情感联系。 人性化设计是界面设计的关键,以人的生理、心理为出发点,设计符合人们习惯的界面,是制胜的法宝。 如图 3-17 香奈儿的官方网站采用经典的黑白对比,极简的界面设计让人感到其深厚的文化底蕴。

图 3-17　香奈儿官方网站主页面

3.4.4　品牌形象代言人的的选择

(1) 品牌形象代言人的作用

① 提高品牌知名度

企业为了塑造品牌形象所推出的代言人一般为社会名人,知名度很高,并有不同程度的美誉度。 这些明星们,拥有良好的形象、广泛的受众, 以及在传媒中的广泛影响力,由这些名人来介绍品牌,就能够吸引公众的注意力,传达品牌理念与价值取向,赢得目标受众的认同,使消费者意识到这些品牌的存在,有利于扩大品牌知名度。

② 提升品牌形象

公众对广告中名人的好感会转移到他们对广告和品牌的态度上来，将形象代言人的人格特征溶入到品牌中，促使其品牌的人格化，使原来中性的品牌态度向积极的方向转化，从而形成积极的品牌联想。如此一来，社会名人作为代言人会无形之中提高消费者对品牌的认知，从而提升了品牌形象。

③ 传播迅速

虽说请名人的费用比较昂贵，但在品牌初创期能迅速地提升品牌知名度，吸引消费者，这是许多企业品牌快速占领市场的有效方法，也是诸多厂商对名人广告趋之若鹜的根本原因之一。

（2）选用服装形象代言人的问题

① 与品牌个性不符

许多企业在选择代言人方面主要着眼于知名度，而忽略了与自己品牌的吻合。事实上，名人效应的大小很大程度上取决于名人的形象与品牌创意的一致性。不少服装企业认为，不必过多追求品牌形象、品牌个性的清晰度，不必过多关注代言人与品牌形象、品牌个性的关联性，只要有名气就行，有名气就能造成轰动效应，引起注意力。但是，这种注意力只是暂时性的，不能持久。如果一味追求知名度，一旦选定的代言人与品牌个性不符，必定会损害品牌的形象。

② 选用的服装形象代言人出现扎堆现象

企业为了追求代言人的名气，在选择时不考虑代言人的形象多元化，而知名度高往往就意味着形象的多元化。譬如刘德华代言了罗蒙、班尼路、富贵鸟等几个品牌，虽然是不同的产品，但其形象的多元化让消费者难以辨别，在信息传达上就出现了“稀释效应”，个性不鲜明的代言人无法塑造独特的品牌形象，也就无法塑造鲜明的品牌识别。

③ 代言人价值挖掘不足

企业请代言人总是要花费巨资，但是在代言人的价值挖掘上存在不足。很多服装企业眼中的代言人作用就是拍 POP 广告、产品画册以及出席新闻发布会，没有把其品牌、产品和代言人的生活与工作联系起来，遗失了巨大的新闻价值。品牌的服饰除了在 POP 广告、产品画册上可以被看见外，在代言人的一些影视作品和日常生活中也应该有代言人穿着该品牌服饰的形象，以及代言前的造势，代言结束后的一些宣传等，这样可以产生更多的新闻价值与品牌传播效应。

④ 服装广告缺乏艺术性

目前媒体上的服装形象代言人广告表现雷同，手法陈旧，没有特色，甚至广告中主次位置颠倒，某些广告成了明星的宣传片，或者广告表现苍白无力，没有任何吸引力。好的广告创意可以最大限度地发挥广告的效应，达到传播的目的。如某信用卡和航空公司就是从消费者心理角度出发，利用消费者普遍希望看到名人出丑的心理，在广告中抓取贝克汉姆生活中的尴尬瞬间，使消费者在潜移默化中提高对品牌的好感。

⑤ 对于代言人突发事件的公关处理不足

现在大多数服装企业的代言人都是娱乐圈的知名人，而娱乐圈又是一个多事之地。任何请代言人的公司都应该做好代言人出现突发情况的应急措施，不然其损失的不仅是代言费，可能还会影响到企业的既定计划。名人效应能带来品牌的好感，同样名人效应也能带来负面影响，成为品牌形象代言人后，他的各种行为表现都将代表着企业，稍有不慎便影响到企业形象。

（3）选择品牌代言人的原则

① 与品牌定位相匹配

代言人的形象必须与品牌形象相匹配，才能很好传达品牌内涵，吸引目标顾客。这是一种情感移植，即通过对品牌形象代言人的活动和形象的感知，消费者对他的好感转移到它所代言的品牌。因此，进行“移植”时应注意代言人的职业、形象与服装品牌定位的关联性、相近性。品牌代言人若能与品牌形象完美契合，那么消费者也将对代言人的喜爱转移到品牌中。美特斯 · 邦威定位在30岁以下的年轻人，代表者个性张扬、时尚活力，选择流行歌手周杰伦作为代言人，符合年轻人的时尚追逐，迅速赢得广大年轻人的喜爱。

品牌形象代言人是一个信息传播者，同时又是信息本身；作为传播者，形象代言人的知名度能够迅速提升品牌的知名度，作为信息本身，品牌形象代言人的职业、年龄、个性、公众活动、媒体曝光、新闻等都将影响品牌形象的塑造。因此，知名度高不一定就是好的形象代言人。知名度高往往意味着形象的多元化，可能代言的品牌众多，难以维持鲜明的形象。而形象不鲜明的形象代言人不但无法塑造鲜明的品牌形象，还可能造成品牌形象的模糊。随着市场的细分化，选择个性鲜明的形象代言人，吸引特定目标消费群体，是塑造品牌形象至关重要的环节。

② 有良好的公众形象

代言人必须要有良好的公众形象。 公众形象是指个人素质、实力和表现在社会公众中形成的认知和评价。 良好的公众形象是社会知名度、美誉度和公众心目中的崇高地位。 良好的品行是塑造良好公众形象的基础,公众形象是被媒体放大的效果,易发生变化。 而品行需要长期观察才能得出,是一个人较为稳定的心理特征。 因此,评定一个代言人是否符合品牌形象,需要综合考察其公众形象和品行,包括责任心和为人处事的原则。

③ 适时更新

顺应市场流行,适时更新品牌形象代言人是延长品牌生命周期的必要环节。在总体品牌风格统一的前提下,进行适时的代言人更新,是防止品牌老化、提高品牌形象的重要手段。 纵观国际著名品牌的形象代言人,无一不是随着时代的变迁不断更换代言人,如阿玛尼 2010 年用葡萄牙足球运动员克里斯蒂亚诺 · 罗纳尔多(Cristiano Ronaldo)取代贝克汉姆成为普里奥 · 阿玛尼男士内衣新的体育明星代言人。 同时又聘请曾主演好莱坞电影《变形金刚》的美国女演员梅根 · 福克斯(Megan Fox)担任乔治 · 阿玛尼副线品牌安普里奥 · 阿玛尼(Emporio Armani)的内衣代言人,此前辣妹维多利亚及其丈夫贝克汉姆是该品牌秋冬内衣的代言人。 而在 2011 年,随着安普里 · 阿玛尼手表的发行,阿玛尼公司又宣布屡次获得国际性歌唱奖项的蕾哈娜取代梅根 · 福克斯成为 Emporio Armani 品牌代言人。 由此可见,阿玛尼公司旨在塑造“年轻、性感、充满活力”的形象,对品牌形象代言人适时更新,以适合品牌发展的需要(图 3-18)。

维多利亚　梅根·福克斯　蕾哈娜

图 3-18　阿玛尼的品牌形象代言人

思考练习题

1. 试述品牌定位的实施内容以及品牌再定位过程中企业应注意哪些因素?
2. 试述品牌命名的原则与方法,与网络品牌的命名有何区别?
3. 什么是品牌标识,与品牌标志有何区别?
4. 服装品牌个性应如何进行选择,与品牌形象有何关系?
5. 选择品牌形象代言人时要注意哪些?

第 4 章　服装商品设计企划

知识要点

1. 服装商品主题企划；
2. 服装商品款式企划；
3. 服装商品色彩企划；
4. 服装商品面料企划。

本章内容提要

本章介绍了服装品牌在进行商品设计企划时，从主题到款式、色彩、面料的设计企划全过程。主题企划是前提，多方获得灵感，结合品牌定位，确定当季流行主题。以此为基础，提炼款式风格、色彩主题和面料方向，结合各环节企划原理，最终给出具体的款式特征、主辅色和面料小样，从而指导后期的服装设计。

服装商品设计企划是在目标市场定位企划、品牌定位企划的基础上，进行服装商品的总体设计企划，包括服装产品的主题、款式、色彩、材料的设计企划。服装商品设计企划决定品牌将向目标消费者提供哪些产品以及什么样的产品，而产品又是影响品牌与消费者关系、影响品牌成败的关键要素之一。因此，服装商品设计企划绝非设计师的艺术创作，必须按照科学的设计流程、遵循总体设计的原则，完成每件产品的每个细节设计以及产品的组合形式设计。

商品企划的主要工作内容是用文字、图表和数据的形式表达下一流行季节的产品概貌，包括系列的定位和主题、款式的设计要求和数量、完成日期，并建立款式、色彩和面料设计元素素材库，目的是为设计方案的制定提出参照要求和目标。

4.1 服装商品主题企划

为满足消费者多元化、差异性的需求，品牌服装通常以系列产品的形式推向市场，系列产品要求具有主题明确、风格集中、搭配方便等特点，不同系列产品之间要求相互关联、共同完成各季市场所有需求。为便于交流，产品系列往往有一个形象化的名称，这就是主题，比如“水粉朋克”“复古风潮”等。另外有些企业也会多年推出同样主题的系列产品，比如某职业女装品牌每年夏季都会推出“高贵”“优雅”“休闲”三大主题系列，只是每年会给予各主题新的内涵来应对市场变化。

主题企划领衔于整个服装商品设计企划，要求以品牌定位为基础，反映当季流行，满足顾客需求，既要准又要全。

4.1.1 主题是什么

主题是通过某种艺术形式表现出来的蕴含在产品系列中的主要设计思想和设计灵感。通常是在品牌定位或经营理念的基础上，受不同灵感的启发产生的。

时装品牌通常每季推出一个核心主题，然后再细分为几个子主题，从而形成几个服装系列。时装品牌的主题通常以各种设计风格命名，如巴洛克风格、新古典风格、复古风格等；有时也会以设计师捕捉到的自然元素或社会文化现象命名，如水、中国元素、西双版纳等。

成衣品牌通常首先对产品架构进行分类，然后给予各类别产品一个主题。如某成衣品牌将产品分为新潮品、畅销品和长销品，新潮品和长销品数量占比较小，分别给出一个主题，畅销品数量占比较大，再细分为公事场合、私人场合、社交场合，然后给每个场合一个主题。各成衣品牌分类方法有所不同，但操作形式比较类似。主题通常从当季的国内外流行预报中获取得到。

4.1.2 主题从哪儿来

通常设计师可以从以下方面获取到灵感，进而形成新的主题。

（1）情感意念物态化

① 以大自然的形象为素材，经提炼，在设计组合上利用自然物的音、义、形等特点，表达特定的情感意念，使自然形象的本来意义升华或变异，成为一种有意味的设计形式。

② 以姊妹艺术的感应及服装材料的启迪为素材来获取灵感。绘画、雕塑、建筑、音乐的形式以及花卉、景色、面料质地、性格的体现等，其线索特征是“求同性”，以其相同的内在力结构、同质同构或异质同构，来获取创造源泉。

其中，寓意、象征和想象是重要的表现手法。寓意是借物托意，以具体实在的形象寓指某种抽象的情感意念。而象征则是以彼物比此物的方法。想象是思想的飞跃，是感情的升华，想象使现实生活增加内容，使具象成为抽象。

（2）来自他人的经验

设计中可以借鉴他人作品的某一局部、某一表现手段。借鉴即为“拿来”后再结合，也就是“打破一种和谐重新塑造一种新和谐”。他人作品的各个局部是其整体和谐的组合因素，取其局部就必须像果树嫁接一样，使其成为新整体的有机部分，构成新的秩序。全部拿来是抄袭，不和谐的再结合便是失败。

（3）民族服饰的内涵和民间服饰的引导

复古的倾向和传统精华的继承都可成为佳作或时尚。中国民族服装中富有机能性的要素和独特的装饰要素可以被国外服装设计师所吸收，同样，我们的民族服装也可不断吸收国际服装中的先进因素，使自己的创造得到发展。

（4）文化发展、社会和科技更新变化带来审美观念对衣着服饰的冲击

这种线索常常隐藏在文学作品、哲学观念、美学探求等意识形态之中。比如，第二次世界大战时，人们衣着的改革受到社会变更的影响；当“生命在于运动”的口号遍及天下时，运动装、休闲装成为一种风尚，如此种种无不体现出创造需紧密联系时代。

服装的创新集中反映出设计师的艺术造诣和全面修养，但创新不可走脱离生活和远离服装设计本质的路，为突出个性而重视觉效果，轻现实需求；重画图，轻制装技术，这样是不可能胜任服装设计工作的。

4.1.3　主题企划的重要性

主题企划之所以成为各服装品牌设计部的常用方式，是因为服装企业发现创意成为高附加值的来源，创意就成为竞争的焦点之一，而确定主题的过程则是将创意集中化、具象化过程，因此这个环节显得格外重要。

鲜明的主题为设计师团队指出了明确的设计方向，为整个设计过程理清了思路，便于设计团队分工合作，在设计开发工作结束之后，主题还为将来的产品销售、订货会、零售商店、推广海报和杂志奠定了良好的推广基础。

主题对于整个设计团队有指导和限定的作用，首先主题就像大海中的灯塔，引导着整个设计团队，所有的设计都将围绕主题产生，设计团队可以根据主题分配任务，既可以根据主题划分为不同的设计组，也可以根据主题制定相应的任务进度、根据主题来划分开发时间等，其次每个主题从风格、色彩、款式和设计手法上规定了设计的方向，设计师可以根据主题来开展联想，选择最为恰当的设计元素，这样的指引非常必要，因为每个季节都有很多资讯，设计师容易感到混乱和无所适从，此外由于有了主题大方向的限制，设计师的创意就不会违背品牌的精神。

没有主题引导的产品之间没有联系，只是散乱的个体；而根据主题设计出来的系列产品具有秩序化的美感。 产品上市后，消费者会从不同主题系列中感受到发现差异的惊喜，又可以从同一主题系列产品中感受易于搭配的便利。 同一主题的产品可以形成整体的气氛，便于零售陈列。 当然，主题在具体的产品开发中是可以进行局部调整的。 最初的设计概念是模糊而笼统的，在进入到一定的设计阶段时，就会发现最初确定的主题可能不够准确，或者不够流行，或者不够新鲜。 随着设计思路的明朗化，可以对不尽如人意的主题进行调整，使整体产品结构更为完善。

4.1.4　主题企划的流程

主题企划通常包括三个步骤：主题确定、主题诠释、要素提取。

（1）主题确定

企业中，主题确定至关重要，往往由企业的企划或设计部门的主管人员完成。

① 核心主题的确定

确定主题的过程是复杂而充满变化的，最重要的是从前期收集的大量素材中筛选出属于本企业或本品牌的独特设计风格。每一年、每一季世界流行趋势在变，消费需求在变，收集到的素材或者主题的内容丰富多彩，什么才可以作为本品牌这一季的主题，那要围绕品牌的定位和品牌发展需求来确定。比如，美国后起之秀安娜苏（ANNA SUI），她非常擅长在纷乱的艺术形态里寻找灵感，每季的主题也各不一样，但她却凭借一直贯穿始终的复古和绚丽风格深深吸引着全球众多的消费者。

② 系列主题的确定

在确定了核心主题后，要确定数个系列主题。系列主题数量不固定，通常根据品牌资源和定位来确定，若品牌团队较为强大，定位较宽，系列主题数量可以较多，如飒拉（ZARA）品牌定位为"无风格"，认为只要是流行的，就是飒拉（ZARA）的，而且企业设计团队规模较大，因此每季系列主题数量较多，可以达到6～8个，甚至更多。而相反，更多中小规模的企业，通常会设计4个左右的系列主题。

系列主题应该是相互关联，但各不相同的。如中国十佳设计师吴飞燕2012春夏服装主题为"花语"，其系列主题分别是"玫色韵动"、"蓝色雅漾"、"性感娇媚"和"橙色韵律"。这四个系列主题各不相同，但很明显是按照"花"的不同色彩进行划分得到的。再比如，某服装品牌将系列主题定为"清新、理想、闲适、享乐"，这四个主题完全不同，但这刚好是其目标消费群体的四种生活形态。

系列主题在确定时，还应适当考虑，各季中一些特殊的月、周、日。如遇到元旦、春节、圣诞、七夕等节日时，应考虑设计与节日相关的系列主题。

（2）主题诠释

主题确定后，应对各主题进行诠释，找到体现主题的方式，然后从图片、文字等多角度进行说明，以便设计人员理解。

如对中国服装设计趋势中的"简"主义进行诠释——简单、简约、简洁的设计并不是一种稍纵即逝的时尚，而是人类长期探索后重新找回的一种乐观的人生态度。一个多雨的城市，一个安静的女人。侧耳聆听雨声，清新的泥土味迎风飘散。突然间，所有的喧嚣都被置之脑后，一切显得如此清新，心中的渴望被无限释放，犹如脱胎换骨。她张开双臂，尽情拥抱这个充满惊喜、愉悦的动人世界。

主题诠释的过程是一个联想、想象的过程，围绕品牌定位和流行文化，对主题进行内涵的挖掘，然后再物化为具体的图片和文字。 在绘制产品设计主题诠释图后，可将其制成展板，悬挂于相关部门的重要位置，特别是设计部门。 这样可以起到警示的作用，保证设计和其他相关工作都依据统一的标准进行。

（3）要素提取

从主题诠释图中的图片和文字中，提取色彩、面料、廓型和细节等设计元素。 如 2011、 2012 秋冬流行主题之一“浪漫主义”，对其诠释：浪漫主义重视民间艺术、自然，以及传统，主张以自然的环境来解释人类的活动，包括了语言、传统、习俗。 浪漫主义是 2011 至 2012 的秋冬色彩，飘逸的裙摆如雪花般下落，温度在纤维与肌肤间流动。 但与过往不同，在物资充裕的今天，人们抛弃了铺张主义，而追寻服装的单纯性：自然、舒适、保暖。 人们需要的，或许仅仅是一件布衣，再加上一点儿低调却巧妙的设计，就充满了浪漫而幸福的感觉。 然后以图片展示，最后从图片中提取色彩元素，如图 4-1 所示。

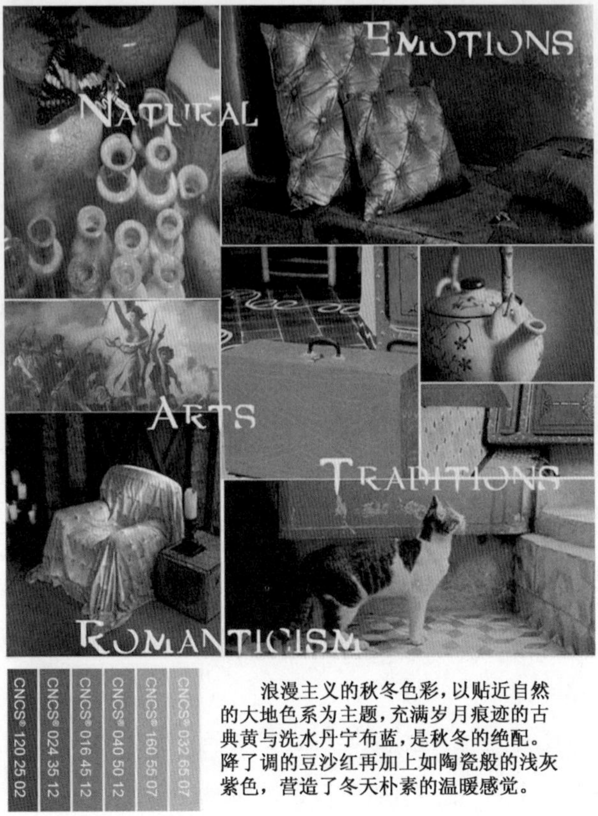

图 4-1　设计要素提取图

提取得到的要素是后期具体设计的基础，这样大大保证了设计的准确性。

4.2 服装商品款式企划

服装商品款式企划主要完成两个内容：款式设计数量和款式配比企划表、款式设计元素图。

款式是国内服装从业人员用来描述服装的廓型与细部结构组合所产生的造型特征。款式在服装上的体现可分解为两个部分，即廓型与细部结构特征。款式企划就是要根据前面企划好的主题，确定当季款式设计使用的主要廓型和可用的领型、袖型等细部结构特征，为后期款式设计提供基础的设计元素。

4.2.1 款式设计数量和款式配比企划

（1）款式设计数量企划

即确定一个销售季节中要设计的款式总数。通常，企业规模不同、销售季节划分不同，款式设计的数量也会有所不同。

企业规模越大，单个专卖店面积越大，需要设计的款式数量就越多。

销售季节的划分，目前有很多种，可以按自然季节将一年划分为春、夏、秋、冬四个销售季节，也可按市场需求进一步细分为 6 个或 8 个销售季节，如，6 个销售季节分别为春、初夏、夏、秋、初冬、冬，8 个销售季节分别为初春、春、初夏、夏、初秋、秋、初冬、冬。销售季节的划分与品牌投放的地理区域有关，若投放的区域为我国南方，那么夏季划分可适当细致，冬季划分适当粗略些。销售季节如果非常细致，每个销售季节的款式设计数量可适当减少。

另外，需注意的是，款式设计数量一定要大于市场投放数量，因为设计的产品中总会有一定的比例不符合设计或生产条件而被放弃。

表 4-1 给出中等规模服装企业在一个销售季节中各品类产品通常设计的数量。

表 4-1　款式设计数量表

服装类别	投产数量	设计数量	倍率	说明
女装、休闲装	150～200	300～400	2	女装、休闲装要求款式多、变化大。
男装、运动装	60～100	90～150	1.5	男装、运动装款式要求单一,更强调工艺。
童装、针织装	100～150	200～300	2	童装、针织装设计空间广，元素多。
内衣	30～100	45～150	1.5	内衣款式简单,更强调面料、功能。

另外,企业通常在一个销售季分几个波段或批次投入产品,此时,还应确定具体波段或批次投入的款式数量或比例。 如将冬季分为初冬、深冬两个阶段,可根据以往的销售经验,给出各阶段的款式数量比例,初冬 60%、深冬 40%。

(2) 款式配比企划

即确定所策划的商品款式的构成比例。 包括三个方面:

① 确定产品构成的比例

即对所策划的商品整体中主题商品、畅销商品、长销商品所占的比例进行决策。

服装品牌进行商品企划设计时,通常将商品分为主题商品、畅销商品、长销商品三大类。 其中,主题商品表现品牌某季的理念主题,突出体现时尚流行趋势,常作为展示的对象;畅销商品多为上一季卖得好的商品,并融入一定的流行时尚特征,常作为大力促销的对象;长销商品是在各季都稳定销售的商品,受流行趋势影响小,通常为经典款式和品类。

三类商品的比例,应根据品牌和目标消费者的特性设定。 如某时装类品牌,针对的目标消费群体主要是大都市的年轻消费者,她们追求时尚,易于接受新产品、新流行,因此主题商品比例可稍大。 但为保证市场销售的稳定性,我们通常设计较大比例的长销商品或畅销商品,主题商品比例一般最小。

A. 主题商品:主题商品流行主题含量高,能鲜明表现出品牌的季节主题,同时由于设计、材料、色彩的组合搭配新颖,因而具有很强的生活方式提示性和倡导性。 由于该类商品主要针对那些对时尚敏感度很高的消费者,因此往往对市场销售期望很大,但难以准确预测,其毛利通常较大,而风险也最大,一般放在卖场的前面,独成一角,主要表现时尚的着装方式。

B. 畅销商品:畅销商品是对上一季主题商品中市场反应好的品类加以筛选再进行批量生产的品类。 由于所针对的穿着场合清晰明了、易于理解,有较大的市场需求，企业通常期待这类商品有较好的市场销售额，这类商品毛利中等，风险也中等，常被放在卖场中央构成一角，主要表现穿着的场合。

C. 长销商品：长销商品常以单品形式出现，具有品类丰富、易与消费者原有服装组合搭配的优点。对于此类商品，可预期稳定的销售增长，其毛利较小，风险中等，通常集中放置在卖场的一侧，易看、易摸、易挑选。

需要注意的是，上市时间不同时，这一比例可能需要调整。如前文提到的冬季分为初冬、深冬两个上市阶段，那么根据两个阶段购买者的不同，初冬季购买者通常是较为时尚、善于接受新事物的消费者，而深冬则更多是较为传统的消费者。为此，通常初冬季，主题商品和畅销商品的比例较大，深冬季，长销商品比例较大。

② 确定服装品类构成比例(图 4-2)

即确定裤装、针织品、裙装、套装、夹克、连衣裙、大衣等所有品类产品的款式数量占品牌当季款式总量的比例。新品牌可根据目标消费群的穿着习惯和竞争品牌的经验，确定品类构成比例。已有品牌，可根据上一季或上一年的同一季节服装品类的销售构成比例，适当调整品类的生产构成比例。

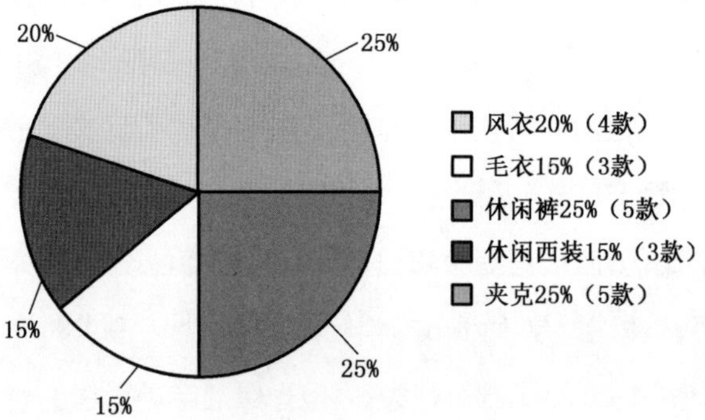

图 4-2 服装品类构成比例

③ 确定各品类下属的商品款型比例(表 4-2)

在一个品类下，通常不仅一种款式，如冬季的裙装这一品类下，可能有“正规型”“浪漫型”两个款型。在此阶段，须根据消费需求，确定各款型的比例，如对于职业女性，正规型的裙装需求较大，因此，可设计 60% 为正规型裙装，40% 为浪漫型裙装。另外，在此阶段，须确定各个服装品类下各种款型服装的风格。

表 4-2　服装各品类构成比例及款型

产品类别	款数	布种	生产款号	款式提示			零售价（元）	订单数（件）	交货安排(打)			
					颜色	码数配比			3	4	5	6
牛仔裤	4	13.75A	R9PA810	直脚型五袋款	3	24～36	120	2 400	100	100		
		弹力布	R9PA811	弹力直脚型五袋款	1	25～36	160	3 600	300			
		12A	R9PA818	小喇叭五袋款	3	24～36	140	3 600	150	150		
		12A	R9PA510	小喇叭五袋款	1	24～31	140	960	80			
休闲裤	6	108＊58	P9DD909	防皱前斜插袋	5	27～38	150	3 600			150	150
		128＊60	R9DD906	防皱前插袋	5	27～38	180	3 600		150	150	
		128＊60	R9BD905	前无打褶\插袋	5	27～38	150	3 000		150	150	
		128＊60	R9HD601	中低腰防皱	4	25～30	140	2 400		150	150	
		斜纹布	R9FD602	前双斜插袋	3	24～34	120	719	60			
		108＊58	R9HD606	前小标袋\无耳仔	6	25～30	100	3 600			150	150

注：1. 根据销售数量、款式来平衡款式在季节初期、后期推出市场。
2. 根据价格来制衡销量及平衡款式。
3. 产品类别还有针织类、梭针类等。

4.2.2　廓型与细部结构企划

（1）廓型企划

廓型是指服装的整体外形轮廓。 它是构成服装的最重要的因素之一。 从较远的距离外观察一件服装，廓型比任何细节都更早映入眼帘。 如图 4-3 所示，廓型给人的第一印象，对于传达服装总体设计的美感、风格、品味有巨大的作用。 每一季的时装发布会中，通常都会推出全新的廓型或旧廓型的变形，这往往成为该季流行趋势的焦点和特征。

① 廓型的分类

服装廓型的设计变化蕴涵着深厚的社会内容。 例如：第二次世界大战期间，经济萧条，俭朴方便的军服式女装颇为流行，其轮廓特点是平肩、短裙、裤装；第二次世界大战后法国设计师迪奥（Christian Dior）的新造型 A 型轮廓以女性细腰宽臀的优美外形轰动欧美，打响了改变战争后留在时装头上阴霾的第一炮。 纵观中外服装发展史，服装的变迁是以廓型的变化来描述的，如图 4-4 所示。 由此可见，流行款式演变的最明显的特点就是廓型的演变。

图 4-3 服装廓型图

图 4-4 20 世纪各年代女装流行款式及廓型

目前常见的廓型可分为以下三类：

A. 字母型

它以直观的方式运用几何字母的象形意义来概括服装外形的整体轮廓。常见的字母型廓型有五种：H 型、A 型、O 型、X 型、T 型。如图 4-5 所示。

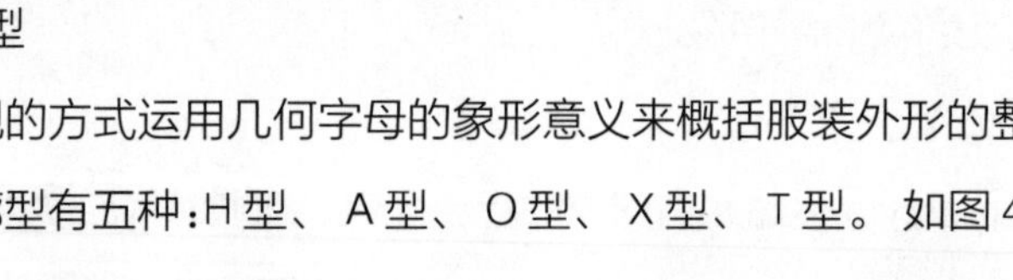

图 4-5 常见字母型服装廓型

这些廓型所体现的风格特征各不相同，适合的服装种类也不同。如 H 型简约、宽松、舒适、修长，常用于运动装、休闲装、家居服、男装等的设计；A 型活泼、潇洒、流动感强、富于活力，广泛用于大衣、连衣裙等的设计；T 型肩部夸张、下摆内收形成上宽下窄的造型效果，具有大方、洒脱、较男性化的风格特征，多用于男装和较夸张的表演服以及具有前卫风格的服装设计中；O 型肩部、腰部及下摆没有明显的棱角，线条松弛，外观整体饱满、圆润，给人休闲、舒适、随意的风格特征，在休闲装、运动装、家居服设计中应用较多；X 型是最具女性特征的造型，依据女性的体型特征，塑造了稍宽的肩部、收紧的腰部、自然的臀形，具有柔和、优美、女人味浓等特点，在经典风格、淑女风格的服装中运用较多。

在这些基础造型上又可变幻出很多廓型，如 I 型、M 型、U 型、V 型、Y 型等。服装设计过程中，可使整套服装呈一种字母型，也可使用多种字母的组合搭配，如图 4-6 所示。

图 4-6 廓型组合形式

B. 几何型

当把服装廓型完全看成是直线和曲面的组合时，任何服装的廓型都是单个几何体或多个几何体的排列组合。几何形有立体和平面之分，平面有三角形、方形、圆形、梯形。立体几何有长方体、锥型体、球型体。

C. 物象型

世界万物的外形也常被模仿应用在服装造型中，比如迪奥的郁金香型、20 世纪 60 年代流行的酒杯形、铁塔形、箭形、纺锤形等。

② 服装廓型的企划

服装品牌在设计过程中，应根据自身定位，在基础廓型之上进行变化得到适合本品牌的、符合当季流行的服装廓型。服装廓型的变化并非随心所欲，而是以支撑人体的几个关键部位为依据而进行的。

A. 肩部

肩部在服装造型设计中属受限制较多的部位，纵观服装发展史，无论服装廓型如何改变，肩部变化的幅度都难有太大的突破。肩部的变化主要体现在肩部的宽窄和形状。肩部宽而平整趋向于男性特征，而肩部窄而圆滑趋向于女性特征。肩部造型的突破,主要有意大利设计师乔治·阿玛尼夸大的宽肩设计和皮尔·卡丹风靡欧美的翘肩设计等。

B. 腰部

腰部造型在服装设计中占有举足轻重的地位。腰部造型的变化主要体现在腰线高低和腰围松紧上。通常,腰节线与人体的腰节相对应的,是中腰设计;腰节线高于人体腰节,是高腰设计;腰节线低于人体腰节,是低腰设计。中腰设计端庄自然,高腰设计显得人体颀长秀美,低腰设计则给人轻松随意的感觉。根据腰围的松紧度,有宽腰和束腰两者设计,宽腰设计简洁休闲,如 H 型和 O 型,束腰设计显得窈窕纤细、柔和优美,如 X 型。

C. 臀部

臀部造型的变化主要体现在臀围松紧度上。臀围松紧度在服装发展过程中已经历了自然、夸张、收缩等形式的变化,在造型变化中,臀围线变化影响最大。

D. 下摆

下摆是服装造型变化中最敏感的部位,它的长短、宽窄直接影响到外形线的比例,同时在很大程度上也反映出服装流行与否。而且,下摆的形态变化对服装风格变化影响很大。如近几年服装下摆的流行从收紧状态变为张开状态,从较为直线张开状态变为圆形张开。

总之,针对这四个关键部位各自的形态、相互之间长度和围度方向上的比例关系进行变化、组合,可设计出各种各样需要的服装廓型,如图 4-7 所示。

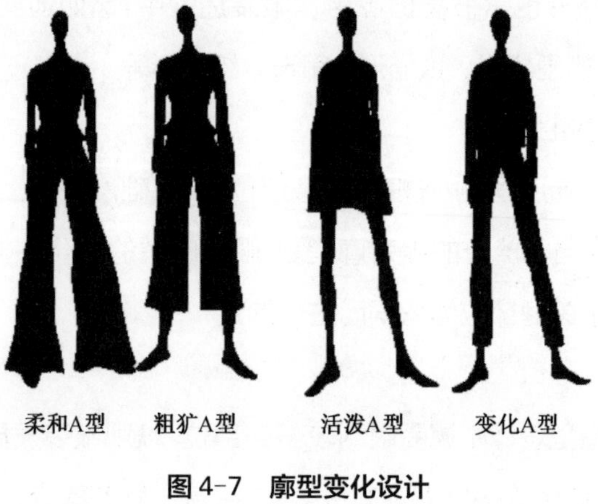

图 4-7 廓型变化设计

需要注意的是，服装的廓型还受到服装材料和着装者体型特征等的影响，因此，设计廓型需同时考虑这些问题。

（2）细部结构企划

细部结构设计是指为充分完善和塑造服装的款式，而在局部予以充实、协调、呼应的一些造型特征。包括服装的衣领、衣袖、口袋等的设计。这些细部结构通常受到季节和时尚变化的影响。

① 衣领

服装的衣领是视觉的中心，因此其设计至关重要。衣领包括领口线和领型两部分。领口线，也称领窝线，在颈部经过胸、肩、背三处形成的封闭曲线，用于塑造领型。领口线主要是根据脸型大小，颈部粗细、长短，肩的倾斜度和宽度等，利用直线、曲线等进行组合设计，如图 4-8 所示。

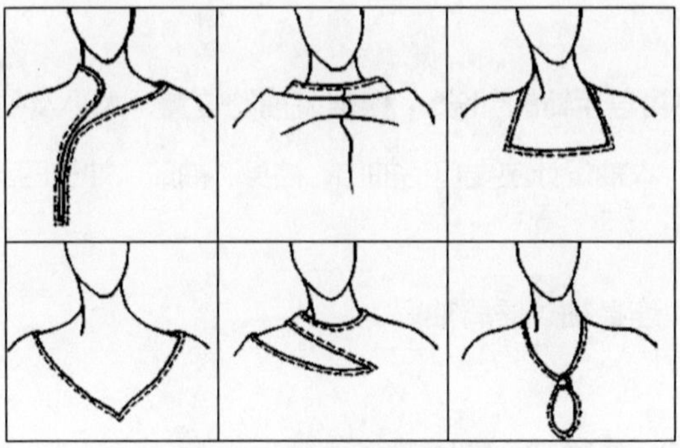

图 4-8　服装领口线设计

相对领口线，领型变化丰富、更具表现力，改变领型的形状、大小、高低、翻折程度等，可形成各具特色的衣领款式。衣领设计可有三种形式：

A. 连身领

连身领，即领片不单独裁片，而被连在衣片上一起裁剪。通常有无领和简单的有领设计，领型一般有圆形领、方形领、V 形领、船形领、一字领等。

B. 装领

装领，即领片与衣片分开，单独成为一个裁片。通常领型有立领、翻领、驳领、平贴领，如图 4-9 所示。

C. 组合领型

组合领型设计，即由两种或两种以上的领型组合而成。

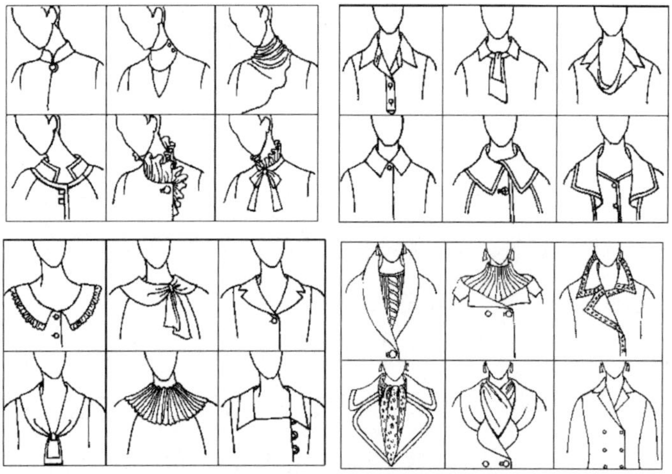

图 4-9 常见的服装装领设计

通常，为满足各类消费群体的需求，每季款式的领型都不会只有一种。

② **衣袖**

衣袖是服装中覆盖手臂的部分。根据装袖的位置、大小及袖长不同，可设计出各种风格的衣袖。衣袖设计主要包括袖山、袖身、袖口、袖长四部分的设计。

A. 袖山设计

可分为装袖、连身袖、插肩袖等。

B. 袖身设计

可分为紧身袖、直筒袖、膨体袖等。

C. 袖口设计

可分为收紧式袖口、开放式袖口。无论是收紧式袖口，还是开放式袖口，根据位置、形态变化分为外翻式袖口、克夫袖口和装饰袖口等。

D. 袖长设计

分为长袖、七分袖、中袖、短袖以及无袖、蓄袖等。

四部分的组合设计，即可得到需要的袖型，如图 4-10 所示。

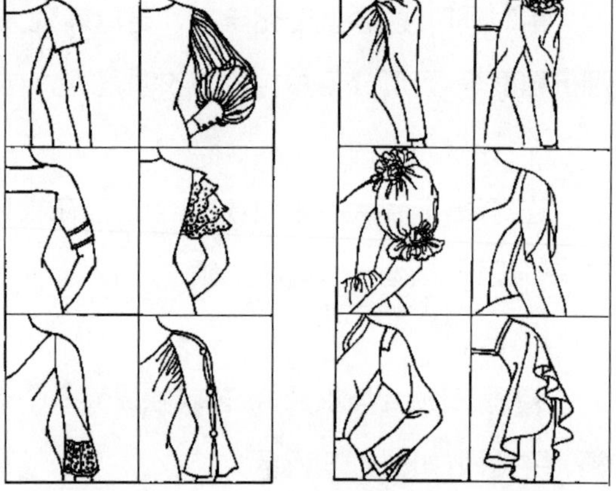

图 4-10 服装衣袖设计

③ 口袋

口袋是服装的常用部件，种类多、变化大，除了实用功能外，还具有一定的装饰功能。 根据口袋的结构特点分类，口袋主要可分为贴袋、暗袋、插袋三种。

A. 贴袋

是贴服于服装主体之上，袋形完全外露的口袋，又叫“明袋”。 根据空间存在方式，可分为平面贴袋和立体贴袋。 根据开启方式，可分为有盖贴袋和无盖贴袋。

B. 暗袋

是在服装上根据设计要求将面料挖开一定宽度的开口，再从里面衬以袋布，然后在开口处缝接固定的口袋。

C. 插袋

是指在衣缝中制作的口袋。 按暴露方式分为明插袋、暗插袋。 按位置方法可分为：直插袋、斜插袋、横插袋。

除衣领、衣袖、口袋外，如遇到特别的流行元素，如褶皱处理、结构线变化等，也需在此部分企划中体现出来。

廓型与细部结构企划的结果通常以图的形式体现，有时辅以文字说明组合设计的要点。

4.3　服装商品色彩企划

色彩是服装设计的核心要素之一，是塑造品牌服装风格的有效手段。 人们在远处看到一件衣服时，首先映入眼帘的就是色彩，因此，色彩在服装设计中极其关键，它将决定一件衣服是否会吸引消费者的注意。

色彩企划，是按照系列或产品大类，选择包含拟采用色彩的资料图片作为色彩灵感的来源，将图片中的色彩归类、提炼，得到商品设计应用的主副色系和点缀色系。 主色系即产品系列的主要色系，其用量最多；副色系即产品系列的次要色系，其用量次之；点缀色系即产品系列的衬托色系，其用量最少。 色彩企划的研究结果常利用行业内通用的标准色卡作清晰表达。

4.3.1 色彩常识

日常生活中，我们会见到各种各样的色彩，据调查，人眼能直接辨别、判断的色彩大约有 100 种。这些色彩可分为有彩色、无彩色和独立色三大类别，见图 4-11。有彩色包括纯色系列和由纯色分别加黑、白、灰形成的暗色、清色、浊色等色彩；无彩色包括黑色、白色、灰色系；独立色包括金色和银色两种色彩。

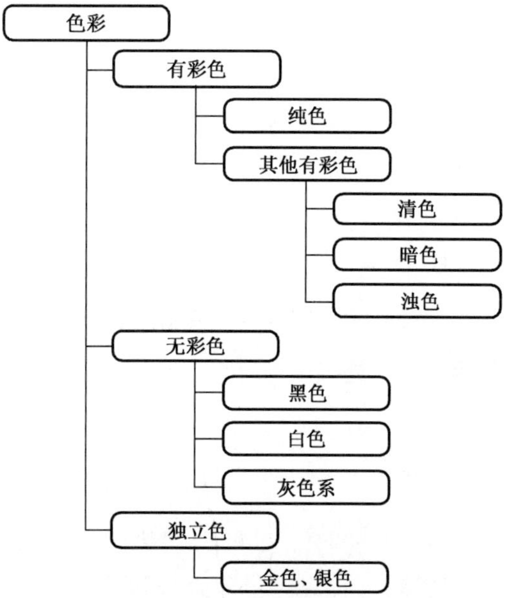

图 4-11 色彩分类图

色彩之间存在很多差异，但归根结底由三个要素决定——色相、明度和纯度，即色彩三要素。色相指色彩的相貌，是用来区分各种不同色彩的名称，如红、橙、黄、绿、青、蓝、紫七大基础色和紫红、橙红等多种变化色。明度是指色彩的明暗程度，通常人们只能看到无彩色的明暗差异，有彩色的明暗度往往被忽略。纯度是指色彩的鲜浊、饱和及纯净程度，任何一个纯色都是纯度最高的，当在其中加入黑、白、灰色后，纯度会下降。

事实上，各种色彩都是由红、绿、蓝三原色经过混合变化得到的。

另外，在服装总体设计时，经常通过对颜色分组，将具有同一“色调”的颜色应用于同一系列的服装设计中。所谓“色调”，就是一组颜色在一起，整体呈现出共同的色彩基调。色调反映色彩外观的重要特征和基本倾向。色调由色彩的色相、明度、纯度三要素决定。从色相上分，有红色调、黄色调、蓝色调等；从明度上分，有明色调、灰色调、暗色调等；从纯度上分，有清色调、浊色调。根据色彩给人的冷暖感，还可分为冷色调和暖色调。

4.3.2 色彩企划基本原理

（1）色彩的联想

当人们看到某个色彩时，总会情不自禁联想到一些与这个颜色相关的事物，这种对色彩的联想大大影响了人们对服装设计风格的认知。因此，色彩设计首先要了解各种色彩可能引起消费者怎样的联想。

① 红色

红色有甘甜、休闲的感觉，一般为年轻人的色彩。使人产生幸福、健康、生命、婚嫁、年轻等联想，象征着事物的兴旺，从太阳、火、血的联想中，给人以生命、朝气、强烈、欲望、喜庆、革命的感觉。但在某种条件下也会产生幼稚、危险、野蛮的联想。

② 橙色

红和黄的混合色，是火焰的颜色，与红色相比更使人感到欢快，是具有金、铜等金属光泽的颜色。象征华丽、朝气、精神、跃动、欢快，但有时却给人以任性的感觉。能使人联想到丰富的深秋景色、丰收的果实以及干燥的土壤。

③ 黄色

嫩黄色给人未成熟的感觉。黄色象征未来、不安定，给人以活泼、少年、轻歌曼舞的联想，这是表现阳光的色彩，象征着生命的源泉，也是春天的代表色。象征荣耀的金色，也是古代帝王之色，给人以高贵、欢喜、希望、发展、光明、明快的联想。但它也会给人卑劣、颓废、不健康、轻薄、冷淡、嫉妒之感。

④ 绿色

绿色能使人联想到和平、希望、健康、安全、成长、亲和、纯情等类植物的颜色，象征大地给人类的恩惠，绿色也是人类的希望之色。绿色也能使人有孤独、冷淡的印象。

⑤ 蓝色

蓝色代表天空，能使人联想到希望、理想、真理、学问以及悠久、沉静、深远、海洋、远山等。在某种情况下，蓝色也给人以孤寂、幽暗、抑郁之感。

⑥ 紫色

紫色在自然界中十分稀少，故而显得珍贵而神秘，一般为皇室与贵族的色彩，蓝紫色为英国王室的象征色，称为皇家蓝。紫色常使人联想到庄严、神秘、深远、崇高、神圣、天国、高贵、优雅，它是古典服装常用的颜色，但也常使人联想到寂寞、不安、不愉快、不祥、孤独、哀愁。

⑦ 白色

白色象征着白昼、善良、纯洁、神圣。在西方为婚礼服色，也常用于礼仪服饰中。

⑧ 灰色

灰色给人以消极、平凡之感。

⑨ 黑色

黑色给人黑夜的感觉，象征着坚硬、神秘、寂静。

（2）色彩的情感

各种色彩因具有不同色相、明度和彩度等属性，导致人们在看到每种颜色时会产生不同的心理感觉。

① 色彩的轻重感

相同的物体，人们会因其色彩不同产生不同的轻重感，这取决于色彩的明度。通常，明度高的色彩给人以轻感，明度低的色彩给人以重感。

② 色彩的软硬感

色彩的软硬感是由颜色的总体感觉决定的。感觉软的色彩一般高明度、低纯度、处于暖色系的色彩；感觉硬的色彩，通常明度在中等以上、纯度高、处于冷色系。

③ 色彩的强弱感

明度低、纯度高的色彩呈强感；明度高、纯度低的色彩给人弱感。也就是说，暗而鲜明的颜色呈强感，亮而浑浊的颜色呈弱感。

④ 色彩的冷暖感

人们看到水会觉得冷，看到火会觉得热。即与水相关的蓝绿色、青色给人冷感，与火相关的红色、橙色给人感觉热。

（3）色彩设计的协调性

一套服装中常常出现多种色彩，这就需要进行配色设计。服装配色要遵循协调性的原则。

① 色彩的统一

从色彩调和论上看，比较类似的颜色配合在一起，给人的视觉感觉往往是美的、舒服的。在服装配色时，要使色彩统一，只要使各种颜色的感觉向一个中心靠拢，或色相、或明度、或纯度，就可形成调性极强的色彩效果。比如，用某一色相统一整体，或用相同的纯度统一整体等。统一的美感是大多数人最易接受和最易感觉到的美感。

② 色彩的平衡

服装色彩中的平衡感，是通过色彩面积的对比形成的。常见的有三种形式：对称平衡、非对称平衡和上下平衡。对称平衡，是指色彩搭配具有简单明了的秩序特征，给人稳定、安静的视觉效果，是一种最易达到的平衡。非对称平衡，是指色性格、色面积、色位置等不均匀分布，给人活跃、新鲜、运动的感觉，但较难掌握。上下平衡，是指服装上下的长度和色面积的分量比例关系达到平衡。

具体用色时，一般暖色和纯色要比冷色和浊色面积小一些；当两色明度相近时，纯度高的色比灰色或低纯度色的面积小；深与浅、冷与暖的强对比，应变化其面积、位置关系；明度相同的色尽量寻找一些色相变化。但如果一套服装配色太过丰富，那就要在明度上求得近似。

③ 色彩的节奏

色彩的节奏，是通过色彩面积有规律渐变、交替，或有秩序重复明度、色相、纯度、形状和方向等要素而形成。这些要素若像光谱或色阶那样依次排列，或由小到大、由大到小，或由冷到暖、由暖到冷等逐渐过渡，形成的是渐变式节奏。这些要素中一个或几个要素连续反复或两、三个要素交替反复，形成的是反复式节奏。渐变式和反复式节奏的形式表达都比较简单，因为存在固定不变的某个要素，因此，易于接受。而另外一种多元性节奏，则是将色彩的冷暖、明暗、鲜浊、形状等进行高低起伏、重叠、转折、强弱、方向等的变化，其节奏形式和结构都很不规则，因此显得运动感强、有生气、充满个性，不过这种节奏一旦把握不当，可能会有适得其反的效果。

（4）色彩与季节

不同季节对服装设计的要求不同，色彩选择也会不同。

① 春

春天阳光明媚，万物复苏。明亮、淡雅的色彩是这一季的代表色。

② 夏

强烈的阳光直射大地，充满强烈跳动感的夏季，强烈、明快、有活力、有个性的色彩相当盛行。 同时，黑白色也被广泛应用。

③ 秋

空气清澄、落叶满地的秋天，带着丰收的喜悦和淡淡的乡愁，寂寞与激情交错，沉思与冲动层叠，自然界的色彩丰富万千，层次交叉融合。 颜色偏暗的、丰富的中间色成为这一季的主要用色。

④ 冬

冬天是一个寒风瑟瑟、枝枯叶尽的季节。 大自然的色彩显得万分凝重厚实，而人类世界的色彩则如此的轻薄，仿佛根本挡不住寒冷气流的上下窜动。 暖色调和沉稳的色彩成为冬季的主要用色，黑色也常采用。

4.3.3 服装设计中的流行色

色彩企划的前提是把握流行色。

（1）流行色及其分类

流行色是指在一定的社会范围内、一段时间内群众中广泛流传的带有倾向性的色彩。 根据流行色的影响范围，流行色可分为国际流行色和地区流行色两种。

① 国际流行色

国际流行色是由国际流行色委员会向世界发布的，对世界范围内的服饰企业都有较大影响力的流行色。 国际流行色委员会是由法国、德国和日本在 1963 年发起形成的，它是目前国际上最具权威、规模最大的流行色研究和发布团体。国际流行色委员会每年的 2 月和 7 月分别召开一次色彩专家会议，研究制定春夏和秋冬两季的男、女装四组流行色卡。 形成的流行色卡先发放给国际流行色委员会的会员国进行试用，确保流行色准确后，再正式对外公布。 国际流行色通常通过专业报刊、电台、电视台等媒体进行广泛的宣传推广。 目前著名的流行色发布刊物有：《国际色彩权威》和巴黎发布的《巴黎纺织之声》等，我国流行色发布的权威杂志是《流行色》。

② 地区流行色

地区流行色是某段时间在某一地区风行并为大众接受的一种新的色彩体

系。如今，美国、中国等很多国家和地区都开始逐渐建立自己的流行色研究、发布组织，以引导本国和地区的时尚发展。地区流行色组织根据流行演变规律，每年召开两次年会，来预测和发布春夏和秋冬两季的流行色卡。

（2）流行色变迁的规律

流行色的变迁是有规律的。例如，在冷色调多见的时期之后，流行色就会向对立的、相反的方向转变，即必然出现能给人们带来新鲜感的暖色调的流行，这是一种色相上的移动。这种变化通常以两年半或三年为周期。在明度和纯度上也存在类似的现象。

根据对历年流行资料的分析发现，流行色的整个生命周期约为七年，分为始发期、上升期、高潮期、衰退期四个阶段。其中高潮期为这一色彩的黄金销售期，通常为一年。

流行色的变化就色相来说，一般是沿着色相环转动，或者顺时针转动，或者逆时针转动，转动角度也时大时小，但基本不会出现插入式或突发式的变化。明度和纯度也有相似的规律，一般总是从低明度到中明度，再到高明度，从低纯度、中纯度到高纯度。流行色的变化具有连续性。

另外，经过一个周期再次出现的流行色彩，与上次的流行不会完全相同，总会有细微差别的。

（3）如何利用流行色

① 了解流行色卡

世界各地的流行色预测机构，通常以色卡的形式推出成组的流行色彩，这些色彩可分为三大类：

时髦色彩：可细分为即将流行的色彩、正在流行的色彩、即将过时的色彩。

点缀色彩：常为时髦色彩的补色。

常用色彩：具有某种有彩色倾向的无彩色系。

这三大类色彩构成的流行色，不仅易于流行的延续，而且对生产商、销售商以及消费者都是有利的。

② 应用流行色卡

按照流行色卡进行配色时，针对三类不同商品有不同原则。

主题商品：选用正在流行和即将流行的时髦色彩；

畅销商品：主要选用正在流行的时髦色彩，加入一定量的常用色彩作为调和辅助色，增加品牌的色彩设计层次感；

长销商品：主要选用常用色彩，加入少量的正在流行的时髦色彩作为点缀与补充。

点缀色彩在三种商品中均可运用，但一定要量少。

4.3.4 色彩企划方法

（1）服装色彩的整体设计

所谓服装色彩的整体设计，就是在设计服装时，要考虑单套服装内部上衣与下衣之间的色彩统一，考虑服装、服饰的色彩与着装者的体型、肤色、性格及环境之间的色彩统一，考虑系列服装的色彩统一。

进行服装色彩整体设计的方法，通常有两种：由整体而局部的方法和由局部而整体的方法。

① 由整体而局部的方法

由整体而局部的方法，就是在服装设计前首先确定设计的主题，然后根据主题，设想设计过程中各个款式、各个产品类别及其配饰应采用的颜色。如著名的高级女装品牌普拉达（PRADA），2005 春夏以“自由的鸟儿”为主题，在 T 台上呈现出一股率性自在的旅人风情。如图 4-12 所示，普拉达（PRADA）这一季的作品从自由的鸟儿这一主题出发，设计了跳跃感较强的黄色、橙色和象征蓝天、飞翔的蓝色、绿色等，并采用色块拼接的方法，应用到系列服装的设计及单套服装和服饰的搭配设计中。由整体而局部的设计方法，不仅易于统一系列设计的色彩，而且易于将主题渗透到设计的各个细节。

图 4-12 普拉达（PRADA）春夏作品

② 由局部而整体的方法

与上述方法相反的是，由局部而整体的设计方法是从局部出发，如一块面料、一种颜色等，受到局部材料的启发从而得到灵感，将其整体的主题和局部的色彩、面料都进行各种变化或延伸，应用到系列服装的设计过程中，从而完成整体设计。比如我国著名的服装设计师梁子，就是从一块面料——莨绸中受到启发，进行了后续的一系列设计，从而成就了“天意”这一品牌。如图 4-13，梁子将莨绸这种面料的颜色、材质、风格等提取出来，作为设计的基本元素，然后将这些元素进行变化、延伸或组合应用，就得到了丰富多彩但风格统一的设计。

图 4-13　“天意”作品展示

无论采用什么方法进行服装色彩的设计，都应注意设计的整体性，即进行整体设计。

（2）色彩企划流程

结合服装总体设计的统一要求，下面介绍色彩企划的流程。

① 信息收集和分析

根据所确定的设计理念，收集有关色彩的各种信息资料。色彩信息包括上一季各种色彩服装的销售情况总结和流行色预测机构发布的流行色信息等两个方面。上一季的销售情况，决定品牌下一季将采用的基调色或常用色，以保证色彩企划更符合市场需求。对于流行色信息，企业应根据自身情况综合分析国际流行色和中国流行色，以确定本品牌下一季的时髦色彩。

② 色彩主题企划

色彩企划要求在参考流行色信息和市场信息的基础上，根据品牌的理念、目标市场的特性、材料的倾向、商品的品类等来设定色彩理念、色彩主题及进行基本配色和图表化表现。按确定的色彩理念，选择基调色和主题色。由此形成色彩主题板。

以时装品牌为例，主题企划阶段若设计四个主题，那么通常作四个色彩主题板。色彩主题板中大面积以图片体现主题特征，然后从中提炼主题色系、搭配色系或辅助色系、点缀色系，最后说明该色彩主题适用的款式类型。在色彩主题板中，尽量以图片说明为主，辅以文字说明。

③ 色彩波段企划

细致的色彩企划应该按照服装的上市时间进行季节波段策划。在一个季节分波段进行色彩策划，可以在保持色彩组合整体风格不变的基础上，在微观上调整个别色彩的分配比例，并调换个别点缀色，以给消费者不断变化的印象，达到刺激消费的目的。

如冬季通常分初冬、深冬两个时段，初冬往往消费者心态仍然停留在色彩斑斓的夏秋季，因此为了满足消费者的心理需求，初冬的主辅色和点缀色都相对深冬鲜艳一些。

色彩波段企划并不复杂，但非常必要。

④ 色彩搭配及应用企划

为了更好指导后期设计，企业通常会做色彩搭配及应用企划，也就是给出前面确定的主辅色、点缀色如何应用，应用到什么样的款式，如何变化，如何搭配。通常以款式图的形式，直观给出色彩搭配及应用方法。

需要说明的是，色彩搭配不仅仅是上下衣的搭配，还包括内外衣的搭配、图案中的拼色搭配、面辅料色彩搭配、结构线色彩搭配等。企划时，需较为全面地给出搭配方法和注意事项。

⑤ 色彩推广

首先，将色彩理念和内容推广到面料的染色与图案中，以便尽早与供应商取得联系，生产或采购所需的面料。需要注意的是，面料由于组织结构、表面肌理、后整理工艺等不同，因此在使用过程中为保证效果，应作适当的色彩变化。另外，应用到面料时，色彩的搭配应遵循协调原则。

其次，将色彩理念和内容推广到广告和品牌的 VI 设计中，以便推广本季的色彩理念。

⑥ 色彩信息的记录和保存

建立品牌的色彩资料信息管理系统，利用 POS 销售系统，可得到各种色彩的市场反馈信息，以便为品牌决策提供参考。

4.4　服装商品面料企划

“服装是布的雕塑”，服装设计的基础是面料，因此材料的选择影响设计的表达。而且随着目前服装市场成熟化、个性化趋向的出现，使材料在塑造服装风格形象与独特性方面的重要性日趋突出。

面料企划是按照系列或产品大类，结合产品造型要求选取几组有使用意向的典型面料小样，并对产品的面料选择使用范围做文字描述。

4.4.1　服装面料的分类

选择面料是服装品牌设计企划工作中的重要部分，企划人员必须具有丰富的服装材料知识，能辨别面料的纤维成分、结构、组织、性能，以及产地、颜色、图案、风格，并能把握各种材料的适用性。

目前可选的服装面料非常繁多，因此了解服装材料的分类有助于企划人员深入把握材料运用的规律性。

对服装面料的分类可从客观和主观两个角度进行。

（1）客观角度的材料分类

即根据面料的纤维构成、纱线结构、织物组织、后整理方法等客观特性进行分类。如根据纤维构成，可分为天然纤维材料和化学纤维材料两种，天然纤维材料舒适性能良好，但服用性能较差，化学纤维材料刚好相反，因此，天然纤维材料主要用于对舒适性能要求较高的贴身穿着类服装和夏季服装，化学纤维材料适用于对服用性能要求较高的外套服装尤其是职业服装等。

客观角度的材料分类，涉及服装材料学相关的专业知识，在此不再赘述。

（2）主观角度的材料分类

即根据材料对人的生理、心理上造成的感觉进行分类，通常我们把这种主观角度的判断称为织物风格。织物风格，是经过一定的加工处理后，表面呈现出的光泽、起毛、起绒等特殊的视觉、触觉效果。织物风格通常是人们对材料给面、纹路、光泽、平整、干爽、厚薄、牢度、保暖性、起毛状况、纹样图案等特征进行综合评价后得到的主观评价。主观角度对材料分类的难点在于确定评价的标准。目前世界各国采用的具体分类方法有很多，普遍运用的是美国学者提出的SD法(Semantic Definition：用语义的差别来定义)，即感觉量化法。这种方法最先运用于语言学研究中，后来逐渐被用来评价事物对人所产生的感觉刺激。具体方法是将一组反义词，如明——暗、厚——薄、硬——软等，分别放在各轴的两端，然后再在其间区分不同的级别。如图4-14所示。

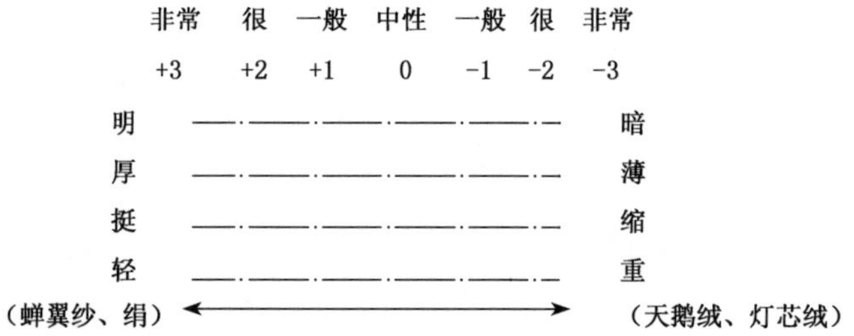

图4-14 织物风格定义方法

基于对织物风格进行分析定义的SD法，结合评价材料风格的八个基本要素，可建立一种比较直观、形象的材料风格分析方法，如图4-15所示。

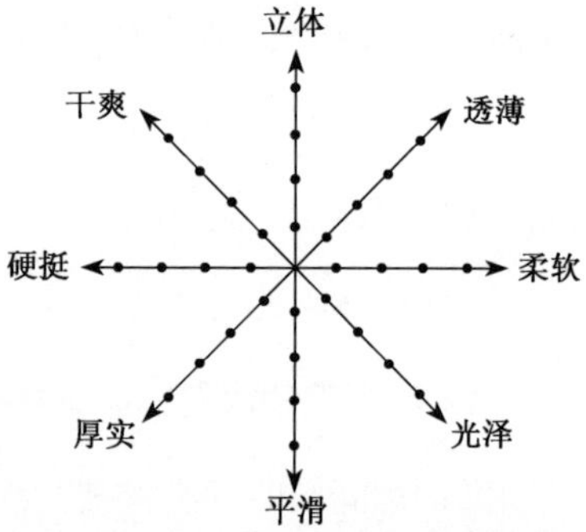

图4-15 材料风格8轴评价体系

图中的评价体系由八个要素分别构成四根坐标轴的两端，每根轴两端意义相反。每根轴被分为5段，5=非常，4=比较，3=一般，2=不太，1=一点也不，各轴交汇点为圆点，代表0，箭头处代表5。

然后，对每种材料的突出性能要素进行主观评价，并在上图中标出其位置，最终即可形成织物与风格的关系定位图。从中，企划人员可根据风格要求很容易地选择所需面料。

4.4.2 面料选择的原则

服装品牌在选择材料时应遵循两项原则，并考虑六项要素。

（1）两项原则

① 应吻合品牌的理念设定及风格形象

品牌设计企划之前，已确定了品牌的理念设定和风格形象，这是设计企划的基础，在选择材料时，应考虑材料应能很好的体现这种理念和风格。如为反映女性化的风格特征，应选用巴厘纱、细平布、蕾丝、乔其纱等具有透明感、流畅感、摇曳感和悬垂性好的织物；为反映男性化的风格特征，应选用华达呢、哔叽等质感坚实的材料和花呢、法兰绒、合成皮革等中厚型或厚型织物。

② 应适合不同品类服装的要求

另外，服装品牌往往生产销售多品类的产品，如一个职业女装品牌可能生产销售衬衫、裙装、裤装、职业套装、休闲装、礼服以及围巾等多种服饰品，各种品类服装要求不同，因此选择材料要根据具体服装的要求，如设计冬季外套应选用 100%的棉或毛纤维，以麦尔登、花呢、绒面呢等厚型面料为主；设计休闲外套，羊毛类可选花呢，棉类可选华达呢、哔叽，以及涤纶与棉或毛混纺、涤与麻混纺的面料。

（2）六项要素

① 适合性

与本品牌的理念、风格，以及季节主题等吻合。

② 功能性

运动功能、生理卫生机能、防护功能、舒适性等。

③ 经济性

适当的价格、洗涤保管的便利性、耐久性等。

④ 造型要素

色彩、图案的表面肌理质感，风格等。

⑤ 加工性能

可缝性、立体造型性、与衬料的配伍性、熨烫条件等。

⑥ 物流要素

物流运输、最小批量、成交条件、品质保障等。

4.4.3　面料企划流程

服装品牌选择面辅料通常有两种方式：一种是与面辅料供应商一起开发新型

材料，另一种是从面辅料批发商处直接进货。两者在时间周期上差异很大。因此，材料企划时一方面优先考虑材料本身的风格、质地，另一方面还需从流通的角度出发掌握工作进度。面料企划的基本流程如下：

（1）面辅料企划理念确认

确认服装品牌的整体理念、本季设计理念和计划实施的可行性。

（2）面辅料信息收集

首先，收集面辅料的流行趋势信息，包括国际流行和国内流行信息。服装材料或服装服饰产品的博览会、交易会、发布会，以及预测机构的信息发布、时尚报刊等是流行信息收集的主要渠道。流行信息是服装品牌选择面辅料的主要依据。

其次，收集供应商的产品供应信息。供应商所能提供的产品限制了服装品牌的选择范围，因此企业应了解能为自身提供材料的供应商供应能力，本企业的产品企划必须以此为基础。

另外，对具体服装设计而言，采用何种面料，还取决于与衬料、里料等辅料的配伍性、可缝性、机械性能、强度性能、色牢度、耐热性、洗涤性能等，因而应全面收集材料的信息。

（3）面辅料选用主题企划

基于以上信息收集，确定服装品牌选用面辅料的原则，包括风格原则、成本原则等，然后形成面料企划主题板。

面料企划主题板中，主要体现某主题或产品大类所需面辅料的风格类型、面辅料的纤维、纱线、织物、后整理等构成特征和物理机械性能、服用性能、舒适性能、加工性能等性能特征，以及颜色、手感、视觉等特征，并说明面料使用范围和方法。

（4）面辅料应用企划

根据以上原则，收集面辅料样品，包括原创设计和直接采购两种方式。原创设计较为复杂，但易于得到所需风格的面辅料；而直接采购较为简单，但有时可能无法找到所需面辅料。无论通过哪种方式，最后都需确定具体的面辅料小样，可将其制作成面料分析与应用企划表。

面料分析与应用企划表中，要对每一个选中的面料进行主、客观性能分析，并策划该面料所需定制的颜色和适用的具体款式。 其中必须附面料小样和适用的款式图。

另外，需要说明的是，在这一过程，服装品牌为了在设计生产中及时获得所需的各种材料以及与之相关的信息，必须与各种品类材料的零售商、批发商建立良好的合作关系，有选择的与某些较好的面料商保持密切联系。

思考练习题

1. 思考主题企划的重要性。
2. 分析知名品牌主题灵感从何而来?
3. 为某熟悉品牌进行款式配比企划?
4. 分析近五年来迪奥（Dior）品牌廓型的变化。
5. 分析具体品牌当季的主辅色与流行色间的关系。
6. 为某品牌制作下一季的面料企划主题板。

第 5 章　服装商品组合企划

知识要点

1. 服装商品组合含义、内容与原则；
2. 服装商品组合要素；
3. 服装商品组合流程与实施。

5.1　服装商品组合概念

在服装行业，随着品牌竞争的日益加剧，商品组合作为商品企划的一个重要环节，作为传递品牌形象、提升品牌销售的重要手段，越来越为服装品牌企业所重视。 与此同时，服装时尚报刊及相关的学术期刊上涌现出诸如商品组合、品类组合、商品搭配、商品计划、商品整体形象等概念，这些概念定义范围、角度不一，但基本都包含一层意思，即将两种以上的服装品类或品目组合成某种风格，塑造统一协调的形象。 然而，服装商品组合目的绝不仅在于此。

5.1.1　服装商品组合含义

服装商品组合，开始于商品企划表现于卖场终端，是指服装企业生产或销售的全部服装品类的有机构成，通过组合不同款式、廓型、图案、色彩、材料和细节的服装和配饰，塑造统一协调而又独特鲜明的形象，通过对服装品类构成、规格尺寸、价格构成、上市时间的组合，组建主次有序、满足消费需求、适合市场销售的服装商品体系。

服装商品组合含义包括以下两个层次：

（1）形象要素组合层次

服装品牌需要传递给消费者统一协调而又独特鲜明的品牌形象，最重要的途径之一便是服装商品本身，服装形象要素组合包括款式、廓型、图案、色彩、材料、设计细节及服饰配件搭配组合等。形象要素组合根据组合的阶段又可以分为两个层次。

第一层次：基于商品策划的组合概念，即在产品的设计开发阶段所确定的商品组合方案。通常在对应上一季的产品销售分析基础上，对新一季产品提出优化建议，在此基础上筛选设计款式、样衣制作和组合，形成新一季服装产品系列。

第二层次：基于卖场陈列展示的组合概念，即在上述系列产品投放终端卖场时，根据品牌推广计划、营销策略和销售目标而进行的卖场陈列与展示，通过对商品在终端店铺的摆放、排序、搭配、装饰、标示等组合手段，展示出商品的时尚、新潮、卖点等特色，有助于商品销售和品牌推广的服装商品整体形象的提升。

（2）销售要素组合层次

服装品牌将品牌形象传递给消费者的最终目标是实现品牌服装的销售，而如何能够针对消费需求，组建适合市场销售的服装商品，如何通过商品组合提升销售业绩，这便需要对服装销售要素进行有机组合，包括服装品类构成、规格尺寸、价格构成、上市时间等的组合。

5.1.2 服装商品组合内容

现代服装消费者已不满足于以生产商为主导的生产销售方式，一些消费者会根据对时尚流行的自我诠释，选择购买适合自己个性的商品。他们不再被动地接受品牌已组合好的服装，他们需要多样化的服装组合。这就要求服装商品的组合搭配更加丰富而有层次感，在终端卖场上展现出多样化和差异化的商品形象。

服装商品组合内容包括商品组合的宽度、深度、量度和关联度四个方面。

（1）组合宽度

组合宽度亦称组合广度，表现为服装企业经营产品类别的多少，即生产或销售有多少条不同类别的产品线。以商务休闲男装为例，图 5-1 第一层次即为 H 商务休闲男装品牌组合的宽度，包括衬衫系列、T 恤系列、毛衫系列、西服系列、夹克系列、棉服系列、大衣系列、裤装系列、配件系列这九大类。

（2）组合深度

组合深度是指每一类别产品线上有多少个不同的产品项目，服装企业通常称之为款量，单款单色为一款。在一类产品线上，由不同款型、面料、图案、颜色组合成多种款式，组合元素越多，产品组合的深度就越大，反之商品组合的深度就越小。如图 5-1，以西服系列为例，假设该西服系列有 4 个款型，在不考虑面料图案因素下，每个款型分别选用 2 种材料的面料和 3 种颜色，可组合出 $4\times2\times3=24$ 个款式，即组合深度。深度组合可增大产品可挑选空间，但不宜过深，过多款式、面料等的细微变化，反而给消费者产生款式雷同、可选择性差的印象。

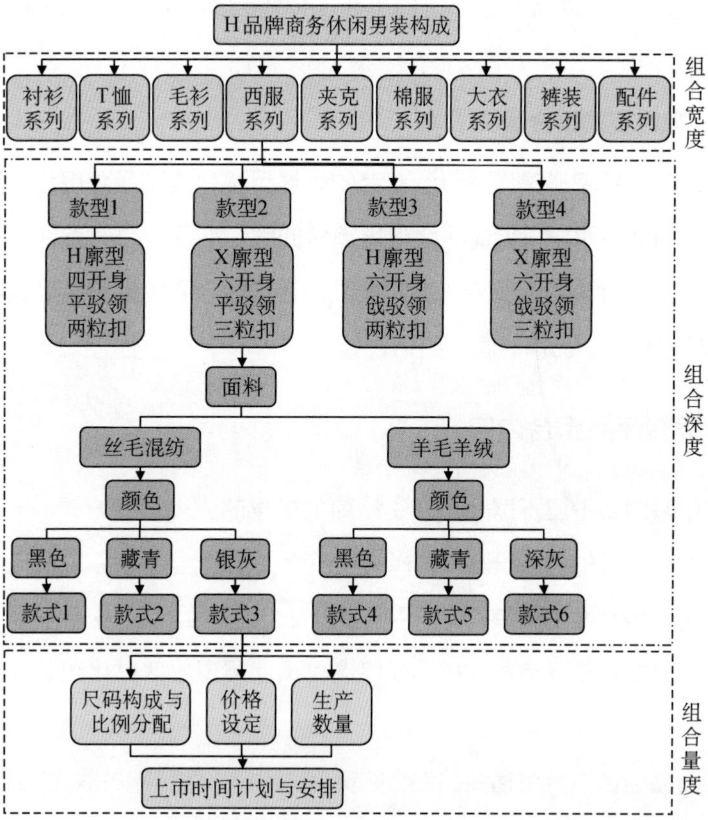

图 5-1　H 品牌商务休闲男装商品组合内容

（3）组合量度

组合量度是指对每一品类下的每一款式进行尺码、价格、生产数量及上市计划这四个与销售密切相关的要素进行量度的组合。 如图 5-1，以西服系列款型 2、款式 3 为例，该款式组合量度包括尺码的构成、比例分配、价格的设定、生产数量的确定与上市时间的计划与安排。 对于整个季度的货品来说，组合量度即在同比上季度的服装销售分析基础之上，在新季度的流行预测及计划之下，为各产品类别下的各款式的尺码、价格、生产数量及上市计划的设定与协调。

（4）组合关联度

商品组合的关联度是指企业品类组合中的各个品类在生产条件、最终用途、目标市场、销售方式以及其它方面相互联系的程度。 图 5-1 中的品类最终用途均属于男士商务休闲服饰类产品，拥有同样的目标消费市场，销售方式也类似，这表明产品线与产品线间有着较强的关联度。 相反，如果该商品组合包含其他非服饰类产品如男士酒具、茶具，则其产品组合的关联度就较弱。

5.1.3　服装商品组合的必要性与原则

（1）服装商品组合的必要性

纺织服装业作为中国传统产业自 20 世纪 90 年代以来得以快速发展，至 21 世纪，品牌对中国消费者的吸引力和影响力至关重要，品牌发展已成为产业发展的唯一出路。 中国品牌网经过长期的市场研究总结得出，现在的市场营销已经进入以消费者为导向的时代。 服装商品组合是服装商品企划中的理性环节，起到了承上启下的作用，基于顾客需求将设计概念具体化、清晰化，成为品牌竞争的重要环节。 服装商品组合的必要性体现在以下几个方面：

① 塑造整体形象，迎合消费者购买过程的心理

AIDA 模式，即引起注意（Attention）、产生兴趣（Interest）、产生欲望（Desire）、购物行为（Action），是行销学及消费者心理学中常用描述消费者购买过程的心理活动模式。 AIDA 模式可视为服装品类组合的理论依据，系列化、时尚化的商品组合是 21 世纪盛行的营销理念。 服装商品组合并不仅仅是单纯的货品搭配、摆放，其最终目的是为了促成消费者的购买。

服装产品日益丰富，服装品质、功能等差异越来越小，产品同质化现象日趋明显，仅靠一件件服装孤立的卖点已无法获得消费者的青睐，须通过对服装商品有机组合，塑造出统一协调又具有独特品牌特色的整体形象，传递出品牌理念、产品定位及设计风格等个性特点，方能迎合消费者购买过程的心理，使其产生兴趣，最终促成购买。

② 满足消费者的多元化需求

服装消费正呈现出个性化、多元化的消费特点，越来越多的消费者开始注重能够体现自我魅力和风格的服装。即便是服装品牌所定位的细分目标消费群体，对服装的款式、面料、色彩、价格等也存在着差异。现代意义上的品牌营销应当以消费者为导向，服装品牌当如何满足消费者的多元化需求，这便需要服装企业对商品进行组合，商品组合便成为服装企业发展的共同趋势。

③ 商品组合的优势驱使

服装品牌基本都由很多品类构成，每个品类在整个商品组合中各有分工，只依靠某一品类，即便是拳头产品品类，亦难在激烈的市场竞争中获胜。商品组合中某一品类的缺陷的确会影响整个系列的品牌形象，但商品组合的以下优势仍然驱使着服装企业进行商品组合计划。

A. 增强品牌整体形象；

B. 扩大经营范围，占领更多市场份额；

C. 增强企业综合竞争力；

D. 顺应多元化需求，分散经营风险；

E. 根据市场需要进行商品组合规划，合理生产，减少库存，提升销售业绩。

服装商品组合并非追求每个品类都能盈利，商品组合追求的是 1+1>2 的营销效果，商品组合的实质在于实现产品的增值。

（2）服装商品组合的原则

服装商品组合要根据品牌自身形象、设计风格与定位，结合市场环境、流行趋势和消费者需求，通过对商品宽度、深度及量度上的组合，最终实现商品销售利益的最大化。对于不同的商品，需采取不同的组合形式。如，有些商品需要先上快销，或则用于造势，有些则需要等待市场变化，蓄势待发；有些商品需要定位高价获取更大利润空间，有些则定位低价给予顾客更大的剩余价值；有些商品长期销售，应确保足够的库存量，有些则短期流行或为店铺陈列辅助点缀，不宜大量生产。需要注意的是，系列商品中的每个类别、款式都不是孤立的，而需与其它货品进行组合、搭配，达到相互补充、促进的目的，实现视觉与销售上的最佳效果。商品组合是一项复杂的工作，在具体操作中需遵循以下原则：

A. 传递品牌整体形象，无论是商品组合的构成还是终端店铺的陈列都应便于传递品牌的整体形象。

B. 传递新季度产品开发的设计构想，商品组合不但要传递出品牌的整体形象，还要传递出新季度品牌设计师的产品设计构想。如品牌在产品开发时，会有重点推出的主题系列和色彩，商品组合需体现出主推主题和主打色彩。

C. 满足市场消费者的需求，在合适的时间，以合适的价格、合适的数量，推出适合消费者需要的合适的商品。对于品牌公司而言是规划整体市场需要，公司的整体市场通常由在全国各区域的自营店铺和加盟商店铺构成，因此，满足市场消费者的需求由满足各区域消费者需求总和构成。

D. 便于代理商及自营店订货。通常服装品牌会进行至少一年 2 次的产品订货会，由全国的代理商及自营店的店长或资深店员前来选货、订货。在服装商品组合时，需考虑代理商及店员间的专业水平差异，推出已组合好的商品系列，便于代理商及自营店订货。

E. 便于终端卖场进行陈列展示。商品最终将陈列在各终端卖场里，商品组合时要考虑终端卖场陈列的可行性和便利性。如现有很多服装品牌根据色系陈列货品，商品组合时需对色彩数量和色彩间的可搭配性掌控到位，形成店铺的主色调、辅助色和点缀色。

F. 合理计划货品上市波段，形成店铺货品更新。由于国内品牌还无法达到像飒拉（ZARA）等快速时尚品牌店铺上新的速度，很多品牌仍然处于一年 2 次订货会的模式，而消费者对店铺的更新率要求越来越高，因此，服装品牌在商品组合时，要计划好整个季度各个波段的系列、品类、款式的数量和组合关系，计划于不同的时间段展示于终端店铺，做到每隔两周就会有新品上架，随着气温变化改变架上货品陈列与搭配，给顾客以不断货品更新的印象。

5.2 服装商品组合要素

服装商品组合要素包括商品构成组合、品类组合、款式组合、配件组合、规格尺寸组合、价格组合及上市时间组合。

5.2.1 商品构成组合

商品构成组合指的是根据商品企划的季节主题考虑商品比例构成。根据与季节主题吻合的程度，将商品分为主题商品、畅销商品和长销商品三大类。其中，主题商品体现当季的设计理念主题，展现时尚流行趋势，通常作为陈列展示的重要对象；畅销商品通常为上一季度畅销的货品，融入当季流行时尚特征，进行延伸设计，常作为大力促销的对象；长销商品指的是与流行趋势关系不大，在各季度都能有稳定销售的商品，常为经典的品类和款式。

服装品牌定位和目标消费群定位不同，对三大类商品的构成比例设定不同。大众化服装品牌通常以长销商品为主，而高感度、个性化品牌的畅销商品和主题商品比例相对较高，特别是定期举行时装发布会的设计师品牌主题商品的占比非常高。一般情况下，大众化服装品牌和高感度、个性化服装品牌和设计师品牌三大类商品构成比例如图 5-2 所示。

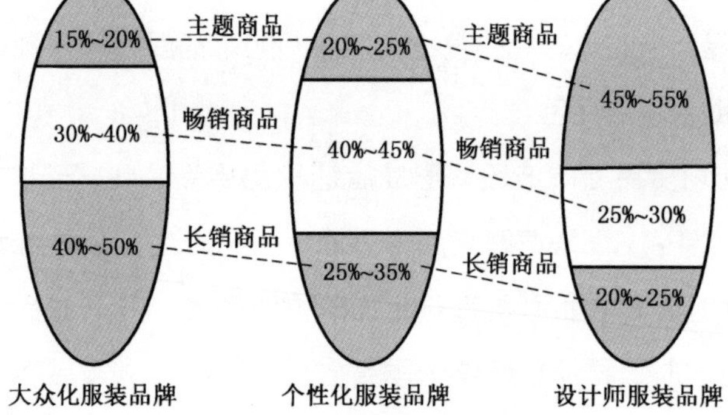

图 5-2 三大类商品的构成比例

主题商品与流行主题关系密切，能鲜明表现品牌的季节主题，具有很强的生活方式提示性和倡导性。该类商品主要面向时尚敏感度高的消费群体，卖场陈列时进行视觉上的情景展示，辅以配件和陈列道具，整体形象和主题性强，通常出样于橱窗及店铺的重要展示位置。 主题商品价格定位相对较高，对销售额的期望值大，但较难把握及预测市场对该类货品的实际需要程度。

畅销商品是在同比上一季主题商品中销售良好的款式基础上，融入当季流行特征，进行延伸设计并批量生产。 该类商品针对的穿着场合清晰明了，卖场陈列时进行视觉展现，重视季节性，通常出样于店铺的较重要位置。 畅销商品基于上一季畅销品基础上，有相对较大的市场需求，期待销售额的增长。

长销商品通常以单品推出，款式经典，易与消费者其它服装进行组合搭配。 该类商品在卖场陈列时通过组合搭配来展示单品的可搭配魅力，除辅助主题商品和畅销商品搭配陈列外，通常以单品聚集，具有丰富性，便于消费者看、摸、比较和挑选。 长销商品受当季流行趋势影响小，对销售额的增长具有可预见性。

5.2.2 品类组合

服装品类组合根据消费者需求，将不同的商品品类根据内在联系，分别以某一比例集合构成。 品类组合并非凭空将任何服装商品随意组合，品类组合需考虑品类之间紧密的内在联系和相关性。 品类组合是服装商品组合的基本内容，具体包括商品品类、品类结构、品类构成比例及品类搭配的组合。

（1）品类

美国 ECR（高效消费者反应）委员会将品类定义为“一组独特的、易于管理的产品或服务，在满足客户需求方面被客户认为相互联系的或可替代的”。

国际知名的 AC 尼尔森调查公司将品类定义为“确定什么产品组成小组和类别，与消费者的感知有关，应基于对消费者需求驱动和购买行为的理解”，其基本含义表示，一个分类代表了一种消费者的需求。

品类界定旨在确定什么产品包括在哪个品类中，什么产品不属于这一品类，确定哪些产品具有相关性，哪些产品具有可代替性，品类的界定也考虑了消费者实际需求和潜在需求。

在服装领域，品类是进行商品细分化时所必需的基本单元。 每一类商品就是一个品类。 以 V 品牌女装春夏季产品为例，可以分为 T 恤类、衬衫类、针织衫类、坎肩马甲类、外套类、风衣类、皮装类、裙装类、裤装类及配件类，共计

10 大品类。

（2）品类结构

品类结构即品类由哪些关键子品类构成，子品类又可以进行怎样的再细分。品类结构中，每一品类的子品类不同，子品类也由不同的子细分品类构成。品类细分过程中，需充分考虑消费者的实际需求、潜在需求及最终用途的基础上进行设置。表 5-1 以 V 品牌女装春夏产品为例，对各品类进行二级品类细分。

表 5-1　V 品牌女装春夏产品品类结构

序号	一级品类	二级品类
1	T 恤类	短袖 T 恤、长袖 T 恤
2	衬衫类	短袖衬衫、长袖衬衫
3	针织衫	套头衫、开衫
4	外套类	薄棉衣、夹克、西服、卫衣
5	坎肩马甲类	坎肩、马甲
6	风衣类	七分袖风衣、九分袖风衣、长袖风衣
7	皮装类	真皮皮装、仿皮皮装
8	裙装类	短裙、连衣裙
9	裤装类	短裤、中裤、长裤、连体裤、打底裤
10	配件类	围巾、帽子、包包、饰品

在以上二级品类中，有些子品类可进行品类再细分，如连衣裙可再分成吊带连衣裙、无袖连衣裙、短袖连衣裙和长袖连衣裙三级品类。通常情况下，服装品牌对品类的结构细分到二级品类为止，如果再细分到三级甚至四级品类，品类数目众多，反而不利于商品组合企划。

（3）品类构成比例

服装品类组合在确定好品类结构以后，需对具体各品类进行量化，即各大品类占总服装商品量的百分比，及细分二级品类又各占百分比。服装各品类的构成比例非设计部或商品企划部拍脑袋产生，需结合品牌的产品定位，品牌的优势产品、新季节的流行趋势及同比上几个季度的销售分析基础上确定。以 H 品牌商务休闲男装某秋冬季产品为例，表 5-2 为其秋冬季产品品类结构及构成比例，图 5-3 为 H 男装品牌秋冬季产品一级品类构成比例饼状图。

表 5-2　H 品牌秋冬季产品品类结构及构成比例

序号	一级品类	二级品类	占比	序号	一级品类	二级品类	占比
1	长袖 T 恤	—	0.5%	8	皮装	毛皮褛	2.0%
2	衬衫	正装衬衫	18.7%			皮衣	3.1%
		休闲衬衫	0.9%	9	裤装	西裤	5.1%
3	西服	套西	3.8%			休闲裤	10.2%
		单西	4.1%	10	配件类	领带	3.2%
4	毛衫	—	25.6%			围巾	0.6%
5	棉褛	—	11.7%			皮带	0.7%
6	夹克	—	7.5%			皮手套	0.2%
7	风衣	—	1.9%			袖扣	0.2%

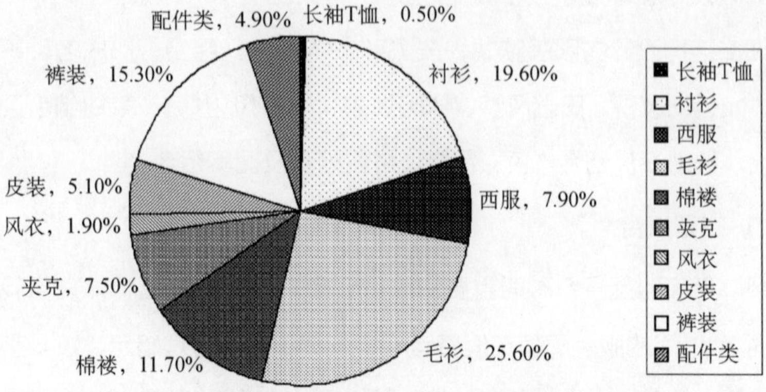

图 5-3　H 男装品牌秋冬季产品一级品类构成比例

（4）品类搭配组合

品类搭配组合需考虑品类与目标消费群的协调性，品类与品类之间的关联性和可搭配性，而不可将服装商品随意组合。 如在男西服品类里搭配上运动鞋就会显得不伦不类，而在女士礼服品类里配上高跟鞋则非常协调。 图 5-4 为 H

图 5-4　H 男装品牌某一陈列墙组合

商务休闲男装品牌某一陈列墙组合，由图所示，男士衬衫、西服、领带是一个经典的服装品类组合，加上呢大衣或皮大衣，都属于男士服装搭配中必不可少的品类，亦或再增加袖扣类服饰配件，整体搭配非常协调并具有品质感。

5.2.3 款式组合

对服装商品而言，款式是最为重要的因素，企业通常用单款单色来表示一个款式，产品的编码通常也由年份号、季度号、产品大类号、款型号、颜色号来构成。款式即用来综合描述由不同廓型、材料、图案、颜色及细部结构设计所表征的服装形态特征。款式组合就是将不同品类下不同廓型、材料、图案、颜色及细部结构设计的服装款式，按照形态特征进行组合，形成各种不同的风格类型，如运动风貌、田园风貌、休闲风貌、都市风貌等。款式组合因素包括廓型组合、细部设计组合、色彩组合、材料组合及图案组合。

（1）廓型组合

服装廓型不但是一个时期重要的流行元素，也是服装品牌体现自我风格的重要方面。不同的服装廓型在消费者心中形成不同的心理暗示，如H型给人感觉线条流畅、简单、大方，多为一些时尚休闲品牌采用；X型突出女性曲线、天真、浪漫，多为偏女性化的服装品牌所采用；A型活泼、潇洒，充满青春活力，多为面向年轻消费群的品牌所采用；O型具有圆润、内敛、饱满的特点，多为面向成熟女性消费群的品牌所采用。

服装商品组合时，需在每年流行的廓型和本品牌稳定的廓型风格之间找到平衡点，既能体现流行特点又不失品牌的风格特征。廓型组合时，当遵循形式美法则，使服装组合在比例、平衡、旋律方面达到协调统一，既能展现组合的魅力，又能彰显单件服装的美感。

（2）细部设计组合

细部设计是指充分完善和塑造服装的廓型而在局部予以充实、协调、呼应的一些设计特征，包括服装的袖长、袖型、袖口、衣长、领型、门襟、口袋、省道、分割、褶裥等。细部设计组合即指这些细部设计在具体一款式中的组合及款式与款式之间的细节设计组合。细部设计随着季节和时尚的交替变换而千变万化，设计师可以自由发挥进行创意设计。款式设计组合首先要求设计师设计时考虑每一款式各细部设计与款式本身的协调性，还要求款式与款式进行组合时，款式之间的细部设计亦能够融合，共同体现款式风格特征。

（3）色彩组合

色彩是服装款式设计的重要元素，不同的色彩具有不同的个性和心理暗示。色彩组合是指将各种具有不同视觉感受的色彩和谐地组合到各系列服装商品中，形成视觉冲击，吸引消费者，促进商品的销售。色彩在服饰中的组合可以分成以下三个层次：

第一层次：商品系列主题色彩组合，即确定各主题系列商品的主题色、基调色和点缀色。

第二层次：服装款式色彩搭配组合，不但包括上下装、内外装的色彩组合，还包括许多细节方面的呼应，如印花图案间的拼色组合、面里之间的色彩对比、款式部位的色彩呼应、服装边缘包边及明缝线色彩变化等。

第三层次：服装各色彩款式构成比例组合，即根据同期上一季商品的销售情况，分析不同款式不同色彩的销售情况，结合本季度的色彩流行与预测，确定本季度各色彩款式的构成比例。

（4）材料组合

材料是塑造服装、确定服装总体设计风格的三大要素之一。在日趋成熟化的服装市场，服装品牌越来越依靠服装材料风格的设定来突出品牌的风格特点。以色彩、款式为卖点的服装容易被其它品牌“剥样模仿”，这使得材料逐渐成为开发服装新品的核心要素。

服装材料包括面料、里料及辅料等。材料组合指从整体着装效果出发，将不同材料所具有的感觉特性（如风格、表面肌理、光泽、厚薄等）在服装上进行组合的过程。材料组合主要包括材质、肌理、厚薄、后整理工艺的组合。由于服装的色彩及造型结构都必须附着于材料之上，而色彩随纤维种类（棉、毛、丝、麻、化纤等）、纱线结构、织物组织、表面肌理、后整理工艺等的不同而出来不同的着色效果，且不同的服装造型结构在不同材料上的造型效果也不同，因此，服装材料组合需考虑以下几个层次：

第一层次：风格协调性，即材料组合需考虑材料色彩、图案的表面肌理、风格等与品牌理念、风格，以及商品季节主题相吻合，还需考虑各款式之间搭配的协调性。

第二层次：功能合适性，即服装材料组合需考虑商品运动功能性、气候功能性、耐久性、保管便利性、舒适性等功能因素的适合性。

第三层次：季节销售性，即根据同期上一季商品的销售情况，根据不同材料货品的销售情况，结合本季货品大类上市计划，进行材料组合及比例分配。

（5）图案组合

图案组合包括图案大小、花色和阴阳的搭配组合。图案主要由设计师结合季节主题、色彩主题及面料主题自行发挥创作。图案组合过程主要遵循人的视觉感受规律及形式美的原则，具体如下：

平衡与强调：图案的组合要注意位置的和谐，视觉的平衡性。同时，图案在服装组合中形成视觉中心，以吸引消费者的注意力。

比例与节奏：图案和无图案组合时的面积大小，大图案与小图案的比例对比，以突出图案印象为目的。图案组合的节奏感包括有秩序的连续、反复、渐变，通过图案的重复实现。

主次与呼应：多件服装在图案组合时，应确定其中一种主色调作为基调，使整体图案协调统一，各组合图案既有主次，又能相互联系、呼应。

5.2.4 配件组合

随着消费者对服装穿着整体搭配要求的提高，配件已成为服装组合中不可缺少的重要部分。服装配件组合使消费者可以在选购服装的同时，选购风格统一、与服装适宜的配件，对消费者而言具有便利性。同时，服装品牌可以通过精美的配件组合吸引消费者选购服装，促进销售增长。

配件的种类非常丰富，一般常见的有帽子、围巾、手套、眼镜、袜子、包包等。不同类型的服装品牌在配件上的延伸略有不同，如，女装品牌的配件常延伸至手链、毛衣链、耳环等首饰配件，男商务装品牌则常配有领带、皮带、袖扣等配件，休闲类服装品牌可能还设有背包、运动鞋袜、护腕、头套等配件。

服装品牌在进行配件组合时，需注意以下三个原则：

原则 1：配件与服装风格的统一协调。配件与服装如若风格不统一，不但没有美感，反而显得不伦不类，破坏服装的整体形象。

原则 2：服装与配件要主次分明。配件作为服装整体搭配的点缀，起到辅助搭配作用，在进行配件组合时，需要做到服装与配件主次分明，且配件在量上要限于一定比例，不可在量上让消费者配件压过服装本身的错觉。

原则 3：配件在终端店铺组合陈列时要有一定集中性。在终端店铺陈列时，配件有选择的在部分陈列区进行组合陈列，尤其是橱窗及正挂货品，但量不宜过多。配件主要仍集中在某一区域进行陈列，如飒拉（ZARA）品牌专门设有配件货架，芒果（Mango）女装品牌亦在收银台附近设有配件专区。

5.2.5　规格尺寸组合

服装规格是表示人体外形及服装量度的一系列规格参数，是为了规范服装厂商生产及方便顾客选购而形成的一套度量指标。一方面，服装规格是服装企业在合体性方面最大限度满足不同体型消费者需求的保障，是企业进行正常生产、销售和管理的前提。另一方面，服装规格是消费者选购服装商品的一种标准和识别符号。服装规格尺寸设定包括服装规格尺寸设计与服装规格尺寸组合两大方面。

（1）服装规格尺寸设计

① 确定服装规格的表示方法

服装企业在进行服装规格尺寸设计时，首先需要确定服装规格的表示方法。由于服装种类、生产服装的国家和地区不同，以及长期以来形成的行业惯例的不同，服装规格存在多种表示方法，常见的服装规格表示方法如表 5-3。

表 5-3　服装规格的表示方法

表示方法		表示规则	档差	适用范围	示例
胸围制		以服装的胸围作为明示规格	5 cm	针织服、编织服、内衣	90、95、100…
领围制		以服装的领围作为明示规格	1.5 cm	男衬衫	38、39、40…
身高制		以人体的身高作为明示规格	10 cm （>1 周岁）	童装	80、90、100…
代号制	阿拉伯数字（欧码）	适穿年龄代号 女装代号 男装代号	2	童装 女装 男装	2、4、6… 34、36、38… 48、50、52…
	英文符号	对自身规格进行大致区间的分类	—	各类服装	XS、S、M、L、XL、XXL
号型制		以人体身高、净胸围、体型分类	5 · 2 5 · 4	各类服装	160/84A 165/88A

不同国家的号型在档差、体型组别表示的字母及范围上有所不同，不同的服装企业生产的代号相同的服装，实际规格尺寸可能也不同，即使同一企业采用同一英文字符表示规格的服装，如若品类不同，其实际规格尺寸也可能不同。

服装号型制简单明了、易于被消费者理解和被企业掌握，科学合理、使用方便，是我国各种服装规格表示方法中应用最广的一种。我国采用号型制作为全国统一的服装规格表示标准（参见 GB/T 1335—1997《服装号型》）。

② 号型配置与控制部位尺寸

在确定服装规格尺寸表示方法后，选择号型配置的形式，查阅和参照“全国统一服装号型”中的各个系列服装号型表，编制本服装品牌的号型表。每个规格当明确主要控制部位尺寸，包括身高、胸围、腰围、臀围、总肩宽、领围、袖长等关键影响服装与人体合体性的主要部位的尺寸。服装品牌在选择规格尺寸表示方法和号型配置时，都需充分了解行业惯例，应当与同行业的其他服装品牌相一致，以便于消费者的理解和选购。

（2）服装规格尺寸组合

服装规格尺寸组合主要是指规格范围的确定及比例的构成组合。在服装规格尺寸设计确定的情况下，服装规格尺寸的组合跟服装品牌的定位及主力销售区域有关。

A. 服装品牌目标消费者定位不同，其规格范围有所不同。以男西服为例，定位于 30～55 岁商务休闲男装品牌的西服规格范围定要比仅定位于 25～40 岁的商务休闲男装品牌多，因为 30～55 岁的男人体型差异更大、体型种类更多。表 5-4 罗列了 H 男装品牌的各货品大类的规格尺码范围。

表 5-4 H 男装品牌的规格尺码名称表

货品类别名称	尺码名称
T恤、毛衫、夹克、便装、大衣、皮衣、休闲衬衫	44、46、48、50、52、54、56、58
休闲裤、西裤类	29、30、31、32、33、34、35、36、37、38、39、40、41
正装衬衫类	37、38、39、40、41、42、43、44
西服类（单西和套西）	44A、44B、46A、46B、48A、48B、50A、50B、52A、52B、54A、54B、56A、56B

B. 服装品牌主力销售区域不同，其规格构成比例亦有所不同。服装各品

类各规格比例组合是否合理有效，需要通过市场销售的检验。主力销售区域在北方或南方的品牌，销售的规格尺码比例肯定不同。因此，服装品牌在进行规格比例组合时，需结合往季的销售实绩而定。

5.2.6　价格组合

产品的价格代表了消费者与厂商愿意交换各自商品的条件，是衡量经济活动合理性的标准，是生产与消费的风向标。服装价格是服装市场营销组合的重要变量，服装品牌能在多大程度上占据市场，合适的价格定位和组合是关键因素之一。服装商品价格组合即指企业根据自身品牌定位及目标消费者的需求对服装商品价格进行相应的组合。价格组合是综合考虑企业内外影响因素基础上实现价格决策的活动，企业规模不同、产品类别不同，商品价格组合的复杂性有所不同，以下为服装企业所遵循的服装商品价格组合的主要内容和一般程序。

（1）设定价格带

服装企业首先根据自身服装品牌定位及目标消费群定位进行价格定位，即确定服装商品销售价格目标。服装商品类目众多，价格数量众多，如何进行价格设置？服装企业通常先设定价格带，即设定最高销售价格和最低销售价格。价格带设定包括品牌销售价格带和各大类商品销售价格带，由于春夏与秋冬的服装商品在价格上存在较大差异，亦可根据季节性进行价格带区分。如表 5-5 为某男装品牌 2021 年秋冬季和 2022 年春夏季的品牌价格带和部分大类商品价格带设置。

表 5-5　某男装品牌 2021～2022 年度服装商品价格带设置

2022 年春夏季		2021 年秋冬季	
品牌总价格带	580～11 800 元	品牌总价格带	580～38 800 元
短袖 T 恤	780～2 580 元	套西	3 800～13 800 元
长袖 T 恤	880～2 580 元	西裤	680～1 880 元
长袖衬衫	680～3 180 元	长袖衬衫	880～3 180 元
短袖衬衫	580～1 280 元	毛衫	980～3 580 元
夹克	3 280～8 800 元	棉褛	1 680～6 980 元
套西	3 180～11 800 元	皮衣	4 580～11 800 元
西裤	680～1 580 元	毛皮褛	4 880～38 800 元
领带	580～1 280 元	领带	580～1 580 元

注：本表仅罗列该品牌部分商品类别。

服装商品价格带的设定与品牌高端、中端或低端的定位紧密相关，价格带的跨越度是否形成不同层次的消费群，是否能被主力目标消费者所能接受，是否促进销售而又不影响品牌形象是价格带设定需要考虑的重要因素。

（2）设定价格档

在商品价格带设定基础上，需确定各大类商品销售的价格档，即各类商品从最低价格到最高价格设定几个档的价格，分别是多少价格。通常情况下，最低价格和最高价格各为一个档，中间再根据该品类服装款式的多少设定几个价格档，以迎合不同消费者的消费需求。如某商务男装品牌 2022 年春夏长袖衬衫价格带为 680～3 180 元，价格档分别已有 680 元、880 元、1 080 元、1 280 元、1 480 元、1 680 元、1 860 元、2 580 元及 3 180 元。在进行价格档设定的时候，需要与具体服装款式相结合，一件定价 3 180 元的衬衫与一件 680 元的衬衫，你需要凸显两件衬衫的差异，并且要有足够的理由说服顾客，这件衬衫缘何价值 3 180 元。因此，同其它商品组合因素一样，价格组合不是单独进行的，在价格组合的同时，还需要考虑款式、色彩、面料、细部设计及上市时间等组合因素。

（3）确定价格比例构成

确定价格比例构成，即价格档设定后，确定各大类服装商品各价格档的生产数量比例构成。通常情况下，各商品大类的价格带的两端占较小比例，价格带最低的价格通常为基本款价格，主要用来招揽顾客的作用，价格带最高的价格通常为形象款，主要起到塑造形象档次的作用，两端的价格都不是销售主价格，销售主力价格档通常为中间的 2～4 个价格档。需要指出的是，某大类商品设有 6～10 个价格档，其主力销售价格档则是其中的 2～4 个，其它价格则是为消费者提供更多的比较与选择的作用。因此，服装品牌需根据各大类商品的款量进行合适的价格档设定，价格档不宜设置太多，会给消费者价格凌乱的感觉。

仍然以上述 2022 年春夏长袖衬衫价格为例，其各价格档生产数量构成比例如表 5-6。

表 5-6 某男装品牌 2022 年春夏长袖衬衫价格生产数量比例构成

价格档（元）	680	880	1 080	1 280	1 480	1 680	1 880	2 580	3 180	总计
比例	6%	31%	24%	5%	18%	7%	6%	2%	1%	100%

首先对该衬衫价格档进行区域划分，680 元、880 元、1 080 元可视为该品牌衬衫价格的基本款价格档，1 280 元、1 480 元、1 680 元则为中端价格档、1 880 元与 2 580 元为高端价格档，3 180 元则为形象款价格档。由表 5-6 可见，基本款价格档中的 880 元和 1 080 元、中端价格档中的 1 480 元为主要生产价格，三者的生产数量比例达 73%。服装企业如何决策各大类商品价格的生产数量比例？往年同季的销售数据反应了消费者的需求，服装企业通常会在往年同季的销售分析基础上结合今年的流行走势确定本季度的价格比例构成。

（4）相关商品价格组合

相关商品价格组合是指迎合消费者求廉心理或是通过捆绑促进销售而将两种或两种以上有关联的商品合并制定一个价格。相关商品价格组合方式适用于关联度比较大的商品，不仅需设定商品组合价格，同时需设定商品的拆分价格，以迎合不同消费者的消费需求。

（5）折扣价格组合

折扣价格策略是调动各方面积极性或鼓励顾客做出有利于企业的购买行为的常用策略，可以迅速提升某一商品的销售额。折扣策略需结合品牌定位进行，折扣在服装品牌促销策略中使用率非常高，节假日、过季打折在消费者看来已非常普遍。也有少数高端服装品牌为了维护品牌形象，推出不打折概念，如白领品牌的价格理念是高价且“永不打折”，保证产品品质以及优质服务特色，避免陷入价格竞争等低层次的竞争领域。

能做到像白领品牌“永不打折”价格理念的品牌毕竟非常少，绝大多数服装品牌仍然需要折扣价格策略来促进销售，如何通过折扣价格组合既能促进销售又不损害品牌形象显得尤为重要。服装品牌可根据自身品牌定位，选择合适的时间，推出主题概念折扣策略既不损害品牌在消费者心中的形象，又符合人性化。如女性内衣品牌可选择在“三八”妇女节、母亲节这种特殊节假日推出折扣价格策略，推出部分特价折扣产品。要知道，对于消费者而言，一年仅有几次的折扣策略远比一年从头到尾的价格折扣要有吸引力的多。不同消费人群具有不同的折扣消费心理特点，服装品牌需调查研究目标消费者的折扣消费心理，从而进行合理的价格折扣组合。

5.2.7 上市时间组合

快时尚倡导品牌飒拉（ZARA）每年可以设计超过 40 000 种款式，并从中选择 10 000 多款投放市场，飒拉（ZARA）从设计到生产到新品上架只需 2 周时间，与其他品牌的主打款式大量铺货方式不同，飒拉（ZARA）专卖店对每种款式的在柜时间控制在 3 周以内，最多补货一次，通过这种人为制造稀缺性的方式刺激消费者重复购买，同时降低库存风险，推动新产品的生产。随着飒拉（ZARA）等国际快销时尚品牌不断进驻中国各城市，国内品牌在店铺货品更新上面临着挑战。

越来越多的国内品牌致力于学习借鉴飒拉（ZARA）等快时尚的成功经验，在货品更新上有一定提升，但是距离飒拉（ZARA）的店铺更新速度还很远，甚至还有很多品牌仍然处于每年 2 次订货会的模式，而消费者对店铺的更新率要求越来越高，因此，服装品牌在商品组合时，通过上市时间组合，使得每隔两周就会有新品上架，给顾客以不断货品更新的印象，也可为一种过渡的好方法。

上市时间组合即服装品牌在商品组合时，计划好整个季度各个波段的系列、品类、款式的数量和组合关系，计划于不同的时间段展示于终端店铺。上市时间组合包括品类上市时间组合和各波段品类款式上市组合。

（1）品类上市时间组合

品类上市时间组合即服装各大类商品上市时间计划和组合。结合各大类货品的季节穿着适用性和行业特点，拟定各大类商品的上市时间。表 5-7 为在调查 26 个商务休闲男装品牌的 30 个资深导购基础上，所归纳总结的商务休闲男装品类销售时段表。

表 5-7 商务休闲男装品类销售时段表

品类	月份											
	1	2	3	4	5	6	7	8	9	10	11	12
短袖衬衫												
短袖 T 恤												
长袖 T 恤												

（续 表）

品类	月份											
	1	2	3	4	5	6	7	8	9	10	11	12
背心												
精纺毛衣												
粗纺毛衣												
薄夹克												
厚夹克												
皮装												
西服												
棉褛												
大衣												
风衣												
薄裤装												
厚裤装												
配件												

表来源：胡淑蓉.服装买手采购货品的品类组合量化分析研究[D].东华大学硕士论文.2006

每一个有经验的服装品牌都有类似的品类销售时段表，根据此表拟定季度产品上市计划，新入行的服装品牌可对同行业其它服装品牌进行终端店铺调研参考制定上市计划。服装品类上市时间组合对后续服装的设计、下单生产及交货时间具有指导意义。

（2）各销售波段品类款式上市组合

在拟定服装各大类商品上市时间后，需将每个销售季度根据季节气候和款式数量进行波段划分。设计和投产的款量越多，可划分越多的波段。如春夏季服装通常在 3～8 月份销售，服装品牌一般将春夏季划分为早春、初夏和盛夏，三个具有明显气候特征的子季节，仅此三个子季节的服装上新已经无法满足现代消费者的求新心理，服装品牌可在三个子季节的基础上再进行销售波段划分，如早春 1 波段、早春 2 波段、早春 3 波段，初夏 1 波段、初夏 2 波段、初夏 3 波段，盛夏 1 波段、盛夏 2 波段、盛夏 3 波段。各品类均推出相应新款进入各销售波段，争取每 2 周就有新款上架，以满足消费者的需求。

每一季服装分成那么多销售波段，只有做好各销售波段品类款式的上市组合计划，才能确保后续的生产、销售有序进行。下面我们以一个淑女装品牌为例，设定其春夏总款式数为 300 款，在早春、初夏、盛夏三个子季节中，盛夏的季节延续时间最长，款式数量占比最大，为春夏总款式数的 43%，预计共需设计 130 款左右，初夏次之占 36%（108 款），早春占 21%（62 款）。 在此基础上，再将早春、初夏、盛夏子季节分别划分为 3 个销售波段及确定各波段的款量比例，如图 5-5。

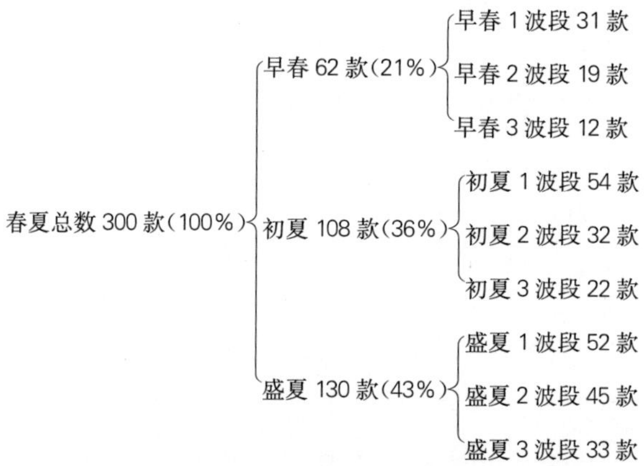

图 5-5 春夏各销售波段款量比例结构图

在确定春夏各销售波段款量比例后，需详细确定各服装品类在各销售波段的款量，我们以盛夏销售波段为例设定各服装品类在盛夏 1 波段、盛夏 2 波段及盛夏 3 波段这 3 个销售波段的款量与比例，如表 5-8。

表 5-8 盛夏销售波段各品类款量与比例结构表

品类		盛夏销售波段				
		盛夏 1 波段	盛夏 2 波段	盛夏 3 波段	小计	占比
上衣 63 款（48%）	吊带	1	2	2	5	8%
	无袖	10	10	5	25	40%
	短袖	14	10	6	30	48%
	薄长袖	1	1	1	3	5%
下装 40 款（31%）	短裙	2	3	3	8	20%
	长裙	3	3	2	8	20%
	长裤	1	1	2	4	10%
	九分裤	3	2	1	6	15%
	七分裤	3	2	2	7	18%
	短裤	3	2	2	7	18%

（续 表）

品类		盛夏销售波段				
		盛夏 1 波段	盛夏 2 波段	盛夏 3 波段	小计	占比
连衣裙 27 款（21%）	抹胸款	0	1	1	2	7%
	吊带款	3	3	2	8	30%
	无袖款	5	3	3	11	41%
	短袖款	3	2	1	6	22%
总计		52	45	33	130	—
占比		40%	35%	25%	100%	—

服装品类的款量与比例设定及各销售波段的品类款量与比例并非固定不变。不同的服装品牌，由于品牌的优势产品、主打产品的不同，在品类的款量与比例上差异较大，而同一个服装品牌，在不同的季节、不同的销售波段，品类款量与比例结构应当在延续原有产品特色基础上，做相应、及时的调节，以适应市场的需求。

5.3 服装商品组合流程

服装商品组合是服装商品企划中的理性环节，起承上启下的作用，基于顾客需求将设计概念具体化、清晰化，将服装商品层次化、有序化、组合化，成为品牌竞争的重要环节。服装商品组合时，商品企划部门需在严谨细化的往期销售分析基础之上，结合广泛的市场调查，包括流行信息、行业内竞争品牌的产品结构信息及消费者的反馈信息等，再综合考虑各商品组合要素，从而进行科学合理的服装商品组合企划。不同企业模式下的服装商品企划，其商品组合模式不同，商品组合基本流程亦有所差异。

5.3.1 服装商品组合模式

服装商品企划是服装企业的核心活动，实施商品企划有多种战略选择，不同企业模式下的服装企业为实现自身经营目标可采取多种具体的实施策略。其中，设计师主导型商品企划和预测提案型商品企划，对推进我国个性化服装品牌的建立、满足个性化消费者的时尚需求正发挥着越来越重要的作用。

（1）设计师主导型商品组合模式

设计师主导型商品企划模式下，设计师自身参与企业的经营决策，其设计特征较大程度上引领着企业的整体形象。根据企业规模的不同，存在单人体制多层次设计师体系（如首席设计师制）等多种形式，其共同点在于高层经营决策者和企划设计活动联系直接、密切，设计师的设计构思能够直接转换成品牌形象。该模式下的商品企划，理念明确、运营高效，具备了经常进行前瞻性企划的能力。

设计师主导型商品组合模式即在设计师主导型商品企划模式下的商品组合，设计师的构思和决策贯穿整个商品组合过程。设计师主导型商品组合模式体系下，以设计师对商品组合的预测把握为主，以上一季同期销售分析为辅，服装商品组合与设计师的个性和喜好有较大关系。

因此，设计师主导型商品企划下的服装企业，要想通过市场销售的检验，通常需要设计师具有一定的知名度，且兼具设计和管理才能。然而，符合这种要求的设计师人才难求导致聘用设计师的高成本，且设计师更替对企业带来高风险，导致设计师主导型商品企划难以被大多数中小型服装企业采用。

（2）预测提案型商品组合模式

预测提案型商品企划模式下的服装企业通常没有具有前瞻性创造才能的设计师，但仍然在服装经营中取得成功。该模式下的企业依靠以品牌定位为中心的、较完备的预测提案型商品企划体制，使得设计人员和企划人员的设计、企划能够很好地融入服装商品体系。

预测提案型商品组合模式即在预测提案型商品企划模式下的商品组合，企划人员的市场调查、销售分析和预测贯穿整个商品组合过程。预测提案型商品组合模式下，企划人员基于一系列市场调查和销售分析基础上的商品组合预测提案对设计师的服装设计和组合具有重要指导作用。

预测提案商品企划下的服装企业，在服装经营活动中的成功凭借的是商品企划体系，而非设计师个人，因此，设计师的更替对企业不可能构成高风险，设计师的使用成本相对较低，较适合我国大多数中小型服装企业。

5.3.2　服装商品组合基本流程

设计师主导型商品组合模式与预测提案型商品企划模式在商品组合流程上存在很多相似处，需要进行销售数据分析、搜集流行及市场信息、商品组合、订货会、款式与生产数量确定及上市计划，这些都涉及到设计部与企划部，设计师与企划人员及其他部门工作人员的合作，差异在于主导这个商品组合过程的具体操作方式及部门角色不同，以下分别对两种商品组合基本流程进行阐述。

（1）设计师主导型商品组合基本流程

设计师主导型商品组合，设计部主导整个商品组合过程，基本流程如图 5-6，主要分为 7 个步骤：

① 对应上一季的产品销售数据分析

对应上一季的产品销售数据分析，由企划人员在每一季新产品开发前统计分析提交设计部。 主要包括：1）品类款量数、销售占比及排名分析；2）各品类组合要素销售排名：各品类款式销售排名、各品类面料的销售排名、各品类颜色的销售排名、各品类价格的销售排名、各品类号型的销售排名、配件及具体款式销售排名；3）各细分销售波段的上货量及销售分析。

② 搜集流行信息、市场信息

搜索、捕获流行信息，来源包括国际流行机构发布预测（色彩、面料、款式、搭配及配饰）、国内流行机构发布预测（色彩、面料、款式、搭配及配饰）、国际 T 台流行秀场发布、国际及国内市场实地调研，同时调查搜集本品牌及竞争对手品牌市场反馈信息。

③ 提炼出新一季的色彩和素材系列，确定新季度的完整形象

具体包括：1）主题系列，色彩和素材；2）销售波段划分，主题系列的分布；3）新季度各销售波段产品形象理念与效果。

④ 按照系列设计款式组合和细节规划

参考企划人员的上一季销售数据分析，进行系列设计款式组合和细节规划。

⑤ 样衣制作、评审、修改

在设计部指导和生产部的跟踪下，完成样衣制作，召开评审会，对样衣进行评审及提出修改建议，确定参加订货会的商品组合。 与会人员通常包括总经理、市场总监、主要销售业务员、设计部设计师、企划部工作人员、生产部工作人员、资深店长及重要代理商等。

⑥ 产品展示会，确定生产款式与数量

公司召开产品展示会，代理商及自营店/区完成订货并提出评审意见。 根据代理商及自营店/区订货数据确定各生产款式和数量。

⑦ 最终确定商品上市计划

根据销售波段，对最终确定的主题系列款式服装进行划分，进行波段上新计划，即商品上市时间组合。 后续则严格按照计划销售波段的系列和搭配上货，以保证产品形象的完整性和足够销售量，交货时间可根据生产实际微调。

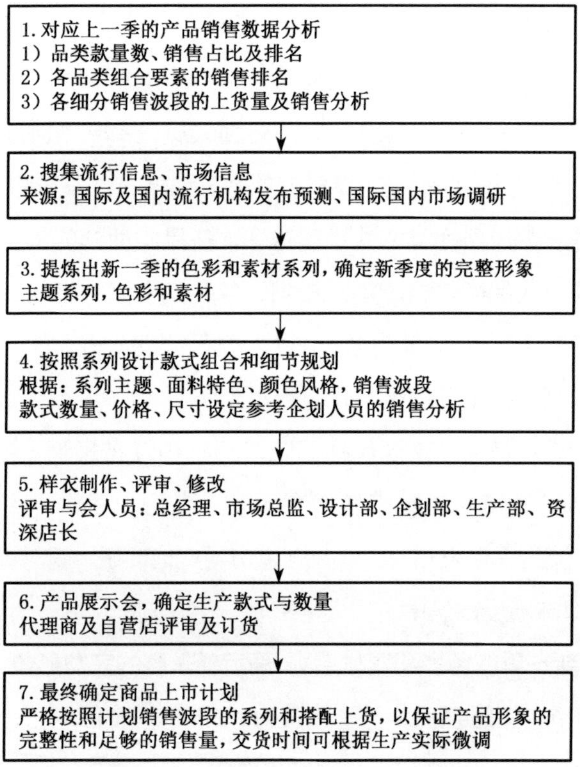

图 5-6 设计师主导型商品组合基本流程

设计师主导型商品组合过程以设计部为主导，企划人员给予一定的销售数据分析建议，整个商品组合的决策权在设计部，往往在设计总监手中。 因此，设计师主导型的商品组合模式流程清晰简单，但对设计师的综合能力要求高，既要求设计师具备设计前瞻能力，还需具备营销管理能力。

（2）预测提案型商品组合基本流程

与设计师主导型商品组合不同，预测提案型商品组合，主要由商品企划部和设计部共同完成商品组合过程，商品企划部与设计部各司其职，通过多次交流会的形式交流、讨论及确定商品组合内容与细节。预测提案型商品组合基本流程如图 5-7，步骤根据商品企划部（M）和设计部（D）分开：

① 商品企划部 M1，设计部 D1

商品企划部 M1：对应上一季的产品销售数据分析、市场反馈调研。具体内容包括：1）品类款量数、销售占比及排名分析；2）各品类组合要素的销售排名分析；3）市场反馈调研与分析。其中前三项通过对应上一季的销售数据进行分析，第四项商品企划部可通过多种方式完成，如实地的品牌卖场走访，通过店员了解顾客对货品的反馈信息；由于全国店铺众多，商品企划部可设计调研问卷发放到各店铺，搜集全国各店铺对上一季货品的反馈信息及对新一季货品的建议信息。

设计部 D1：搜集流行信息、市场信息。设计部设计师通过国际及国内流行机构发布预测、国际 T 台流行秀场发布、国际国内市场走访调研来捕获流行信息和市场信息。相对于商品企划部侧重于销售分析和市场反馈信息，设计部侧重于捕获流行信息。

② 商品企划部与设计部一次交流会 M2/D2

商品企划部与设计部在各自的销售分析和流行信息资讯基础上进行一次交流会，根据品牌定位归纳出适合品牌用的各类资讯。

③ 商品企划部 M3，设计部 D3

商品企划部 M3：提炼出新一季的产品构成建议。主要包括 1）新季度产品设计开发建议（款式、颜色、面料、配件）；2）品类比例、款量、尺码、价格、上市时间组合构成建议。

设计部 D3：提炼出新一季的色彩和素材系列，拟定新季度的完整形象。主要包括：1）主题系列，色彩和素材；2）销售波段划分，主题系列的分布；3）各销售波段产品形象理念与效果。

④ 商品企划部与设计部二次交流会 M4/D4

商品企划部和设计部分别在产品构成建议和新季度产品开发形象基础上进行二次交流会，商品企划部就系列设计款式组合规划进行预测提案建议。

⑤ 设计部 D5

设计部根据商品企划部的商品组合预测提案进行系列设计款式组合和细节实施，主要为商品构成组合、品类组合、款式组合（包括色彩、面料、细节特征组合）和配件组合，确定需要制作样衣的商品组合。

⑥ 商品企划部与设计部三次交流会 M5/D6

在设计部指导和生产部的跟踪下，完成样衣制作，召集包括商品企划部和设计部人员在内的工作人员展开三次交流会，对样衣进行评审及修改建议，确定参加订货会的商品组合。 本次交流会在评审设计部的商品组合基础上，有一项重要的工作内容即为价格组合，根据商品企划部的价格组合建议和样衣的设计点确定各商品大类下的各款式价格设定。 与会人员通常包括总经理、市场总监、主要销售业务人员、设计部设计师、企划部工作人员、生产部工作人员、资深店长及重要代理商等。

⑦ 商品企划部 M6

商品企划部基于新季度公司的订货指标和每一代理商、自营店/区的同期上一季的销售数据分析，制定各代理商、自营店/区订货建议表。 订货建议表内容包括：同期上一季货品的实际销售分析，新季度订货总数量与总额度、各品类款量、各品类商品价格构成比例、各品类商品尺码构成比例等影响订货的重要因素。

⑧ 产品订货会 M7/D7

公司召开产品订货会，订货会期间绝大部分员工参与，商品企划部和设计部是重要部门，整个订货过程给予代理商和自营店/区订货建议。 代理商和自营店/区完成订货并提出评审修改意见。

⑨ 确定生产款式、数量与规格尺寸组合 M8/D8

根据代理商及自营店/区订货数据确定各生产款式、数量及规格尺寸组合。

⑩ 最终确定商品上市时间组合 M9/D9

根据销售波段，对最终确定的主题系列款式服装进行划分，进行波段上新计划，即商品上市时间组合。 后续则严格按照计划销售波段的系列和搭配上货，以保证产品形象的完整性和足够销售量，交货时间可根据生产实际微调。

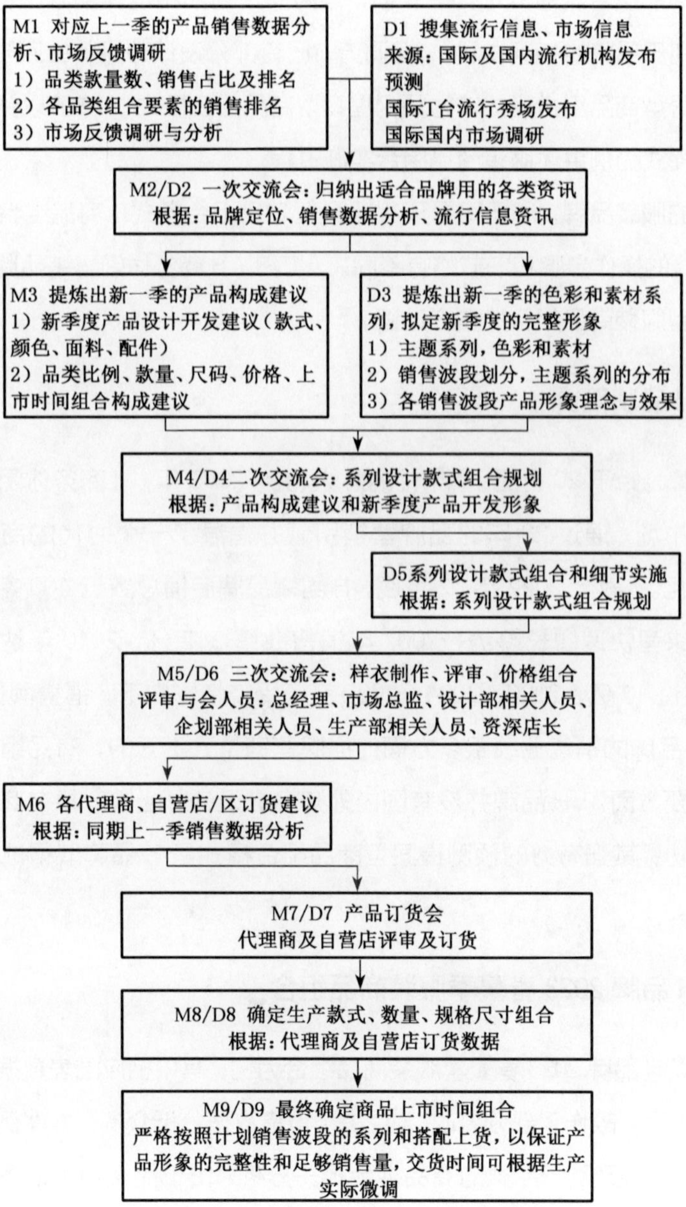

图5-7 预测提案型商品组合基本流程

5.4 服装商品组合实施

服装商品组合分为设计师主导型商品组合模式和预测提案型商品组合模式，设计师主导型商品组合流程清晰简单，但是对设计师本身要求非常高，预测提案型商品组合流程相对复杂繁琐，但商品企划部和设计部分工合作、职权明确，更利于品牌的长远发展。据调查，已有部分设计师品牌由原先创立时的设计师主导型商品组合模式转为预测提案型商品组合模式。本节以预测提案型商品组合模式为例讲述服装商品组合实施过程。

不同的服装品牌，即便同属预测提案型商品组合模式，商品组合的主线相同，但具体的操作步骤和细节略有不同。以下以 H 商务休闲男装品牌为例阐述预测提案型服装商品组合的实施过程。

5.4.1 H 品牌简介

H 品牌，始于 20 世纪 70 年代的意大利。2000 年，H 商务休闲男装品牌进入中国市场，通过 22 年的品牌营销引领并倡导了一个时代的商务休闲男士服饰文化。截至 2022 年 12 月底，H 男装品牌店铺总数近 400 家，其销售业绩多年来呈快速增长趋势，2007 年销售业绩 3.2 亿，2010 年达 8.3 亿，2011 年超过 10 亿，2020、2021、2022 三年受疫情影响下，销售额仍在 15 亿左右。H 品牌的销售业绩跟多方面的品牌营销是分不开的，商品组合就是其中一个重要方面。H 品牌并没有国内外知名的设计师坐镇，却在商品销售上取得了成功，其强有力的预测提案型商品组合模式是 H 品牌取得成功的重要因素之一。

5.4.2 H 品牌 2023 春夏季服装商品组合

以下以 H 品牌 2023 春夏季服装商品组合为例，其中相应图表数据因涉及到品牌商业信息，故作了部分修改。且由于销售数据分析众多，本案例仅列举其中主要分析，涉及到各品类的商品组合相关分析，由于品类项目众多，无法一一进行描述，将选取其中一个品类展开分析或描述。

（1）商品企划部执行 2022 春夏季产品的销售数据分析、市场反馈调研

① 品类款量数、销售占比及排名分析

H 品牌 2022 春夏季产品大类构成、各大类款量及占比、各大类销售量及占比及销量占比排序如表 5-9。

表 5-9　H 品牌 2022 春夏产品品类款量数、销售占比及排名分析

大类	款量	款量占比	销售量	销量占比	销量占比排序
短 T	162	20.69%	33 045	21.61%	1
正装短衬	98	12.52%	23 520	15.38%	2
休闲裤	73	9.32%	20 036	13.10%	3
牛仔裤	32	4.09%	13 467	8.81%	4
长袖衬衫	67	8.56%	11 625	7.60%	5
短袖针织衫	41	5.24%	10 032	6.56%	6
夹克	55	7.02%	6 783	4.44%	7
套西	25	3.19%	5 458	3.57%	8
休闲短衬	30	3.83%	4 763	3.11%	9
便装	35	4.47%	3 989	2.61%	10
长袖针织衫	24	3.07%	3 734	2.44%	11
长 T	26	3.32%	3 716	2.43%	12
西裤	20	2.55%	3 074	2.01%	13
便西	16	2.04%	2 975	1.95%	14
单西	28	3.58%	2 572	1.68%	15
休闲长衬	24	3.07%	2 035	1.33%	16
风衣	12	1.53%	1 022	0.67%	17
短裤	10	1.28%	824	0.54%	18
皮衣	5	0.64%	242	0.16%	19
合计	783	100%	152 912	100%	—

② 各品类组合要素的销售排名分析

分析各品类在颜色、面料、价格组合要素上的销售分析，此处以夹克品类为例进行销售分析。

在颜色上，图 5-8 为 2022 春夏夹克销售颜色占比饼状图。 由图中可知，蓝色系、藏青色和灰色系是春夏夹克的主力销售颜色。

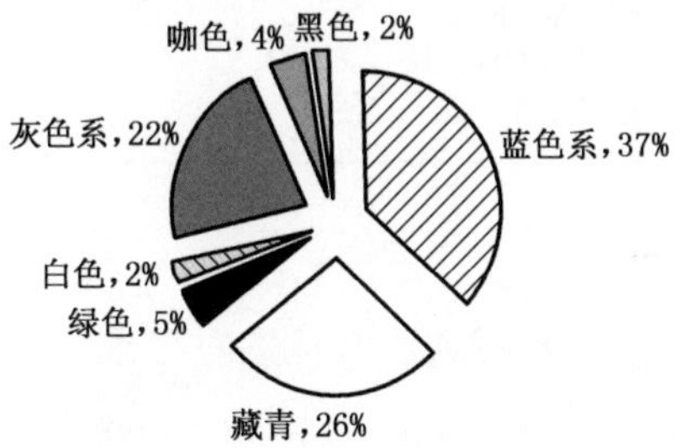

图 5-8　H 品牌 2022 春夏夹克销售颜色占比饼状图

在面料上，2022 春夏夹克销售量中 70% 的面料是聚酯纤维即涤纶面料，30%的面料为棉混纺，包括棉 + 锦沦、棉 + 麻及棉 + 羊毛。

在价格上，表 5-10 为 2022 春夏夹克各价位的款量及销售分析。

表 5-10 H 品牌 2022 春夏夹克销售价格分析

价格（元）	3 280	3 880	4 380	4 980	6 280	8 800
款量（款）	10	26	14	3	1	1
销量占比	18.18%	47.27%	25.45%	5.45%	1.82%	1.82%

由表 5-10 可知，春夏夹克的销售主力价格依次为 3 880 元、4 380 元和 3 280 元。

③ 市场反馈调研与分析

除销售分析外，商品企划部还需做市场反馈调研与分析。 最能直接接触消费者的地方是终端店铺，与消费者接触最多、最能了解消费者需求的是各终端店铺的店员。 因此，商品企划部工作人员除了走访部分终端店铺之外，还设计调研问卷发放到各店铺，搜集全国各店铺对上一季货品的反馈信息及对新一季货品的建议信息，商品企划部在调研基础上汇总分析，创建下一季度产品开发建议表，建议内容通常包括款式、面料、色彩、花纹及价位等。 表 5-11 为 H 品牌 2023 春夏季产品开发建议表，仍以夹克为例。

表 5-11 H 品牌 2023 春夏季夹克品类产品开发建议表

品类	价位	款式	面料	颜色及花纹
夹克	2022 年主力价格段偏高，市场竞争力不强；开发 3 280～4 380 元主力价格段，可增设形象款，价格在 6 000～9 000 元，彰显精品；春夏夹克价格不宜高于秋冬。	整体款式较往年虽有较年轻趋势，但款式仍雷同，变化不大；在整个市场往年轻化过渡的大前提下，都市款需系列开发搭配，提升时尚度；领型可增加棒球领、连帽款设计。	多开发肌理变化及功能性的面料；在化纤混纺功能型面料基础上建议开发麻类混纺面料，要抗皱，洗护易打理。	2022 色系仍偏深，建议在净色为主基础上开发暗格纹、条纹、微泡等花纹款；颜色在蓝色、藏青色和灰色系基础上，开发些过渡色及亮色系；同款不同色的 SKU 不要超过 3 款。

（2）设计部搜集流行信息、市场信息

设计部设计师通过国际及国内流行机构发布预测及国际 T 台流行秀场发布，获得流行信息，同时组织总经理、设计师、营销总监团队去欧美、日韩市场捕获国际其他品牌流行信息和市场信息。

（3）商品企划部与设计部一次交流会，归纳 2023 春夏产品开发适用资讯

商品企划部与设计部在各自的销售分析和流行信息资讯基础上进行一次交流会，根据品牌定位归纳出适合品牌 2023 春夏产品开发的各类资讯。

（4）设计部提炼 2023 春夏色彩、面料和花型素材，拟定新季度的完整形象

2023 春夏主推蓝色系、绿色系和橙色系三大主题色系，鹅黄色、玫粉、粉紫色系为辅助色，黑白灰、浅咖等为基本色。

面料主要采用倡导自然风尚的含麻混纺面料、微泡面料、双面面料、柔挺棉感面料及针织弹性面料；倡导华丽丝质的 100% 桑蚕丝、丝毛混纺面料；倡导功能科技的防风防水涂层毛料、空气胶入防水透气抗皱面料及涤丝创新肌理面料。

花型上主要为四种大类花型：抽象肌理、清新写意、净雅型格及儒曼夏花。

2023 春夏拟推出 3 个系列形象，经典系列占 30%，休闲系列占 50%，都市系列占 20%。

（5）商品企划部与设计部二次交流会

商品企划部和设计部分别在产品构成建议和新季度产品开发形象基础上进行二次交流会，商品企划部对设计部拟定的设计素材及主题形象交换意见与建议，同时提供商品组合预测提案，提案即是在 2022 春夏的销售分析及市场反馈调研基础上推出，包括商品构成组合、品类组合、款式组合（包括色彩、面料、细节特征组合）和配件组合，绝大部分以图表的形式展现，图表形式与表 5-9～表 5-11、图 5-8 相同，由销售分析改为预测建议即可。 由于案例涉及表格太多，此步骤不再展现。

（6）设计部实施商品组合

设计部根据商品企划部的商品组合预测提案进行系列设计款式组合和细节实施，确定需要制作样衣的商品组合。

（7）商品企划部与设计部三次交流会，进行样衣评审及价格组合确定

在设计部指导和生产部的跟踪下，完成样衣制作，召集包括商品企划部和设计部人员在内的工作人员展开三次交流会，对样衣进行评审及修改建议，确定参加订货会的商品组合。本次交流会在评审设计部的商品组合基础上，根据商品企划部的价格组合建议和样衣的设计点确定各商品大类下的各款式价格。价格组合建议仍以夹克品类为例如表 5-12 所示。

表 5-12　H 品牌 2023 春夏夹克品类价格组合建议表

品类	价格（元）	建议款量	备注
夹克	2 180	2	基本款中的主力价格
	2 680	5	
	2 980	1	
	3 280	8	中档款中的主力价格 3
	3 680	15	中档款中的主力价格 1
	3 980	2	中档款中的主力价格 2
	4 380	10	
	4 800	3	
	5 800	1	形象款的价格区间
	6 180	1	
	6 800	1	
	8 800	1	
	10 800	1	
	合计	51	—

（8）商品企划部制定各代理商及自营店/区的订货建议系列表

商品企划部基于新季度公司的订货指标和每一代理商、自营店/区的同期上一季的销售数据分析，制定各代理商、自营店/区订货建议表。订货建议表内容包括：同期上一季货品的实际销售分析，新季度订货总数量与总额度、各品类款量、各品类商品价格构成比例、各品类商品尺码构成比例等影响订货的重要因素。

以下以商品企划部为某代理商（仅一家店铺）所作的订货建议系列表，数据分析表众多，仅列举与订货直接相关的系列表。

① 2023 春夏订货指标

基于该代理商 2022 春夏销售指标、销售完成金额及公司 2023 春夏总订货指标，拟定该代理商 2023 春夏 3～8 月订货指标，如表 5-13。

表 5-13　H 品牌某代理商 2023 春夏订货指标

指标	3 月	4 月	5 月	6 月	7 月	8 月	合计
2022 年月销售指标（元）	360 000	390 000	400 000	370 000	260 000	250 000	2 030 000
2022 年月零售金额（元）	426 317	431 680	482 170	402 965	243 953	245 538	2 232 623
完成率	118%	111%	121%	109%	94%	98%	110%
2023 年月销售指标（元）	550 000	580 000	620 000	500 000	350 000	350 000	2 950 000

② 2023 春夏各品类订货建议表

基于订货指标基础上，根据 2022 春夏各品类订货款数、销售数量及销售金额，制定 2023 春夏各品类订货建议表，如表 5-14。

表 5-14　H 品牌某代理商 2023 春夏各品类订货建议表

品类	建议款数	数量	金额（元）	订货比率
短袖 T 恤	53	650	1 085 000	36.8%
长袖 T 恤	9	110	187 000	6.3%
正装短衬	16	258	208 000	7.1%
休闲短衬	12	215	182 000	6.2%
长袖衬衫	11	180	147 000	5.0%
便装	4	50	68 000	2.3%
夹克	12	182	339 000	11.5%
单西	4	36	85 000	2.9%
套西	3	18	57 000	1.9%
西裤	7	80	56 000	1.9%
休闲裤	10	420	346 000	11.7%
牛仔裤	6	246	158 000	5.4%
领带	13	54	18 200	0.6%
配饰	9	30	13 800	0.5%
合计	169	2 529	2 950 000	100.0%

③ 2023 春夏各品类价格及尺码构成订货建议

商品企划部对各代理商的各品类价格及尺码构成订货建议往往通过同期上

一季的实际销售分析来展示，供代理商订货参考。以下以 H 品牌某代理商 2022 春夏短袖 T 恤品类为例，表 5-15 为其各价格档短袖 T 恤销量及占比分析，代理商由表可知，短袖 T 恤订货时，价格上以 1 080、1 180、1 490 为主，1 460 价位与 1 490 过于接近可合并至 1 490 价位中，另可订少量 880、1 980～2 180 价位段的货品，2 880～3 180 价位段中可选取一款作为短 T 中的形象款。

表 5-15　H 品牌某代理商 2022 春夏各价格档短袖 T 恤销量及占比分析

	价格（元）										
	2 880	2 180	1 980	1 490	1 460	1 380	1 280	1 180	1 080	880	总计
销量（件）	6	38	24	146	39	62	14	87	52	26	494
销售比例	1%	8%	5%	30%	8%	13%	3%	18%	11%	5%	100%

表 5-16 为其不同尺码的销售占比分析，代理商由表可知，短袖 T 恤在尺码上市场需求依次为 50 码、52 码、48 码、54 码和 46 码，在 2023 春夏季短袖 T 恤款式选定后，尺码上就参考此表进行订货即可。

表 5-16　H 品牌某代理商 2022 春夏短袖 T 恤尺码销售分析表

	尺码							
	44	46	48	50	52	54	56	合计
销量（件）	5	30	114	173	114	55	3	494
销售比例	1%	6%	23%	35%	23%	11%	1%	100%

（9）产品订货会

公司召开产品订货会，订货会期间绝大部分员工参与，商品企划部和设计部是重要部门，在订货正式开始前，进行员工订货指导培训会，各部门员工分工合作，不同品类指定专门负责人在整个订货过程给予代理商和自营店/区订货建议。代理商和自营店/区根据商品企划部的订货建议表及订货指导，完成订货并提出评审修改意见。代理商和自营店/区订货结束后，需经过商品企划部及相关负责区域销售总监的评审及签字确认，方可交予资讯部（电脑部）录入电脑，完成订货。

（10）确定生产款式、数量与规格尺寸组合

根据代理商及自营店/区订货数据确定 2023 春夏各生产款式、数量及规格尺寸组合。在确定各品类生产款式款量、颜色构成组合、价格构成组合、尺码构成组合前，商品企划部需将订货数据与 2022 春夏销售分析与订货预测提案建议进行对比，以查纰漏，确认无误方确定所有生产款式及下单数量。

（11）最终确定商品上市时间组合

根据销售波段，对最终确定的主题系列款式服装进行划分，进行波段上新计划，即商品上市时间组合。后续则严格按照计划销售波段的系列和搭配上货，以保证产品形象的完整性和足够销售量，可根据生产实际交货时间微调。表 5-17 为 H 品牌 2023 春夏货品上市计划，表中 SKU 指的是单色单款。表中清晰展示了各品类的款量，单店（以 80 m^2 为例）款量。将春夏季上货时间分为春 1、春 2、夏 1、夏 2 四个主要销售季节波段。公司在各销售季节波段推出各品类款量及建议单店上货款量，以及在各销售波段的主要节气和商品重点。

2023 春夏货品店铺上市计划为：

春 1：2022 年 12 月 1 日～2023 年 1 月 30 日，早春货品集中到店时间为 12 月 1 日～12 月 15 日。在 2022 年 12 月 15 日前，店铺陈列 85%秋冬货品，15% 2023 春夏货品。

春 2：2023 年 2 月 1 日～3 月 15 日，春季货品集中到店时间为 2023 年 1 月 5 日～1 月 20 日。在 2023 年 2 月 1 日前，店铺陈列 40%春季产品，2 月 28 日前，店铺陈列 100%春季产品。

夏 1：2023 年 3 月 16 日～4 月 30 日，初夏货品集中到店时间为 2 月 20 日到 3 月 5 日，3 月 30 日前，店铺陈列 40%夏季产品，60%春季产品。

夏 2：2023 年 5 月 1 日～6 月 30 日，盛夏货品集中到店时间为 4 月 1 日到 4 月 15 日，4 月 30 日前，店铺陈列 70%夏季产品，30%春季产品。

表 5-17　H 品牌 2023 春夏货品上市计划表

品类	SKU	单店 SKU 80m²	春 1（12. 1～1. 30）			春 2（2. 1～3. 15）			夏 1（3. 16～4. 30）			夏 2（5. 1～6. 30）		
	总 SKU		早春货品集中到店时间：12/1～12/15			春季货品集中到店时间：1/5～1/20			初夏货品集中到店时间：2/20～3/5			盛夏货品集中到店时间：4/1～4/15		
			总 SKU	单店 SKU	节气\产品重点	总 SKU	单店 SKU	节气\产品重点	总 SKU	单店 SKU	节气产品重点	总 SKU	单店 SKU	节气产品重点
套西	24	15	8	5	12. 25～1. 1 圣诞元旦：中高价位经典系列、偏商务风格休闲系列 1. 10～1. 22 春节偏都市系列	16	10	春暖花开：偏休闲系列			劳动节 5. 1；都市系列\婚庆促销偏假日风格休闲系列			父亲节 6. 18；偏假日风格休闲系列亲子装、沙滩装促销
单西	17	8	5	3		12	5							
便西	19	7	5	2		14	5							
夹克	44	14	13	4		31	10							
风衣	12	4	8	3		4	1							
皮衣	3	1	3	1										
休闲裤	73	20	20	10		45	7		18	3				
牛仔裤	42	15	10	3		20	7		12	5				
西裤	11	3	6	1		5	2							
正装长衬	75	30	30	15		45	15							
休闲长衬	55	16	20	6		35	10							
长 T 恤	27	5	12	2		15	3							
正装短衬	87	35							70	30		17	5	
休闲短衬	91	27							70	20		21	7	
针织短 T 恤	140	50				40	15		85	30		15	5	
毛衫	6	2				6	2							
合计	726	252	140	55		288	92		255	88		53	17	
备注			12/15 前店铺陈列 15%春季产品			2/1 前店铺陈列 40%春季产品 2/28 前店铺陈列 100%春季产品			3/30 前店铺陈列 40% 夏季产品，60%春季产品			4/30 前店铺陈列 70% 夏季产品，30%春季产品		

第 6 章　服装商品生产计划

知识要点

1. 服装物料存量控制的方法和基本原则；
2. 原材料的采购模式；
3. 供应商管理；
4. 服装生产外包决策的影响因素；
5. 服装跟单的流程。

本章内容提要

物料计划的好坏直接联系着生产系统运作的顺畅与否，直接影响生产计划的达成，以及产品的绩效、生产成本的控制、企业资金的周转、场所空间的利用等，因此，物料计划在服装企业的生产管理系统中是非常重要的一项内容。物料需求计划包括预测物料需求，编制用料计划；进行存量（储备量）控制；拟定最佳订购量，寻找货源和采购所需物料；物料的控制与仓储管理。选择适当的供应商是采购成功的关键因素，供应商管理包括：供应商评鉴、供应商整合和双赢管理。

服装生产管理是一项涉及面广泛的管理技术，就是运用科学的思维、组织、方法和手段对企业的人力、物力、财力以及生产经营的全部活动进行计划、组织、监督和协调。内容包括生产准备、生产过程组织和管理、质量管理、物料管理、产品制造和成本管理等。

服装生产外包，习惯上又称之为“代工”，是指服装企业将原本在企业内部完成的生产制造活动、职能或流程交给企业外部的另一方来完成。服装跟单广泛存在于服装加工厂、服装进出口贸易公司、服装品牌经营公司中，其工作内容与企业的规模有关，是服装厂或服装公司为了生产和制造的需要，在实际过程中整个流程的跟踪和负责的业务统称，是服装企业经营管理的核心业务，综合反映了企业的贸易谈判能力、产品开发能力、生产协调能力、成本控制能力、咨询管理能力和客户服务能力。

6.1 服装物料需求计划

6.1.1 服装物料的定义及分类

（1）服装物料的定义

服装的物料是生产单位维持生产活动持续不断进行所需物品的总称。比如，要想做一件西服，就必须先去选择构成这件服装的原材料、配件及工具等。

（2）服装物料所包含的内容

由于各企业的生产模式和方式不同，以至于各种行业的划分方法也有所不同。服装类企业的物料大致可归纳成以下八类（图 6-1）：

A. 原料或材料：指经生产加工构成产品实体的主要材料如面料、里料、胆料等。

B. 间接材料或用品：如纸、划粉等。

C. 半制成品：如领、袖等。

D. 配件：如拉链、线、纽扣、缝纫线等。

E. 成品：如衬衫、裤等。

F. 工具：指辅助服装产品的完成，但不构成产品实体的各种刀具、模具等。如剪刀、尺子等。

G. 燃料：用于工艺、生产、运输等产生热能、动能的可燃物质。

服装物料
- 原料或材料：面料、里料、胆料
- 间接材料或用品：纸、划粉等
- 半制成品：领、袖等
- 配件：拉链、线、纽扣、缝纫线等
- 成品：衬衫、裤等
- 工具：刀具、模具等
- 燃料：产生热能、动能的可燃物质等
- 动力：电力、蒸汽、压缩空气等

图 6-1 服装物料的分类

H. 动力：用于生产和管理等方面的电力、蒸汽、压缩空气等。

6.1.2　服装物料的需求计划

为了维持服装企业的正常生产需要源源不断的物料供给，一般大多数工厂总会保持一定量的生产物资的库存以保证生产能够及时地进行，同时通过有计划采购相关的物料来补充生产的需要。这个过程我们可以通过编制物料需求计划来完成。

（1）物料的用料计划和预算

预定在一个固定生产周期中所需物料的种类与数量。由制造部主管决定用料计划并与采购部门协调制定预算。这一部分对服装的生产十分重要，它是服装生产过程中的后备军。如果没有做好计划和预算，计划大于所需，就会导致库存积压、资金积压，造成物料的极大浪费和生产成本的提高；如果计划小于所需，会造成生产线的停滞，停工待料，影响交货期。

（2）物料计划所要遵循的原则

① 合适的时间

在需要使用物料时，能够及时地供应物料，不发生停工待料，也不过早送货，挤占货仓和积压资金。

② 合适的质量

供应商送来的物料和企业内货仓发出去生产的物料，其品质必须符合要求。如果进来的物料品质不符合标准，产品就难以达到客户的标准，从而影响企业的声誉。

③ 合适的数量

物料计划的数量应控制适当，不应发生不够料或呆料现象。应有一个经济的计划量。

④ 适当的价格

物料的价格应保持一个适当的水平。若预算或采购价格过低，可能会降低物料的品质，损害交易条件；若预算或采购价格过高，成本难以负担，企业的利润减少，竞争力减弱，容易失去市场。

⑤ 合适的地域

供应商的厂址和企业的距离越近越好。如果距离太远，运输成本加大，会影响价格，沟通协调不便，容易延误交货期。

（3）物料计划的范围

服装生产企业的物料计划通常包括以下四个环节：

① 预测物料需求，编制用料计划

在编制物料需求计划时，通过对物料类型的分析我们可以发现，在众多的物料中，有些物料是生产一批产品所专用的、特定的。而有些物料是很多种产品可以通用的，企业需要长期储备一定量的该类物料以满足生产。因此，在我们编制物料需求计划时不能一概而论，而应该分别处理。

A. 专用性物料的需求计划

所谓专用性（或批次生产性）的物料，对企业而言，就是必须有订单才会去购买的物料，属具体某一产品的专用物料。这类物料一般是依据订单的不同而分别制定物料需求计划的，通常不保有存量（图 6-2）。

B. 常备性物料的需求计划

常备性物料对企业来说就是长期要用或能通用、从而需要常备的物料，这类物料通常可运用存量控制进行计划性采购，即根据控制企业库存量来调整物料需求计划（图 6-3）。

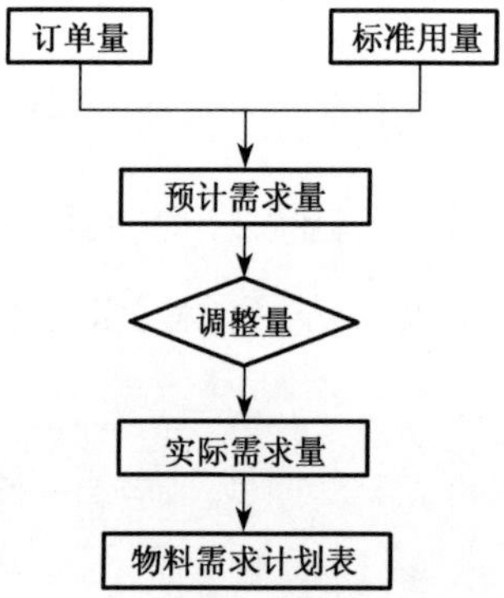

图 6-2 专用性物料的需求计划

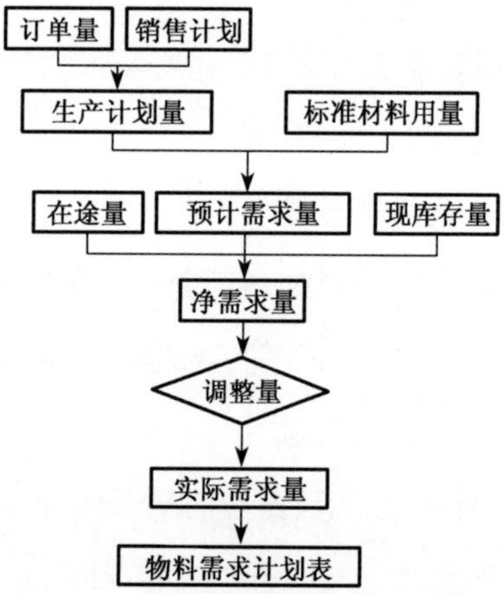

图 6-3 常备性物料的需求计划

② 进行存量（储备量）控制，拟定最佳订购量

根据物料所消耗的速度，和物料所应用的范围等方面，物料存量控制是一个不可忽视的重要环节。既要对存量进行长期的计划，也不能忽略短期内对于针对各种情况的计划，以达到最合适和最经济的订购量。

③ 寻找货源和采购所需物料

最好选取离企业距离较近的货源，因为这样可以方便双方交流，有问题及时沟通，同时也降低了生产成本。 根据预算部门所给出的订购量，以最低的总成本获得所需的物料。

④ 物料的控制与仓储管理

物料的控制与企业所生产的产品类别、多元化程度是有一定联系的，把握好每类物料的预期使用量是必要的。 反之，则会造成资金积压、货物囤积的现象，或者会导致生产链不能正常运转。

6.1.3　服装物料的存量控制

服装企业需要持续不断的物料以维持企业的正常运转。 库存在一方面意味着资金的积压。 为了既能满足生产又不至于造成物料积压，物料库存量既不能太少，也不能太多，因此库存量多少的选择即物料存量控制对于企业的成本控制是至关重要的。

（1）存货分类

由于在不同的生产程序及过程中需要或产生不同的存货，如原料、配件、半成品及成品等，将存货分类，便于管理。

在分类时，应该根据数量和价值比值两方面来考虑。 比如，把物料分为三类，分别是 A、 B、 C 类。

A. A 类数量占总数的 10%～25%，但价值占总值的比例较高，约占 70%。

B. B 类数量较多，占总数的 20%～25%，但价值约占总值的 25%。

C. C 类数量更多，约占总数的 70%，但价值约占总值的 5%。

将存货分为三类后，最重要的步骤是加紧对 A 类材料的控制，由于 A 类材料的价值最高而数量最少，若控制得当，可以大大减少存货的支出；对 B 类材料可以施以中等程度的控制；最后，对 C 类材料的控制可以比较放松。

其他非数量分类方法也可以作为分类标准。 对于容易被新产品所取代的物料，应小心控制。 无论用哪一种方式来分类，目的都在于简化存货控制及集中力量控制某些重要的物料，以降低成本。

（2）存量控制的目的和范围

① 存货控制的目的

存货控制本身不能创造利润，但用减少管理费用和劳务费用的方法，可达到开源节流的目的，仍然可以产生效益。 存货控制的目的是：

A. 达到最经济的订购量；

B. 在最合适的时间订购物料；

C. 把存货量控制在适当的范围。

总而言之，存货控制的目的是配合生产，以最少的费用维持对生产或客户的服务。

② 存货控制范围

可以分为以下几项：

A. 原料：经过进一步的处理，才能变成最终产品或构成最终产品的一部分的物料；

B. 零配件：产品的一部分；

C. 在制品：正处在制造、加工过程中的产品或零部件；

D. 成品：进入市场出售的产品；

E. 包装材料：包装成品的一切材料；

F. 设备器具：加工产品的装备和器具，不会构成产品的一部分。

（3）存货控制系统

理想的存货控制系统应包括生产计划、生产排期和控制，还需与其他计划及控制活动相结合，如现金计划、资产预算、与销售预测等，如图 6-4。

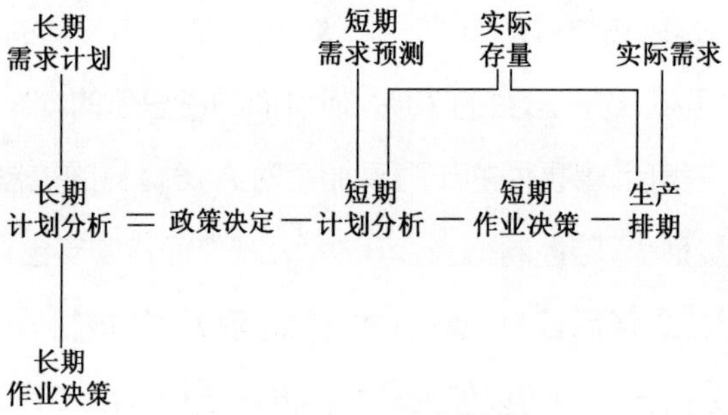

图 6-4 存货控制系统

存货控制系统包括三方面：

A. 长期计划、编制预算有利于存货投资；

B. 中期政策与计划作为短期排期的基础；

C. 短期排期计划安排生产日期。

（4）存货控制方法

现今的存货控制方法种类繁多，厂商普遍使用的有：分类控制、定量控制、定期控制、双份控制、综合控制等。

① **分类控制**

将物料分为几大类，依类设定控制原则，在数量上实施各类货品的控制。

② **定量控制**

也称订购点法或 Q 制度。 其特性如下：

A. 每次订购数量，由存货控制的基本原则来决定；

B. 订货周期按需求决定；

C. 确定安全存量，应对前置时间内不正常的需求；

D. 经常检查当前的存货是否减至订购点，以便订购。

定量控制的经济订购量 = 平均每天使用量 × 一个生产周期的天数

③ **定期控制**

A. 订货的周期固定不变；

B. 订货的数量为存货数量减去现存量，订货数量是不确定的；

C. 定期执行盘点作业，确定现存量。

定期控制的订购量 = 最高存量 - 已订未交量 - 现存量

④ **双份控制**

将特定物料分为 A、B 两份，平常使用 A 份，B 份作储存；待 A 份用完后才准动 B 份，同时订购 A 份的数量，在前置时间内则以 B 份来维持需求。

⑤ **综合控制**

采用定期控制的方法，在定期检查存货时，往往会发生存货已减至应订货存量之下的情况，及时订购物料，待新物料到库已无法应付需求。 为了弥补这一缺陷，管理人员可将双份控制与定期控制配合使用。 如果定期检查日期未到而双份控制中的第一份存货已经用完，则立即订购。 如果定期检查的日期已过，而双份控制中的第一份尚未用完，则仍需进行订购。

（5）存货控制的基本原则

一般来说，存货控制工作主要有以下三方面：确定最高的存货量，确定最低的存货量，确定再订货存量。 下面分别对其进行讨论。

① 确定最高的存货量

确定最高存货量时，有关的人员需要考虑以下三个因素：

A. 物料的消耗速度；

B. 物料变坏或过时的可能性；

C. 当前可用的存储空间。

这三个因素是相关的。如果物料消耗得快，库存的数量就要多。不过，该因素也要考虑到物料的特性。如果易于变坏的物料，存量就应该减少，避免更多的物料变坏。此外，工厂可用的存储空间也是要考虑的，工厂应预备足够的空间来容纳所需的存货量。在很多情况下，前人的经验对确定最高存货量有很好的参考价值，也可以参考以下公式：

最高存货量＝(购备时间＋订购周期)×耗用率＋安全存量

② 确定最低的存货量

确定最低存货量时，有关的人员需要考虑以下两点：

A. 物料的消耗速度；

B. 物料的交货时间(即从落订单至收到物料所需的时间)。

如果物料消耗得快，最低的存货量也要相应提高，但也受物料交货时间的影响。如果落实订单后供应商的物料很快到位，物料消耗快的影响则不大，最低的存货量额不用调很高，以免占用过多的资金和空间。计算最低存货量的公式为：

最低存货量＝单位时间需求量×交货所需的时间

例如：如果物料的单位时间需求量为每星期 200 件，需 5 个星期交货，那么最低的存货量应该是：

200 件(每星期)×5 星期＝1 000 件

③ 确定再订货存量

再订货存量要比最高订货量低、比最低订货量高。即介于两者之间。在确定再订货量时，要考虑以下因素：

A. 物料的消耗速度；

B. 物料的最低存货量；

C. 物料的交货时间。

如果物料消耗得快，那么再订货量通常也调得较高，但也受物料的最低存货量和交货时间的影响。在交货时间不长，最低存货量又小的情况下，即使物料消耗得很快，也不需将该存货量调得很高。

6.1.4　服装呆废料的处理

（1）处理呆废料的意义

呆料是指库存周转率较低的物料。即存量多而使用少，甚至不用的物料，但这些物料仍有利用价值。而废料是指已经失去效能，不可利用的物料。

随着科技的飞速发展，有些物料进货时是一种比较新颖的产品，但经过几个月或更长时间，可能就会变成废料。因此，在当今这种形势下，不可避免的会产生呆废料。如不尽快处理，会占用仓库面积，增加储存费用，资金积压，增加利息负担，妨碍资金周转等损失会更加严重。相反，如能在事先采取有效措施，不仅能防止呆废料的发生，使损失降到最小，而且还能及时利用物料，创造新的价值。

（2）呆废料产生的原因

呆废料的产生，除和科技因素有关外，还有以下各项因素：

① 呆料产生的原因

A. 少数不良品的存在；

B. 时间过长引起物料的变质；

C. 生产计划的错误导致物料种类的变更；

D. 产品设计的变更导致物料种类的变更；

E. 订单更改，导致物料的用量削减；

F. 机械设备报废，造成备用品剩余。

② 废料产生的原因

A. 机械设备报废后，拆解形成废料；

B. 裁剪后剩余的碎屑、零布等，经济价值极低者；

C. 长期不用，陈旧不堪，无利用价值。

（3）呆废料的处理方法

A. 调拨：企业内各车间或机关内单位间，互相调拨使用；

B. 拆零利用：提供给修理或修补者；

C. 转赠：转赠教育或其他机构；

D. 出售：企业或机构内不再使用的呆废料可对外标售，包括废料回收；

E. 销毁：毫无价值或有害人体的物料，将其销毁或掩埋。

6.1.5 服装物料的零库存管理模式

由于服装行业具有季节性、时效性等特点。为了能够及时有效利用终端客户市场反馈的信息，向分销系统配送符合市场要求的产品，必须与供应系统的相关企业结成伙伴关系。基于供应链合作伙伴关系，提出了服装生产原材料零库存管理模式。

在现代化的管理模式中，供应链管理的思想已逐步取代了传统的订货库存管理思想。服装业由于其独特的市场特征，更加需要强调供应链管理。与服装产品市场需求相关的主要风险因素有：季节性、转瞬即逝的时尚、短暂的产品生命周期和新产品的导入。

（1）服装供应链及其特征

供应链是指包括供应商、制造商、销售商在内的涉及物流、资金流、信息流的企业网络系统。服装市场需求有明显的随时间变化的特征。往往在销售旺季来临之前，原材料短缺，所有配送资源都超负荷运转，对配送准时性的要求高。而季节性只是服装制造商面对的挑战之一，流行的转瞬即逝更是加大了服装制造商响应市场需求的难度。每年、每季度推出的数千种服装产品只有少数能够成功，极少数能在市场上存活两个季度以上。因此建立生产用原材料的零库存管理模式可以为客户带来更多的贡献和更低的成本。

（2）零库存定义

零库存是指物料（包括原材料、半成品和成品等）在采购、生产、销售、配送等经营环节中，不以仓库存储的形式存在，而均是处于周转的状态。零库存可以避免仓库存货的一系列问题。如仓库建设或租用、仓库管理、人工、搬运等费用，以及占用流动资金及库存物的老化、损失、变质等问题。这种模式对提高市场反应速度有着特别的意义，如表6-1。

表 6-1　零库存订货模式

原材料编号	名称	级别	到货限定时间（h）	单价	定单批量（件）	单耗	附加值（单价的）（%）	成本（元·件$^{-1}$）	总费用（元）
1	苎麻面料	1	12	25 元/米	400	2 米	5	52.5	21 000
2	里衬	2	18	10 元/米	400	0.5 米	2	5.1	2 040
3	纽扣	3	72	0.5 元/粒	400	3 粒	0	1.5	600
4	标签	3	72	1 元/个	400	1 个	0	1	400

（3）零库存管理的实现形式

① 委托保管方式

即接受用户的委托，由受托方代存代管所有权属于用户的物资，从而使用户不再保有库存，甚至可不再保有保险储备库存，从而实现零库存。受托方收取一定数量的代管费用。这种零库存形式优势在于：受委托方利用其专业的优势，可以实现较高水平和较低费用的库存管理，用户不再设库，同时减去了仓库及库存管理的大量事务，集中力量于生产经营。但是，这种零库存方式主要是靠库存转移实现的，并不能使库存总量降低。

② 协作分包方式

即美国的“SUB—CON”方式和日本的“下请”方式。主要是制造企业的一种产业结构形式，这种结构形式可以以若干企业的柔性生产准时供应，使主企业的供应库存为零；同时主企业的集中销售库存使若干分包劳务及销售企业的销售库存为零。

在许多发达国家，制造企业都是以一家规模很大的主企业和数以千百计的小型分包企业组成一个金字塔形结构。主企业主要负责装配和产品开拓市场的指导，分包企业各自分包劳务、分包零部件制造、分包供应和分包销售。例如：分包零部件制造的企业，可采取各种生产形式和库存调节形式，以保证按主企业的生产速率，按指定时间送货到主企业，从而是使主企业不再设一级库存，达到推销人或商店销售，可通过配额、随供等形式，以主企业集中的产品库存满足各分包者的销售，使分包者实现零库存。

③ 轮动方式

轮动方式也称同步方式，是在对系统进行周密设计前提下，使各环节速率完全协调，从而根本取消甚至是工位之间暂时停滞的一种零库存、零储备形式。

这种方式是在传送带式生产基础上，进行更大规模延伸形成的一种使生产与材料供应同步进行，通过传送系统供应材料从而实现零库存的形式。

④ 准时供应系统

在生产工位之间或在供应与生产之间完全做到轮动，这不仅是一件难度很大的系统工程，而且，需要很大的投资，同时，有一些产业也不适合采用轮动方式。因而，企业广泛采用的是比轮动方式有更多灵活性、较易实现的准时方式。准时方式不是采用类似传送带的轮动系统，而是依靠有效衔接和计划达到工位之间、供应与生产之间的协调，从而实现零库存。如果说轮动方式主要靠“硬件”的话，那么准时供应系统则在很大程度上依靠“软件”。

⑤ 看板方式

看板方式是准时供应系统中一种简单有效的方式，也称“传票卡制度”或“卡片”制度，是日本丰田公司首先采用的。在企业的各工序之间，或在企业之间，或在生产企业与供应者之间，采用固定格式的卡片为凭证，由下一环节根据自己的节奏，逆生产流程方向，向上一环节指定供应，从而协调关系，做到准时同步。采用看板方式，有可能使供应库存实现零库存。

⑥ 水龙头方式

水龙头方式，是一种像拧开自来水管的水龙头就可以取水而无需自己保有库存的零库存形式。这是日本索尼公司首先采用的。这种方式经过一定时间的演进，已发展成即时供应制度，用户可以随时提出购入要求，采取需要多少就购入多少的方式，供货者以自己的库存和有效供应系统承担即时供应的责任，从而使用户实现零库存。适于这种供应形式实现零库存的物资主要是工具及标准件。

⑦ 按订单生产方式

企业的一切生产活动都是按订单来进行采购、制造、配送的，仓库不再是传统意义上储存物资的仓库，而是物资流通过程中的一个枢纽。

（4）零库存的利与弊

① 零库存的优点

如果企业在多个环节采用零库存管理模式，好处是显而易见的，因为库存越少就意味着资金周转速度越快，企业规避各种风险能力越强，企业就能够创造更丰厚的利润。而且还能避免供货延迟、库存积压、过多额外的订货费用。

② 零库存的缺陷

库存在一方面也意味着资金的积压，尽管现今有很多关于准时制（JIT）、零库存等先进的生产管理模式，但基于我国目前服装产业的现状，原材料供应商还难以达到这种水平，因此仍需要通过库存来维持生产。为了能满足生产又不至于造成积压，物料库存量既不能太少，也不能太多，因此库存量多少的选择即物料存量控制对于企业成本是至关重要的。

事实上，零库存就是在比较稳定的时间和比较稳定的地方，向比较稳定的对象提供比较稳定的产品。零库存的成功实施是建立在稳定和理想的客观环境基础之上的。因此，在实际操作中，零库存也暴露出这样一个隐患：当周围与之相关的因素突然发生变化时，零库存便会在短期内突然增长的市场需求面前不堪一击。

6.2 原材料采购管理

采购是企业为获得所需的原料等材料，向外界所作的购物行为。企业根据材料需求计划，制订出合适的订购量，以最低的总成本获得所需的材料，同时还要保证适时、适量和适质的材料供应，以供所需部门使用。对于许多服装企业而言，材料成本总是占据着企业总成本的很大比例，因此，做好物料的采购工作对企业的经营具有非常重要的意义。

6.2.1 材料采购前的准备工作

（1）了解服装商品的流行生命周期阶段

无论在生命周期的哪个阶段，服装本身没有发生任何变化，而是人们对它的看法和态度发生了变化。也就是说，商品的生命周期反映的是市场对它的接受度，以及消费者对它的评价。这进一步说明，商品的生命周期取决于服装的流行性，同时，也符合商品的一般规律。

（2）材料耗用预算

材料耗用预算的目的是不仅要知道一般服装部分的用料情况，还要了解特殊因素对用料的影响，以便企业进行成本核算。

服装生产中所耗材料一般有下列两类。

① **成衣部分**

服装材料用于成衣应越多越好，这部分所占比例越大，越是经济。 但也要根据服装款式、材料、排料形式来决定。 通常服装成衣所耗材料应占用总耗料的80%以上。

② **损耗部分**

A. 自然损耗：主要指自然预缩的部分。 而缝纫损耗、工艺回缩等都已在工艺设计中考虑，不必计算在内。 如上所述，服装材料在进行预缩处理时，材料要损失一部分。 该部分所占比例一般较少，可忽略不计，但特殊情况下应予以考虑，尤其是湿缩部分有时较大时。

B. 缩水损耗：对缩水大的织物应在标准用料的基础上进行加放。

C. 布面疵点损耗：织疵损耗由于织物在纺、织、染及贮运过程中，造成布面有织疵、污渍、破损等诸因素的影响，会带来一定的疵布损耗。

D. 色差损耗：织物在印染过程中或生产中的失误，同件服装上的衣片可能会有色差，当色差越过一定范围，则影响到产品质量，因此要调片处理或产品降档，因而带来材料损耗。

E. 铺料、段料损耗：主要指铺料、段料时，因各种原因造成的损失。 如机头布、零头布、落料不齐、幅宽不齐等。

F. 残次产品损耗：因技术难度、工人技术熟练程度及人为事故造成的损失。

G. 特殊面料损耗：如有条格、花纹、图案、有方向性的面料。 在生产加工时有特殊要求，需对衣片进行加放，故而增加了材料的损耗。

H. 碎布损耗：服装在排版中，由于衣片是非标准几何形状，衣片之间必定存在空隙，这部分损耗则称之为碎布，它所占比例与服装款式、排料衣片数、排料长度都有直接关系，是服装材料损耗中较多的部分。

I. 其他损耗：如材料试制、样品试制等。 服装材料进厂后要进行各种理化指标测试，因此会带来一定的损耗。 随着服装材料品质的提高，这部分损耗会越来越少以至忽略不计。

6.2.2　原材料采购方式

采购的方式有以下几种：

A. 订单采购：指根据订单生产需要而进行采购的方式，适用于高价值、多种少量、特殊规格的材料。

B. 存量采购：指对于常备性材料，进行订购点采购或周期性采购。

C. 补充采购：指事先没有预先考虑到的损耗或预计失误而引起的补充性采购。

D. 紧急采购：指因紧急需要而引起的采购。

E. 零星采购：指不定时发生的一些辅助用品的小金额采购。

F. 战略采购：指出于战略考虑而非生产需要所进行的采购，例如采购价格行情上涨的原材料或预期来源短缺的原材料。

6.2.3　供应商管理

选择适当的供应商是采购成功的关键因素。 供应商供应材料的顺畅可以使生产不会因为待料而停工，进料品质的稳定能保障成品品质的稳定，交货数量及交期的准确与否直接影响企业生产数量及出货期的准确，所以供应商的选择直接影响到企业的生产与销售，对企业的影响非常大。 因此，选择优秀的供应商是非常重要的，如图 6-5。

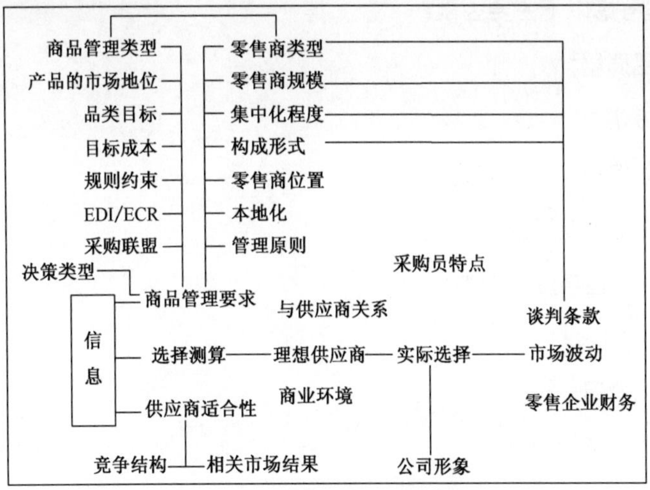

图 6-5　选择供应商相关因素

（1）供应商来源

① 供应商名录

一般零售商都有自己的供应商体系，并已经与这些经过资质审查的供应商建立了合作关系。对于此前的合作，零售商都有详细的记录和采购订单跟踪，买手很容易通过供应商评价系统了解这些供应商的生产能力、价格水平、货品质量等信息。这是最为简单也最为便捷的途径，评估程序简单且风险较小。通常情况下，供应商的选择来自于供应商名录。

② 新供应商开发

当现有的供应商名录中的供应商不能满足要求时，就需要寻找新的供应商，原有的供应商因为在品质、货物交付等方面存在缺陷而被淘汰。原有供应商的要求价格无法与目标价格相匹配、原有供应商的生产时间计划无法满足要求、某些新产品需要使用特殊的生产工艺或技术等，这些都是需要开发新供应商的原因。

买手寻找新供应商的重要渠道之一是服装贸易展览会，其中有大量的供应商信息和产品信息以及创新的产品。但开发新供应商需要的成本和风险均较高。

（2）供应商的评审选择

① 评估供应商

采购者在得到各个供应商的有关资料之后，要对供应商进行评估。选择供应商时一般考虑以下主要因素：

A. 产品质量；

B. 供货能力；

C. 企业信誉及历来表现；

D. 质量保证及赔偿；

E. 生产设备与生产能力；

F. 产品价格；

G. 技术力量；

H. 企业财务状况；

I. 通讯系统；

J. 企业在同行业中的地位。

② 设定评审项目的权数

即针对每个评审项目，权衡彼此的重要性，分别给予不同的分数，各项目权数的总和是 100%。

③ 合格供应商评定

在确定了供应商的评审项目及权数后，可通过实地访谈、调查、召集评审会等方式展开供应商的评审工作。如让相关厂商填写“供应商调查问卷”等，根据调查结果，进行项目评分，最终确定符合条件的合格供应厂商，形成“合格供应商名册”。同时还需要按合格厂商的专业程度及其制造能力给予归类分级，以期在供应商选择时能做到有的放矢，根据不同的要求选择不同的供应商。

（3）供应商的管理

通过评审、打分选择好供应商之后并不是就万事大吉了，在与各供应商打交道的过程中，也要做好沟通、协调、后续服务跟踪等一系列工作，应该说供应商管理是一个重要而且复杂的工作。

① 供应商评鉴

应建立一个适当的供应商考核、评鉴制度，并认真执行。与选择供应商评审时一样，要先确定评鉴的项目及权数，然后对供应商的每次的供应情况（品质、交货期等）进行记录、保存，并定期（如三个月）对供应商进行绩效评估，作为考核以确定奖惩及是否继续往来的依据。若各项评鉴分数未达到一定水平，则从合格供应商名册中剔除，使其丧失供货资格；而对于绩效好的供应商可给予一定的奖励，如按成交额给予一定比例的奖金等。

② 供应商整合

为了降低采购作业的人力成本、作业费用，企业需要对供应商进行一定程度的整合，即企业可选择少数几家合作良好的供应商达成长期合作关系，促进供需双方的合作互利关系。这样既有助于品质改善，同时也可利用集中向少数供应商采购的条件来提升谈判筹码，从而降低采购成本。

③ 双赢管理

以前企业与供应商一直处于一种亦敌亦友的关系，一方面双方在合作中有共同利益，另一方面又不断在讨价还价及交期的问题上试图从对方身上为自己挖掘更多的利益。许多企业都与供应商和合作伙伴保持一定距离，目的在于守卫自己的利益和内部资源。现在，越来越多的企业开始意识到，与合作伙伴并肩作战，能够获得巨大的竞争优势。

企业可以通过同供应厂商签订合作协议、实施供应厂商品质辅导、同供应商建立资源共享计划等措施来实现双赢。

④ 供应商类型

对于零售商而言，供应商通常可分为两大类：生产型的供应商和非生产型的中间商(也称为中间批发商)。选择何种类型的供应商，一般取决于待采购商品的类型以及企业自身的采购规模。

A. 生产型的供应商

生产型的供应商拥有生产能力和某一领域的专业技术优势，但是各家供应商受到生产设备的限制，所提供的产品类别有限。尤其对于面料生产商而言，如果买家订购的面料没有库存的备货，需要定制生产，就常常会受到最小生产数量和生产周期的限制，显然难以适应当前服装行业“多品种、小批量”的产品布局和快速时尚的要求。

零售商直接采购，可以减少中间环节的费用，从而在一定程度上降低成本。尤其是对于采购数量有限的时尚类产品而言，因为产品的个性化特征而无需利用中间商的集中采购优势，此时，即使是小型的零售商也会倾向于从生产商处直接订货。

B. 中间批发商

中间批发商自身不从事具体产品的生产，是介于零售商和生产商之间的供应链环节。中间商从生产商处以较大的批量采购商品，然后分销给不同的零售商。

相对生产商提供单一性的产品而言，中间商能够集中多家生产商的产品，这一优势可以帮助买手节省大量的时间和精力，不必在众多不同类型的生产商之间来回奔波，而是依靠中间商的生产跟踪能力帮助本企业收集产品信息和同时控制多个货物生产进程，并且分担服装生产过程中可能存在的风险。

对于一些个性化特征不明显的服装产品，中间商的集中采购优势可以降低采购成本。此时即便是大型零售商，也可能会选择从中间商处批发这类货物。

此外，由于从中间商处采购的最低数量要求有较大的灵活性，因此，虽然中间费用会引起采购价格的略微上升，但是相比受到生产上“最小订单量”限制而无法生产或被动接受大量库存，买手还是更容易接受中间商商品在价格上的浮动。

有一种特殊类型的中间商，仅仅承担采购结算功能，即提供现金流量的服务。他们可以在向生产商采购商品后的短时间之内就将货物的款项支付给生产厂家，在这些货物销售给零售商后，可以允许后者在一段时间之后付款，自己则从中收取一定比例的佣金。这对于支付能力有限的零售商来说无疑具有吸引力，而且对零售商、生产商、中间商来说都是有利可图的。

6.3　服装生产管理

管理就是运用科学的思想、组织、方法和手段对企业的人力、物力和财力及生产和经营的全部活动与进程进行计划、组织、指挥和协调，通过对职工的教育与鼓励，保证企业生产和经营活动的连续性、均衡性、有效性、经济性和安全性，以及更好完成预定的生产和销售目标，最大限度满足社会的需要。服装生产管理是指成衣化服装生产从原材料进厂到成衣出厂的全过程的管理。

6.3.1　服装生产管理概述

服装企业管理的根本任务有两项：经营管理，它是由经营计划、产品开发、财务、物资供应、销售等管理体系组成；生产管理，是指以产品的生产过程为对象的管理，即对原材料投入、工艺加工到产品完工的具体生产活动过程的管理。服装生产管理是一项涉及面广泛的管理技术，就是运用科学的思维、组织、方法和手段对企业的人力、物力、财力以及生产经营的全部活动进行计划、组织、监督和协调。内容包括生产准备、生产过程组织和管理、质量管理、物料管理、产品制造和成本管理等。它们之间既相互影响，又相互制约。从整体看，服装生产管理的任务就是运用计划、组织、控制的职能，把投入生产过程的各种生产要素有效地进行组合，形成一个有机的服装生产体系，如图 6-6 所示。

① 生产准备

为了有计划地组织好生产，使生产有条不紊地进行，首先要做好与生产有关的各项准备工作，其中主要有技术、材料、设备、人员、和工作地点五个方面的准备工作。

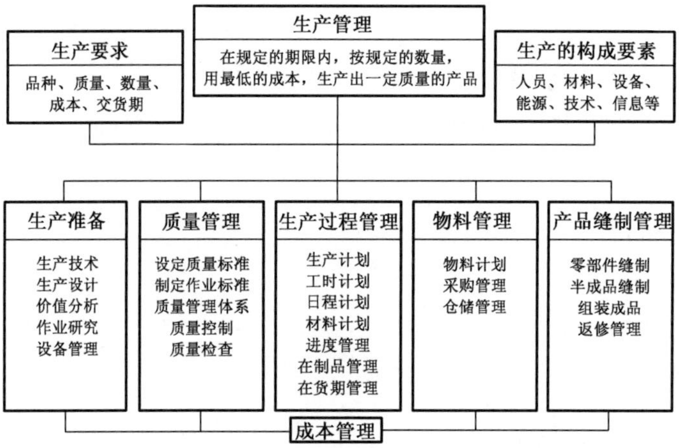

图 6-6 服装生产管理体系

A. 技术准备

指在服装大货生产前做的一系列准备工作，其主要内容有：

a. 投入生产样品的试制以及样品试制以后的工艺改进意见；

b. 编制批量生产所需要的工艺文件；

c. 制作好裁剪样板、辅助样板及缝纫过程使用的净样板；

d. 各生产工序的工艺分析，作业程序、时间及使用设备等；

e. 组织生产工艺流程，明确生产流水过程中的主流和支流；

f. 制定好产品质量标准及质量检验细则。

B. 材料准备

指准备为落实生产作业计划所需要的，并通过检测为合格的面料和辅料。

a. 面料是指面料品种、颜色、数量必须与合同和设计要求的相一致，质量必须符合技术标准规定；

b. 辅料是指服装生产所需要的里料、衬料、线、扣、带类以及商标、尺码唛、洗涤唛等。辅料还包括包装用的塑料袋、纸盒及纸箱或木箱等；

c. 原辅材料准备的重点，一是要检查品种、数量、质量是否符合生产技术要求；二是严格控制进度，准备交货时间，以免影响生产计划的执行。

C. 设备准备

主要是指准备用于生产所需要的通用设备和专用设备。除企业现有的设备外，还要考虑需要添置设备的种类、用途、功能及数量等。设备的准备也要进行经济核算，凡是可以租赁和待用的尽可能不要添置新设备；凡是可以使用物美价廉的设备，就不买功能过剩的豪华型高档设备，要从设备的效率、精度、耐用性、维修性、节能性、配套性、环保性、安全性、灵活性及投资费用等多方面综合分析，统筹考虑做好设备的准备工作。

D. 人员准备

做好为完成生产计划的所有的人员配备工作，包括管理人员、工程技术人员以及生产工人。

E. 工作地点准备

指为了完成生产计划所需要的工作和生产的场地。工作地点准备要注意以下几点：

a. 根据生产计划生产的品种所需要的工种、工序变化安排工作场地。按平缝机、专用设备、手工作业所需要的面积和数量安排工作场地；

b. 根据不同产品合理计算需要堆放制品的场地；

c. 新增设备的工作场地；

d. 按产品的容量准备工作场地，与生产较大、较厚和较薄、较小的工作场地应有所区别。

② 服装生产过程的组织和管理

生产过程组织，就是以最佳的方式将各种生产要素结合起来，正确处理生产过程中人与人、人与物和物与物之间的相互关系，对生产过程的各个阶段、环节、工序进行合理的安排，使其成为一个协调的系统。这个系统的目标就是提高服装生产效率，使服装产品生产过程中的工艺路线最短、加工时间最省、耗费最小，并且有利于提高生产过程，满足顾客要求和适应环境变化的柔性。

③ 服装质量管理

服装工业的质量管理就是质量控制，为了使服装产品达到质量要求所采取的作业技术和活动。它主要包括三个阶段，即产前质量控制、生产过程质量控制和产后质量控制。

A. 产前质量控制包括原辅料的质量控制，从原辅料的申购开始，包括原辅料的生产厂家的能力评价和选择、原辅料进仓的质量管理、原辅料测试、样卡的确认和原辅料签发。样品、样板和工艺的质量控制，设计样品的评审、检验，样板的复核。工艺的质量管理，工艺文件的核实、工艺文件的变更控制、工艺教育、工艺纪律检查。

B. 生产过程质量控制包括:裁剪的质量控制、缝纫的质量控制(锁钉、整烫和包装整理的质量控制)。

C. 产后质量控制包括:成品出厂前的质量控制、使用过程中的质量控制(装箱、运输、入库保管中的质量控制、出售和售后服务的质量控制)。

④ 物料管理

物料管理属于生产部门的管理,是与生产部门平行的,是实现对生产的支持。

⑤ 成本管理

服装生产过程中,会发生与产品生产直接相关的支出,如原材料、人工等费用,也会发生与企业生产管理间接有关的支出,如管理、销售、财务费用等。这些费用的总和构成了服装生产的全部成本。前者是构成产品实体的成本,后者则是维系企业生产经营管理系统正常的运作费用。从成本核算角度来看,原材料、工人、制造费用是构成产品生产成本的三要素。管理、销售、财务费用则构成企业经营管理的期间费用。

生产成本管理的内容包括以下几个方面:

A. 生产成本预测。是根据本企业的实际生产条件和技术水平,按照制单的各项要求,预测和核定有关责任部门在组织生产活动过程中所需消耗的成本费用定额,确定服装生产的标准成本,这一工作通常需要各责任部门参与或交由责任部门确定。

B. 生产成本核算和分析。是指对整个产品生产过程实际发生的各项生产费用,按照用途、类别以及相应的责任部门进行汇总统计,从而确定本批产品的实际总成本和单位产品成本。成本分析是对构成产品成本的各项项目进行对比分析或因素分析,确定影响成本升降的原因,为今后进行成本管理和控制提供历史材料。

C. 成本控制。成本控制是指根据既定的标准成本水平,检查与考核实际生产过程所消耗的各项成本费用,对出现的差异要进行分析,并采取相应的措施来减少成本差异。因此生产成本控制是一个动态的过程,是生产成本管理的核心工作。

成本管理是一项综合性的工作,通常需要计划、设计、物料管理、工程技术、生产、设备管理、质量管理等部门与财务部门的相互协作,共同进行成本管理。

6.3.2 服装生产计划

生产计划，即生产方面的策划，是指企业在计划期内生产产品的品种、数量、质量、生产期限、生产能力、生产手段、生产步骤等方面的计划和打算。生产计划是企业生产技术管理中的最重要的项目，其核心问题是保证企业紧贴市场需求，依据企业的经营计划按品种、质量、数量，按期交货。以满足市场及客户的需求，提高企业的整体效益，更好地占领服装市场。

（1）生产计划分类

实施生产计划，主要是为了加强企业生产的计划性，避免和减少服装生产的盲目性，服装生产计划的划分可以分为长期计划、年度计划、季度计划、月度计划和作业计划。

① 长期生产计划

企业中长期发展的计划期一般是三年、五年，也有十年或更长的。它是根据企业经营发展战略中有关产品方向、市场范围、生产规模、技术水平和财务成本方面的发展要求，对企业生产能力的增长水平、企业重大技术改造和设备投资、生产线设置和生产组织形式的调整、环境保护、厂区布置等方面所做的规划。

② 年度生产计划

企业的年度计划是指执行期为一年的生产计划。年度计划是企业年度方针目标中的重要项目，常与其他经济技术指标并列，作为主管部门对企业本身业绩考核的重要依据，与长期计划不同，它是计划期内现实的市场状况和企业现有的生产能力为依据制定的企业生产纲领。

根据服装产品的特点，年度计划生产的产品，季节跨度较大，产品品种的变化会影响工艺装备的应用及工人的技术熟练程度，每换一个品种，工人会有一个适应的过程，为此，制定年度生产计划时应该注意到这一因素。

③ 季度生产计划

季度计划是指执行期为一个季度的生产计划。由于服装消费的季节性，使服装生产具有明显的淡旺季，一年四季的生产是不均衡的，季度与季度之间缺乏可比性，为此，季度生产计划的制定常与去年同期相比。季度产品的脱销或挤压都会影响企业年度技术经济指标的完成。因此，季度计划是年度计划的分解，也是完成年度计划的基础。

④ 月度生产计划

月度计划是年度计划和季度计划的分解,月度计划又具有一定的灵活性,一般会依据客户的需求和市场变化做出相应的调整。

⑤ 作业计划

作业计划是指服装生产作业进度的安排,是年度计划和季度、月度计划的分解和实施,是服装企业车间的生产任务书,它规定了计划期内要完成的品种、数量和质量。 由于作业计划在企业中涉及面比较广,为此,在制定和执行作业计划时需要注意如下事项:

A. 了解订货单合同与作业相关的具体内容,如产品款式、规格、颜色、包装时花色搭配及交货日期等方面的要求。

B. 了解原辅料供应渠道是否畅通,品种是否齐全,客供材料的原料、辅料的品种、规格、颜色、数量是否已经齐全,即使是商标、小尺码、洗涤标记等也应配齐,否则会影响作业。

C. 了解原辅料质地、性能及门幅宽窄情况,查阅原辅料检测报告,便于编制分拖裁剪的作业计划。

D. 了解技术准备工作的进度,比如工艺文件、工艺卡、样本、图纸资料以及工、夹、模具等方面的准备工作。

E. 了解参加作业的班组数、生产能力、流水量以及生产周期。

F. 统筹作业计划,在编制作业计划时,要注意到上下工段、前后部门的时间差。 比如有一份订货规定在某个工作日内要准时交货,那么就应编制出分段的作业计划, 各环节、各工序形成一个有机的联合体。

G. 按装箱要求编制计划作业,如果手中的任务单规定装箱要求是独色、独码,那么只要分别按颜色、按规格逐一裁剪即可。

(2) 生产计划实施

服装生产计划主要是以生产作业计划的公文形式编号签发下达给车间、班组,使每个部门都掌握本产品的生产进度要求、质量要求、操作要求,明确本岗位的技术责任。 在下达生产通知单、工艺文件、工艺卡等的同时,还需要向所有员工口头解说这些文件的每项细则。 组织听课时,还需要做好出席考核,以免遗漏,使每个员工都能理解各项要求。

为了有效落实生产计划，在实施计划时有必要对产品工艺、生产技术、人员结构、生产能力以及品种变化等情况进行分析和研究，便于预测作业计划实施的可行性。

① 产品工艺分析

工艺分析的主要内容：一是工艺难度分析，包括工艺繁简程度及作业程序先后顺序的分析等；二是作业时间分析，包括各部门与各工序的作业工时，便于计算生产流水线节拍以及计算单件产品总的工时定额；三是作业方法及作业手段的分析，其内容包括作业所需要的工、夹、模具各设备的应用。

② 生产技术分析

这里是指生产全过程的技术工作，主要有工艺文件、图纸样板等各项生产技术准备的工作质量及工作进度的分析，同时也包括生产管理能力及技术辅导能力等方面的分析。

③ 人员结构分析

是指各工种人员的配置结构是否合理，是否可能按工艺难、易的程度来配备人员，各工段、工序人员的知识结构、操作能力的配备是否恰到好处。

④ 生产能力分析

主要有如下内容

A. 各部门、车间、小组完成生产计划的能力分析和设备负荷分析，先确定生产所需设备的种类，然后依照生产同类产品的经验计算出各种设备理论生产负荷，将计算设备数量汇总，最后对比现有设备情况来调整安排。

B. 在生产过程中出现产品品种突然调换、工艺方法紧急变更、生产工期要求大幅度提前等突发事件应变能力分析。

⑤ 品种变化分析

由于产品变化容易打乱原有的生产节拍，严重影响生产流水线的畅通。一般情况下生产班组对品种调换要有两天时间的适应，所以在编制作业计划时，要认真分析品种变化频率及品种批量的大小对生产的影响，便于如期完成作业计划。

在现有人员、设备及生产技术的条件下，通力合作确保生产任务按质、按量、按期完成，在生产作业计划分配和执行过程中要做到如下几个方面的工作：

A. 工艺文件、工艺卡是否到位的检查；

B. 原辅料、品种、型号、规格、颜色、质量及使用部位的检查，坚决做到不合格的原材料不准投产；

C. 注意生产的均衡性，合理使用现有的人力、物力和财力，使生产流水线的节拍均匀和平衡；

D. 检查工艺操作方法、操作顺序以及各部位缝型、缝头大小符合规定；

E. 检查工人技术水平和生产能力达到工艺文件规定；

F. 全过程工艺流程和车间生产工艺流程的组织形式合理。

（3）生产计划的控制

生产作业计划下达以后，当车间和班组启动作业时，生产管理人员的工作重点应移至生产第一线，控制生产的产量、质量和进度，加强动态管理。

① 控制日产量

日产量是完成总体作业的基础，每个车间、班组的日产量不会完全均等，对总体作业计划的完成会出现两种情况：一种是各班组的日常量不均等，但在最后截止日期都能完成。这取决于各班组对新品种适应能力及生产潜力，可以等额下达作业计划。另一种是班组之间的生产能力有强有弱。生产能力强的班组，转换品种时，适应能力强，日产量计划马上就能达标，并能逐日上升并遥遥领先，与其他班组的差距越来越大。管理人员应预测各班组完成计划的可能性。依据各班组的生产能力，差额下达生产作业计划。

② 控制部门之间的衔接

服装生产计划的完成主要依靠各个部门的努力，哪些部门要首先完成，哪些部门可以最后完成，中间各部门的衔接时间，都应有明确的规定，部门之间有脱节，将会影响整个作业计划的完成。为此，对服装材料的准备，生产技术的准备以及裁剪、缝纫、锁钉、整烫、包装、检验的每一个过程规定作业的起止时间作出规定，以确保总体计划的完成。

③ 控制产品质量

在整个流水作业过程中，由于生产工人的技术熟练程度及质量责任性的不同，产生了产品质量上的差异。市场经济体制下，服装生产日趋多品种、小批量。生产流水线上品种变化频繁，工人的生产技术不适应时，容易产生质量问题，因此，在布置作业计划的同时，应注重产品质量工作。

A. 加强工艺教育。投产前必须对班组的每位员工进行工艺方法和产品质量标准的教育，使每位员工都明确本工序的工艺方法和质量要求。

B. 重视首件封样。 计划部门也要配合技术和质量部门做好首件生产试样产品的封样工作，封样必须是全过程的，未经封样合格的班组不准领取裁片，不准投入生产。 对封样合格的产品也要做好标记，放在车间出入口处。 作为班组生产的标样。

C. 在生产过程中要加强制品质量的自查、互查和专职检查。 发挥生产工人自我把关作用。

D. 加强对裁片的质量检查。 不合格的裁片不准进入缝纫车间，不准投入使用。

E. 重视工序的产品质量。 在流水作业中，只要有一道工序产品不合格，就会使整批产品返修、退货和索赔。 为此，要加强工序质量的考核，不合格的上道工序产品不准流入下道工序。

F. 组织好班组之间的自查、互查和质量交流活动。 制定产品质量 100 分制，对质量偏低的班组要进行教育限期改进。

G. 控制返修品率，扩大一次合格品率，质量返修指标要列入考核内容。 凡是退回班组返修的次品应及时修好返回，防止混在正品内造成不良影响。

作业计划必须全面完成，切不可以只抓产量、抓进度，而忽视了产品质量。产量和质量是一个有机的联合体，只有两方面的指标全面完成，才是作业计划的完成之日。

6.3.3 计算机生产管理系统在服装企业的应用

服装品牌企业如何提高企划能力，提高畅销商产品的有效库存，降低滞销产品的积压库存，及时掌握市场销售信息变化，增强企业的竞争优势和适应市场多变的能力，这就必须运用科学先进的智能化服装营销技术，促使所生产产品营销活动的发货配货、订货补货、调货退货，以及物流、资金等处于最佳组合状态，实现服装品牌企业在营销管理方面的畅销品智能预测，滞销产品智能预警和智能决策。

科学技术的进步推动传统的生产管理正在向现代管理过渡。 比如，电脑(CAD)在服装生产中的应用，使服装效果图的绘制、样板制作、样板推挡以及裁剪排料等均由原来的手工作业转变为计算机处理，以及企业资源计划(Enterprise

Resource Planning)智能化 EPR,是基于服装智能技术和信息技术的最新发展,按照先进管理思想,结合中国服装品牌企业管理的目标模式开发的智能化服装营销系统。

计算机在生产管理中的应用,还能够使生产计划和作业进度一目了然。 年报、月报、日报的数据处理及时准确。 在质量控制方面,现在有了电子自动检针器,断头针尖的质量问题得到较好的控制。 产品合格率、返修率、调片率等信息数据的及时反馈,为维持正常秩序起了重要的作用。 在生产成本的管理方面,采用计算机管理,大量的数据积累为成本预测、成本分析、测定、核算及成本的综合管理等提供了充足的数据。

6.4 服装外包管理与跟单业务

服装生产外包,习惯上又称之为“代工”,是指服装企业将原本在企业内部完成的生产制造活动、职能或流程交给企业外部的另一方来完成。 服装跟单广泛存在于服装加工厂、服装进出口贸易公司、服装品牌经营公司中,其工作内容与企业的规模有关,是服装厂或服装公司为了生产和制造的需要,在实际过程中整个流程的跟踪和负责的业务统称,是服装企业经营管理的核心业务,综合反映了企业的贸易谈判能力、产品开发能力、生产协调能力、成本控制能力、咨询管理能力和客户服务能力。

6.4.1 服装企业生产外包

目前国际经济领域的竞争日趋激烈,为了在全球范围内进行最优资源配置、控制成本、追求利润,跨国服装企业逐渐将其非核心业务向海外转移,生产外包已经成为新一轮全球产业转移的大趋势。 越来越多的企业将生产外包给专业的加工厂,以寻求更低的成本和提高企业的经营效益。

从理论上说,服装企业非核心生产业务均可以实行外包。 一般服装企业的生产环节包括服装设计、纺织布、印染、裁断、缝制、质检、包装等。 针对不同的产品会有不同工艺要求,如电绣、烫钻、钉装饰扣、高频印刷等。 大部分的小型服装生产企业没有服装设计能力，但是有制造上的优势。大型的服装生产企业可能对所有的生产环节都有能力开展，但是全部自行生产不一定是最佳方案，因为服装生产环节中的工作会花去企业相当大的精力与资源，诸如纺织与印染环节。具体外包范围的大小应该根据企业的规模、技术条件以及市场环境等因素来决定。

服装生产外包，习惯上又称之为“代工”，是指服装企业将原本在企业内部完成的生产制造活动、职能或流程交给企业外部的另一方来完成。“企业外部的另一方”作为供应商，通常称为代工企业。但它与平时原材料等有形产品的供应商并不完全相同，因为代工企业提供的服装功能原本应该是自买方公司内部完成的，而且内容涵盖了所有有形和紧密关联的服务，如部分设计和物流配送等。在外包过程中，外包厂（即代工企业）是在委托制造企业的要求和指导下处理或完成所需的原材料或零组件的生产的。外加工的目的是降低生产成本，增加经济效益；弥补厂房、设备、人员及技术的不足；减少自身生产管理的压力，确保生产按时、保质、保量完成。外加工管理的目的是充分了解外加工单位各方面的能力，包括人员素质、设备状况、管理能力、技术水平、信誉度、生产品种等，确定加工单位能否胜任。适时派驻技术和管理人员，帮助和监督生产，以便按时交货。确保每个环节能顺利进行和衔接，如运输路线、包装方法等。生产外包如今成为制造型企业全面提升自身竞争力的一种战略，它能够优化配置企业资源并提高企业的核心竞争能力。

6.4.2　服装企业生产外包决策影响因素

（1）内部因素

内部影响因素是指服装企业内部对生产外包决策产生影响的一些条件，如企业规模、技术条件、生产成本和产品特性等。

① 企业规模

规模较小的服装企业其核心业务一般集中在生产制造上，绝大多数小规模的服装企业并没有自己的品牌或是品牌效应处在一般水平。这类服装企业一般不会考虑进行生产外包，或者只会将生产的小部分环节外包出去。大规模的服装企业会进行高比例的生产外包，其核心业务一般已经转移到品牌经营上，将非核心业务进行外包，更有利于资源的合理利用。

② 技术条件

如果服装企业拥有较好竞争力的技术条件、较先进的生产设备和熟练的劳动者，尤其是熟练的缝制工人，一般也不会考虑进行生产外包。 相反，如果服装企业生产设备落后、没有熟练的工人，企业会去寻求合适的加工厂进行合作。

③ 生产成本

通过有效的业务外包，可以让企业成本更低、效率更高、改进对资产的利用、实现规模经济、降低商业风险。 企业需要考虑哪些生产外包可以在保证利润的同时降低成本，同时要考虑外包供应商提供的增值服务类别和质量，借此降低物流等生产相关环节的成本。

④ 产品特性

如果企业的服装产品周期很短暂，生命周期只有一到两周，一般不适合进行生产外包。 因为产品的生命周期越短，对供应链快速反应的要求越高，生产外包的风险越大。 一旦某个环节出现问题，造成产品流动的停滞，会导致严重的损失。 除了以上的影响因素，服装企业的资金状况、管理制度、企业文化等也会对外包决策产生影响。

（2）外部因素

外部影响因素主要是指地理位置、政府政策、市场环境等。

① 地理位置

由于较廉价的劳动力等原因，发达国家的服装企业往往倾向于在发展中国家寻找外包供应商。 服装企业在选择跨国跨地域的外包供应商时，也会考虑到其地理位置。 两者的地理位置距离越远，提前期就越长，付出的物流成本也越大，这对于正从耐用消费品转为时尚消费品的服装来说，具有较大的风险。

② 政府政策

跨国跨地域的生产外包，由于要牵涉到报关、汇率转换等问题，所以政策对生产外包也会产生影响。 比如，近几年由于出口退税下降、人民币升值，造成服装行业出口持续低迷；由于美元的不断下跌，外向型服装企业面临着更大的财务风险。

③ 市场环境

服装企业主要竞争对手的方针政策、经济行动等会对其生产外包决策产生影响。 同时，市场的平均技术水平、生产率水平等也会对企业的外包决策产生影响。

6.4.3　服装跟单

（1）服装跟单的类型

服装跟单是伴随着服装成衣生产全球化、专业化分工的过程产生的。在我国目前的对外服装贸易中，多为外方发订单，我方承接订单，据此完成服装的生产加工工作。

服装跟单可以分为多种类型，以下两种是比较常见的分类方法。

① 根据跟单对象分类

A. 生产跟单

生产跟单就是生产过程跟单，其任务是跟进或跟踪已接订单的生产过程，即确保材料采购、生产进度、质量控制、包装储运等任务能如期完成，为后续的外贸跟单工作做好准备。生产跟单实际上是生产企业的内部跟单。

B. 贸易跟单

贸易跟单一般称为外贸跟单，其主要职责是找准客户进行专项跟进，以促成相关业务合同的签订；将合同分解成订单，跟踪订单到各职能部门，协助并敦促各职能部门完成订单中的交货任务；跟踪安排运输、保险、报关、结汇、出口退税等环节工作；单据文档保存与管理等。

C. 生产跟单与贸易跟单的比较

相同之处：跟单目标都是以订单为中心，进行对订单和产品的跟踪，以确保订单中各项标准的货物能够按时、按质、按量达到合同或信用证要求的目的；范围是设计生产过程的前期、中期甚至是全程跟单，而且生产跟单和贸易跟单在跟单过程中，有许多环节是交叉重合的；两类跟单人员所需要的技能都必须兼顾“协调员”“业务员”“管理者”的角色。合格的跟单员必须紧跟订单，协调和安排生产、储运等的进度，处理跟单过程中出现的各种质量问题和纠纷，统筹协调及安排不同时间各部门、各环节的工作任务，以满足和达到客户的订单要求。

不同之处：从工作性质上看，生产跟单多存在生产企业或综合企业的生产部门，而贸易跟单多存在于贸易公司和综合企业的营销部门；从跟单的内容和跟单的工作侧重点来看，生产跟单主要跟踪生产过程，它以生产过程中产品质量和数量的跟踪为主，而外贸跟单主要跟踪物流过程或贸易过程，它以跟踪运输、保险、报关、结汇、退税等环节为主;从跟单的整体流程来看,尽管生产跟单与外贸跟单有许多环节交叉和重合,但工作推进仍有先后次序之分。贸易跟单是基础,它所争取到的订单是生产跟单的根本依据,一旦生产企业取得订单,则变成生产跟单在前,贸易跟单在后;在对跟单员的素质技能要求上,两者的差异也是明显的,生产跟单员对生产知识、产品知识、工艺质量、商品包装知识等方面要求较高;而贸易跟单员对外贸知识、海关知识、商检知识、物流运输知识、保险知识等方面要求较多、较细。

② 根据生产环节不同分类

根据生产环节不同,跟单可以划分为业务跟单、样板跟单、订单资料跟单、面料跟单、辅料跟单、生产跟单和船务跟单。

对于一些中小型的服装生产加工厂或服装贸易公司,一个跟单员的工作可能包含以上两种组织管理方式。前者全程由一个人完成,与各方客户、生产企业沟通更及时、高效,并且责任清晰。但要求跟单员具备非常全面的能力,可以应对订单生产全过程中可能出现的任何问题,并且跟单员对企业的生产和生存影响巨大。

(2)服装跟单员的职责

跟单工作是围绕订单执行展开的。对于每一个订单,跟单员的工作都大体相同,第一项工作是跟订单,第二项工作是跟计划,第三项工作是跟质量,第四项工作是跟产量,第五项工作是跟踪、监控和协调各个部门的工作。

① 跟订单

跟单员要跟的订单大致可分为样衣订单和大货生产订单。样衣包括开发样(头样)、推销样、确认样、齐码样、产前样等。例如:跟单员首先要跟的是开发样的订单,这个订单是设计部门下发的。跟单员从设计人员那里得到自己所负责的新款款式、数量后,要尽快收集、核实并整理好该款的基本资料、加工和技术等方面的信息,根据上述资料做出完整正确的板单下发给板房。一个跟单员通常需要跟踪20多个款,每款1~2件,如果有条件可以争取每个款每种颜色1~2件。

② 跟计划

下发订单的同时,跟单员还要根据设计部门、采购部门、生产部门的实际情况制定出开发样的工作计划,这个计划要详细规定实际工作中每一个环节的完成时间，而跟单计划不仅是制订计划，还要让每一个工作环节的相关人员知道计划，并使他们意识到计划的重要性和权威性。 跟计划中重要的是跟单员要深入一线，实际了解计划的执行情况，监督督促计划的进展，发现问题时务必在第一时间解决。所谓解决计划中的问题，一方面是使原计划顺利进行，另一方面如果发现原计划无法继续，就要立刻将新情况通知有关部门，并会同相关人员修改原计划。

③ 跟质量

质量是产品的核心，对于质量的跟踪主要有两个方面：第一，由于订单是跟单员整理出来下发给生产部门的，所以一个合格的跟单员对于客户的要求应该很清楚，在其深入生产一线发现不符合订单要求的问题要及时指出，使生产部门得以及时改正；第二，虽然跟单员不可能都是质量专家，但是对于常规质量问题要敏感和有责任心，如规格问题、对称问题、缝迹问题等，这些都可以在跟单员深入生产线时随时抽查。

④ 跟产量

产量是完成计划的保证，因此跟单员还要跟踪产量。 对产量的掌握，一方面是对自己所负责订单的生产量的跟踪，即跟单员对于自己所负责订单当前的数量要随时掌握；另一方面还要更进一步对生产部门的整体生产能力有所了解。 例如，板房同意跟单员的计划，准备三天后安排订单生产，而跟单员通过对板房每日生产量以及板房目前已接订单的了解，发现三天后根本无法开始其负责订单的生产，这时就要马上与板房负责人沟通。

⑤ 跟踪、监控和协调各个部门的工作

跟单员对客户所订产品的交货进行跟踪，即进行生产跟踪。 跟踪的要点是生产进度、货物报关、装运等。 因此，在小企业中，跟单员身兼数职，既是内勤员，又是生产计划员、物控员，还可能是采购员。 在大企业，则代表企业的业务部门向生产制造部门催单要货，跟踪出货。 因此跟单人员要在多个部门之间进行沟通和协调。

（3）服装跟单的基本业务程序

服装跟单的业务也是依据企业的规模与性质而有所不同。 一般可以分为前期跟单、中期跟单和后期跟单三个阶段。

① 前期跟单

A. 熟悉订单工艺文本。 服装跟单员充分围绕订单工作，因此必须熟悉、掌握跟单的订单工艺文本内容，保证每一道加工工序顺利进行。

B. 评估生产企业。 对生产企业的性质、生产类型、生产能力、生产管理状况等作全面的了解，并提出反馈意见。

C. 指导样衣生产。 样衣制作的质量和速度直接影响客户能否最终下订单。 有时客户下订单的时间比较仓促，此时有效地指导样衣生产才能保证得到订单；但如果样衣的确认反复出现错误会导致客户另寻合作伙伴。

D. 检验大货面、辅料。 服装跟单员对服装面、辅料的检验是前期跟单中一个非常重要的环节，面、辅料的质量将直接影响大货的质量。

E. 交寄产品样衣。 在完成订单过程中需要给客户寄款式样、产前样、广告样等各类样衣。

F. 制定大货生产工艺文本。 依据订单工艺文本制定符合企业的大货生产工艺文本，按照订单要求细化每一道加工工序，严格指导服装产品的生产，以达到客户的要求。

② 中期跟单

A. 半成品检验。 大货生产期间进行不定期的跟踪抽查，对加工部门进行中期评估。

B. 确认生产进展情况。 在服装产品投入生产后，要求跟单员进行生产过程的评估，合理有序地安排生产时间，从而保证能按照合同交货日期发货。

C. 中期报告跟单员每次在加工部门所发现的有关产品质量和其他需要改正的问题都必须做出书面报告，由生产部门主管和跟单员同时签字后存档，以作跟单员中期查货和加工企业修改生产细节的依据。

③ 后期跟单

A. 确认出货时间。 一般在出货前一星期，跟单员必须对订单的交货日期进行评估。 如果出现交货日期紧张的情况，要敦促加工部门通过多种途径（延长劳动时间或者增加加工人员）赶货。

B. 陪同客户验货。 跟单员对大货情况非常熟悉，因而验货时通常要跟单员陪同，尤其当客户委托专业验货公司进行验货时，必须由跟单员陪同。

C. 整理装箱单。 通常最终出货的数量会与订单的数量有出入，这种情况下，首先要核对订单资料中客户是否允许数量溢缺，然后核对出货产品的最终总体积、总重量等数据（若为出口服装产品还需要整理相关数据资料以备报关），并把最终装箱单存档。

D. 后期总结报告。 跟单员必须做出书面验货报告上交理单员，并需要跟单员和生产企业的法人代表或委托代表签字。 后期跟单总结报告是跟单员对订单执行情况的总体评价。

6.4.4 服装跟单基本流程

(1) 查阅订单工艺文本

服装跟单员接手订单工艺文本后，应仔细核对订单文本上的资料是否完整准确，工艺文本是跟单员跟进订单的唯一依据，只有完整准确的工艺文本才能确保服装订单的跟进工作。

① 核对工艺文本的具体内容

A. 工艺文本是否完整

根据工艺文本的具体内容来确定其是否完整，不可遗漏任何一个步骤。

B. 文字描述是否和款式图相一致

包括款式描述、工艺描述是否与款式图上的各款式相一致，如果发现有不一致的地方及时与客户或者客户开发人员核对准确。

C. 产前样是否和工艺文本中的资料一致

产前样一定要与工艺文本中的款式描述、工艺描述及款式图相一致。

D. 面、辅料是否经客户确认

首先核对工艺文本中是否有面、辅料样卡和色卡，然后核对所示样卡和色卡是否经过客户确认。

E. 查看印绣花等其他设计要求

查看款式是否有印花或绣花等要求，若有则须附印花图稿的确认样。

② 分析工艺文本

A. 了解订单情况

了解客户情况。 了解客户情况是一个长期的过程，只有长期接触同一个客户的订单，才会总结出一些常规经验，比如有些客户对服装的线头特别敏感，而有的客户则对划粉污渍特别敏感等，掌握不同客户的特殊要求有利于在跟单过程把握整个订单的侧重点。

查看出口服装订单的出口国情况，若接到的是出口服装订单，要了解不同国家对出口服装的特殊要求。了解订单的出口国有利于把握订单的一些常规状况，比如出口日本的所有服装必须验证，不可留有返修标签等；出口欧洲的服装必须注意环保，特别是包装要用环保胶带且必须印上环保标志，而且金属辅料不能含镍，面料、纱线的染料不能含偶氮结构等，充分掌握各国的情况可以减少因不必要的索赔而造成的经济损失。

了解加工厂的情况。对于产品的质量要把握好两个因素：一是外在因素，即先进的生产工具；二是内在因素，即生产者与管理者的素质状况。两者当中后者的弹性及可塑性更强，生产过程很大程度上是人操作的过程，而跟单贯穿于生产的全过程，了解加工厂的生产技术及人员素质的状况有利于跟单员与加工企业之间的默契配合、相互促进，顺利完成订单。

B. 分析整个订单的难点和重点

在了解了订单的客户、出口国家、加工企业等相关情况后，结合其实际，可分析比较出该订单在此企业加工中会出现的难点和需要解决的重点，使跟单员在跟单进程中做到心中有数，尤其在跟单员同时跟进多个订单时，这样的分析有利于合理安排时间，使工作有条不紊。

C. 统筹分析生产过程

在了解了订单的相关情况后，就要合理统筹、分析订单的生产过程，虽然这个过程生产企业也会有相应的安排，但跟单员自己了解生产过程的话，就能主动指导生产企业，使跟单员能在生产企业中树立良好的形象，也使跟单员与生产企业之间的配合更加默契。

(2) 审核相应的企业生产工艺文本

在订单下达服装生产企业后，生产企业必须依据订单工艺文本编制企业相应的生产工艺文本，服装跟单员首先就要核对企业的生产工艺文本是否和理单员的工艺文本相一致，核对的重点如下。

① 面、辅料供应是否正确

面、辅料供应是客供还是自供，以防止出错后影响交货日期。

② 面、辅料的材质、颜色是否正确

面、辅料的材质、颜色是否与订单工艺文本的要求一致。

③ 款式是否正确

按照企业生产工艺文本的工艺流程制定的服装款式是否与将要完成的跟单

工艺文本中的款式相一致。

(3) 检查产前样

① 面料和里料的检查

面料和里料的成分；面料和里料的密度和克重；面料和里料的颜色、印花；洗水效果：要保证洗水后的颜色、外观和手感符合客户确认的样品，并且检查洗水的配方、工艺等是否有记录；面料和里料的测试报告；面料和里料的疵点检验报告。

检查中一旦发现面料颜色和色卡或样卡有差异，面料或里料有任何不符合之处，未经客户确认或未经主管同意，均不得开裁。

② 辅料的检验

有关部门应该制作好辅料卡，对所有的辅料进行逐项核对。

黏合衬。检查黏合衬的种类、规格及产前实验结果。检查产前样上的黏合衬是否有渗胶、脱胶、黏合不良及其影响成衣外观的疵点。

织带。检查织带尺寸、规格、颜色和大身的配色效果，同时检查缩水率、色牢度等测试结果。

橡皮筋。检查橡皮筋种类、规格、尺寸、还需检查缩水率、弹性回复率的测试结果，橡皮筋部门的松量和拉量尺寸。

罗纹。检查罗纹的成分、质地、组织、颜色、尺寸、规格、缩水率、弹性回复率和染色牢度的测试结果。测量产前样上的松量和拉量尺寸。如果罗纹在领部，还需要测量领围的拉量尺寸。

魔术贴。检查魔术贴的尺寸、功能及面料的配色效果。

花边。检查花边的材料、花型、质地和颜色；对有色花边应该测试其染色牢度。检查产前样上的花边和大身的缝合是否准确、美观、牢固。

拉链。检查拉链的种类、材料、尺寸和颜色，并试验其功能。如果客户要求或指定使用品牌拉链，还要辨别真伪。检查产前样上的拉链缝合效果，如有无弯曲、起皱等影响外观的疵点。

纽扣。检查纽扣的材料、规格、尺寸和颜色。检查产前样上的纽扣和纽孔的配合是否合适，检查纽扣的缝钉松紧程度和钉扣牢度，钉扣的方法是否准确，如交叉、平行、锁定或链式。确认是否需要备扣以及备扣的位置。

绣花。检查绣花的花型、颜色和位置。

垫肩。检查垫肩的尺寸、规格、缝钉位置和方法。

缝线。检查缝线的成分、支数和颜色。

商标和洗涤标志,检查主标、洗标及其他标志的内容、质地、颜色,织字或印字是否清晰,检查各个标志在产前样上的位置是否正确。在检查中,如果发现不符合或错误之处,要坚决予以改正。即使无法改正,也要客户确认同意。

③ 首样流水样的检验

工艺方面的要求有缝迹或针距的密度、缝线的效果(顺直、整齐、牢固、松紧适宜)、缝合的效果、位置的准确度及服装整体的外形等。核对产前样的款式,包括所有小部位;检查所有线迹、针距及缝线的张力;如果是条格面料,则检查对条对格;检查产前所有部位的做工;检查客户关于确认样的修改意见是否已在产前样中得到改正;分析较难生产的部位及可能产生的疵病,采取相应的预防措施;明确检验的方法和标准。不同产品的缝制、整烫质量要求是不同的。各种不同服装的缝制和整烫要求见《服装工业常用标准》;测量成品规格;封样报告。

在检查中,对发现的任何问题都应准确记录。而对较严重的问题,则应该重新制作产前样,这样才能保证成衣的最终质量。制作产前样及其检验工作中,跟单员只需严格按照工作流程要求,将产前样制作所需的技术文件、样衣面料和辅料等准备好,交由技术部门或者样衣房制作即可。跟单员在样衣评审过程中,必须掌握样衣的评审技术,包括样衣的外观质量评价、样衣各个部位尺寸的量度技术及简单的修板技术。在实际工作中,该项工作一般主要由技术部门或样衣房负责完成,跟单员只是起到辅助作用。

④ 后整理封样

后整理是生产中的后道工序,主要是指熨烫、清理污渍、锁钉、验针等工作。熨烫,熨烫的质量检验主要是查验有无烫黄、烫焦、极光、水花、污迹等现象。清理污迹,常见的污渍包括油污渍、水渍、划粉渍等。锁钉,锁钉包括扣件锁钉、套结、翘边等。验针,验针指检验成品服装中残留的针头等金属残留物。

⑤ 样板跟进核价

跟单员寄出样板的同时要安排进行核价,并填写核价单,在填写核价单时一定要认真、清晰,力求准确,包括面料、纱支、克重、幅宽、用量、单价、印花、绣花价格和各种物料价格和用量；加工费，洗水费，出货运输文件费，以及利润的一览表。

核实板单上客户要求的纱支、克重、幅宽或有关面料生产的生产难易度，主要是与布厂同事沟通，落实确定后明确面料价格资料，方便用料的价格核算。 由裁床核算样板用量或者跟单员自己核算。 跟单员要对辅料情况进行详细了解，要广泛寻求辅料供应商进行询价，避免报价失误，造成不必要的损失。

跟单员提供板单及样衣给生产部对照，进行生产量及加工费的计算和报价。有关洗水印花问题的价格问题一定要在作板时就和各加工厂谈好价格，避免落单后做货有出入。

汇总资料，核算价格。 如果客户有特殊要求的时候，一定要有明确指示，如面料有特殊要求或牵扯到面料检测及成衣检测，跟单员一定要特别注意，还要注意一些特殊的印花、绣花、洗水价格等。 所有的这一切，都必须详细准确地写到核价资料里，以备后查。

⑥ 包装封样及质量控制

包装封样根据服装款式不同有不同的要求，跟单员必须按照生产工艺文本中的要求进行核对。 包装材料应满足环保要求；包装规格、质量、方法等应按客户要求或生产技术文件的规定。 包装应保持服装整烫后的外观、衣架包装要求端正、平整，纸箱尺寸要与产品大小松紧适宜。 包装应防止成品在流通和销售中损伤。

⑦ 装箱单的填制

装箱单一般包含产品名称、发票号、编号、数量、内装产品详细型号、规格、颜色、毛(净)重体积、尺寸、日期等。

综上所述，服装跟单业务就是跟单员从一款衣服从原料到成品入库全过程对质量和进度的监督掌控，解决协调各环节的问题，向上一级主管部门汇报进度。根据服装生产的流程，可以细分到面辅料跟单、样品跟单、大货跟单、业务跟单、质量跟单等，根据产品的阶段也可以分为产品设计阶段的跟单、产品定型阶段的跟单、产品生产阶段的跟单。 在不同的公司、不同的流程，跟单员的职责也不尽相同。

思考练习题

1. 如何对供应商进行选择和管理?
2. 服装生产管理包括哪些?
3. 生产计划控制主要有哪几方面?
4. 服装企业外包决策影响因素有哪些?
5. 服装跟单工作内容及基本业务程序是什么?

第 7 章　服装销售企划

知识要点

1. 服装销售渠道的设计与选择；
2. 服装投放计划的制定；
3. 服装销售促进计划的制定；
4. 服装店铺的空间及室内外设计。

本章内容提要

在服装渠道设计过程中，限制渠道选择的影响因素很多，其中最主要的有产品因素、市场因素、企业自身因素和中间商条件等。销售渠道设计主要包括分析顾客服务需求、建立渠道目标、分析目前渠道、确定渠道成员类型、确定渠道层级长度、确定渠道成员数目等工作。

投放企划是根据产品的款式、色彩、图案、材料等特点和产品的用途、档次、风格等属性，以及营销方案和卖点的不同对产品进行合理规划和分类，确定本季度的主题产品、畅销品、长销品的构成和市场投放比例，并且在不同的卖点形成不同的系列产品组合。在制定投放计划时要对商品进行设计评估，并据此确定服装组合搭配以及商品投放构成。

销售促进是一种成熟的营销工具，它的最大特征就在于它是战术性而非战略性的营销工具，其关键因素是短程激励。尽管销售促进如其名称一样可以有效促进销售，但服装企业在开展销售促进时也要注意避免其可能存在的缺点，比如降低品牌忠诚度、增加顾客价格敏感性、淡化品牌质量概念、偏重短期营销计划等。制定销售促进计划主要涉及确定销售促进目标、选择销售促进工具、制定销售促进方案、实施和评估销售促进方案等工作。

成功的店铺设计不仅能吸引消费者，也可创造较高的商业价值。店铺设计涉及多种要素，如店铺的风格、形象、布局、展示等。目前服装零售市场的主要业态有综合商场、超级市场、服装品牌专卖店、服装专营店、时装精品店、厂家直销店、服装折扣店、个性小店、无店铺零售等。服装店铺设计的目的是创造优雅的购物环境、与友邻品牌相区别、展示服装流行新趋势、吸引消费者的注意、塑造服装品牌或零售商形象。在上述目标指导下，应当遵循设计原则，进行店铺的空间设计、室外设计和室内设计。

7.1 服装销售渠道设计

在现代市场经济条件下，服装生产者与消费者在时间、地点、数量、品种、信息、产品估价和所有权等多方面存在着差异和矛盾。服装企业必须通过科学有效的销售渠道，才能克服生产者与消费者之间的分离和矛盾，实现服装产品从生产者向消费者的转移。

7.1.1 影响渠道设计的因素

在服装渠道设计过程中，限制渠道选择的影响因素很多，其中最主要的有产品因素、市场因素、企业自身因素和中间商条件等。服装企业在渠道设计过程中应当对上述因素进行深入分析和研究。

（1）产品因素

产品因素所涉及的内容主要包括服装品牌定位及产品档次、产品设计特点、销售服务要求等。

① 品牌定位及产品档次

作为企业的重要组成部分，营销网络既是服装品牌进入消费市场的重要通道，又要根据品牌定位选择销售渠道、决定网络终端服务目标、有效维护品牌形象。

一般而言，服装品牌的定位及产品档次越高，销售线路就越短；反之，档次越低，销售线路越长。例如，高级时装通常在设计师自有的高级时装品牌专卖店里销售，而普通的大众服装则会经过较多的中间销售环节。这是因为高档服装品牌单件产品价值较高，更强调品牌形象的塑造和优质服务的提供，因此多选择短渠道；而低档服装生产商无法为成千上万个小额定货提供包装、开票和送货等琐碎服务，通过中间商则可以大大简化销售业务。

② 设计特点

一般而言，服装产品的流行性越强，设计风格越独特，销售线路就越短；反之，销售线路越长。

③ 销售服务要求

一般而言，服装产品的销售服务要求越多，销售线路就越短；反之，销售线路越长。例如，高级时装是为顾客立体裁剪、手工缝制、度身订做的，因此通常是在兼具了设计、制作、销售等功能的高级时装品牌专卖店里销售，工作人员要了解顾客需要，包括款式、颜色、材料等，并为顾客测量尺寸，然后设计、制作并进行必要的修改。

（2）市场因素

市场因素主要需要考虑潜在消费者的分布状况、消费者的服装购买习惯和市场竞争状况等。如果消费者数量多而集中，例如只集中在某一个或几个地区，则可采用较为集中的销售渠道；消费者多而分散，则需要较多的流通环节。对服装企业而言，了解和分析目标消费者喜欢在何时购买、何地购买、如何购买，对于合理设计销售渠道特别是终端网点的设置具有重要作用。

市场竞争状况对销售渠道设计的影响也不可小视，服装企业可以与竞争对手在相同的渠道上竞争，也可以另辟渠道，但开辟新的渠道必须以充分掌握目标消费者的购买习惯为前提，否则就可能失去应有的消费群体。

（3）企业因素

企业自身因素主要包括服装企业的规模和信誉、管理能力、控制渠道的意愿、提供服务的能力等方面。资金雄厚、规模较大、信誉好的服装企业可以组织自己的销售队伍，这样既可以与消费者加强联系，又可以减少支付给中间商的费用。一般而言，直接销售渠道的成本较低，但销售效率也较低。由于目前国内大多服装企业的市场运作经验比较欠缺，管理能力较低，通过直接渠道销售产品往往心有余而力不足，因此间接渠道目前被多数服装企业所采用。

（4）中间商因素

中间商因素主要考察中间商的目标市场接近程度、运输和储存能力、对本企业产品的销售政策、提供服务的能力、信誉、财力和管理能力等。

7.1.2 分析顾客服务需求

从某种意义上说，任何渠道都可以把产品传递给顾客，但不同渠道所耗费的资源和销售效果可能存在很大差异。服装企业的销售渠道看起来并不复杂，所采用的渠道模式无外乎特许连锁加盟、批发市场批发、总代理、自营专柜或专卖店、直销等几种。但就是这些看似简单的渠道模式，却让众多服装企业颇为踌躇，更有一些成长中的中小服装企业因为渠道弊病而中途夭折。

服装销售渠道的设计受企业、产品、客户、环境、竞争者、中间商等因素影响，通过考虑上述各项影响因素，服装企业可规划一些可能的销售渠道方案。在选择最佳销售渠道时，企业必须和既有的销售渠道及竞争者目前使用的销售渠道进行比较评价，评价时最好能定出评价目标，如销售渠道的营运成本、企业对销售渠道的控制能力、能获得多少竞争优势、以及现有销售渠道的整合程度等。服装销售渠道的设计流程如图 7-1 所示。

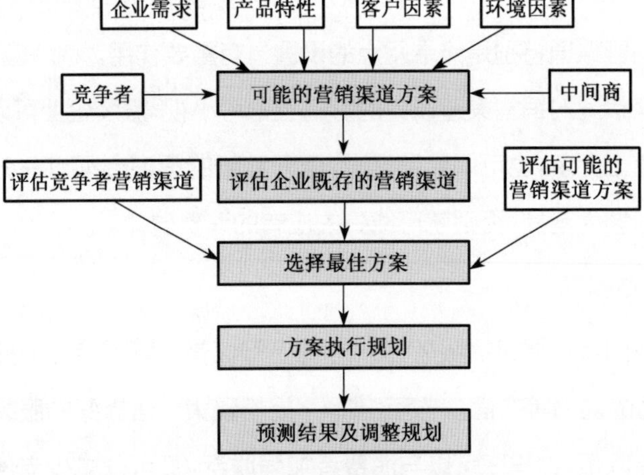

图 7-1 服装销售渠道设计流程

企业首先必须了解顾客购买服装产品的种类、购买时间、购买原因、购买时所期望的服务水平。比如，通常顾客希望购买等待的时间越短越好；在购买名牌服装时愿意去专卖店；对一般用品如袜鞋等，则习惯去百货店或超市购买。

7.1.3 建立渠道目标

销售渠道的目标必须与企业目标及市场目标保持一致，这是毋庸置疑的。设计或变革销售渠道的目标一般有：

① 提高渗透率

例如，将经销商数量由现有的 100 家扩充为 150 家。

② 开辟新的销售渠道

当企业开发出新产品时，可能需要通过新的销售渠道进行销售。例如，某服装品牌原来的服装产品主要通过专卖店销售；而当该企业进行品牌延伸推出化妆品时，百货商店便是一种新销售渠道的选择。

③ 设定各种销售渠道的销货比率组合

企业可依据各种销售渠道的获得状况、政策需要、竞争策略等，来设定销货比率组合目标，如百货商店 35%、专卖店 45%、特殊渠道（如网上销售）20%。

④ 提高销售点的销售周转率

提高销售点的周转率是极具挑战性的工作，也是企业提高经营效率的重要目标。它通过提高商品情报回馈的速度和正确性来及时配送消费者所需要的商品。

⑤ 设定物流成本及服务品质目标

财务人员往往强调降低物流成本，但是企业决不能一味降低物流成本而忽视了顾客满意度。因此，设定物流成本及服务品质目标也是销售渠道上的一项重要目标。

⑥ 设定不同销售渠道的利润目标

当企业对销售渠道进行成本评价时，评价标准不是渠道能否带来较高的销售额或较低的成本费用，而是渠道能否实现利润最大化。因此，企业通常还会为不同的销售渠道分别设置利润目标，以利于评估各渠道的分销效率和绩效。

以上介绍了几种常见的渠道设计目标。由于客观条件的限制以及目标之间存在的矛盾冲突，企业在选择渠道结构时，应当根据实际情况将企业目标按照重要程度由大到小进行排列，然后再选择对应的渠道结构，以保证企业目标的实现。

7.1.4 分析目前的渠道

（1）掌握业界采用的一般销售渠道

掌握业界采用的销售渠道可从三方面进行分析：

① 销售渠道方式

考察业界是采用直营式营销，还是采用重点地区直营、其他地区经销，独家代理，选择性分销或特殊的销售渠道。

② 评估地区的涵盖数

评估业界在各地区的涵盖率。

③ 评估各销售渠道的实力

包括各个销售渠道网点中人员的数量与素质、地点、渠道忠诚度等。

（2）与竞争对手销售渠道的差异比较

服装企业可参照表 7-1 对主要竞争厂商的渠道选择进行差异分析，以了解本企业在业界中所处的地位。

表 7-1 竞争企业销售渠道差异分析表

<table>
<tr><th colspan="2">项　目</th><th>本企业</th><th>竞争者 A</th><th>竞争者 B</th><th>竞争者 C</th></tr>
<tr><td colspan="2">销售渠道方式</td><td></td><td></td><td></td><td></td></tr>
<tr><td rowspan="3">营销渠道数量</td><td>分公司</td><td></td><td></td><td></td><td></td></tr>
<tr><td>经销商</td><td></td><td></td><td></td><td></td></tr>
<tr><td>零售店</td><td></td><td></td><td></td><td></td></tr>
<tr><td colspan="2">合　计</td><td></td><td></td><td></td><td></td></tr>
<tr><td colspan="2">所占比率</td><td></td><td></td><td></td><td></td></tr>
<tr><td colspan="2">优势分析</td><td></td><td></td><td></td><td></td></tr>
<tr><td colspan="2">劣势分析</td><td></td><td></td><td></td><td></td></tr>
</table>

服装企业还可参照表 7-2 从更多角度与主要竞争对手进行销售竞争力的比较。

表 7-2 企业销售竞争力比较表

评价项目		本企业	竞争者 A	竞争者 B	竞争者 C
人的活力	推销员人数				
	推销员素质				
	推销员工作意愿				
	新业务开发能力				
	管理者素质				
产品	种类				
	品质				
	品牌形象				
	价格				
	付款条件				
渠道	营业场所数				
	营业场地条件				
	中间商数量				
	中间商素质				
	中间商毛利				
	中间商政策				
	市场占有率				
推广	推广预算				
	广告活动				
	促销活动				

（3）目前销售渠道的问题

销售渠道的形成是靠长期且互利的关系建立起来的，对一些多层级且数量众多的经销商、区域代理等中间商，服装企业往往不易控制，可能会导致冲突与问题的产生。 因此明确目前销售渠道的问题点是拟订销售渠道策略的一项重要内容。 销售渠道的问题点大致有以下几类：

① 企业与经销商间的冲突

企业与经销商间的冲突，如服装生产商抱怨批发商销售太多的品牌，无法做好市场情报的回馈；而经销商则抱怨利润低、价格混乱和生产商直接开设零售店等。

② 经销商与经销商间的冲突

经销商与经销商间的冲突，如经销商之间争夺客户、破坏价格和跨区销售等，都是经常发生的情况。

7.1.5 确定渠道成员类型

服装产品的销售渠道成员是指将服装产品和相应服务（如定制、专业选购咨询、干洗等）向最终消费者转移时所涉及的一系列相互依存的组织或个人，如批发商、代理商、零售商、辅助服务商（如物流服务提供商、提供专业干洗服务的战略伙伴）等。

渠道成员是介于制造商和消费者之间的中介，如果选择和管理不当，这些中介就会阻碍制造商和消费者的接触。但是，由于许多服装制造商缺乏进行直接营销的资源和经验，而且服装消费需求差异性大，利用渠道成员往往能更有效地接触消费者，所以多数服装企业还是愿意放弃大部分的销售控制权而把产品和服务交由渠道成员来掌控。在这种情况下，服装企业首先面临的渠道设计决策就是确定渠道成员的类型。

（1）服装零售商

概括地说，服装零售商主要包括百货商店、专卖店、综合超市、普通服装店等，这几类服装零售终端在角色定位和功能执行等方面也呈现出明显的特征：百货商店的作用主要体现为提升品牌知名度、扩大品牌影响力、对消费者产生积极的心理暗示等；专卖店起到了直接面对消费者、宣传品牌形象、简化购买的作用；综合超市为消费者提供了一站式购物的便利，也为价格敏感型消费者提供了理想的去处；而普通服装店则为消费者提供了较大的品种选择和价格选择空间。

① 百货商店

按照菲利普·科特勒对零售组织的分类，百货商店是指经营数条产品线，通常包括服装、家庭用具和日常用品，每一条都作为一个独立部门，由一名进货专家或商品专家管理的大型零售组织。按照中华人民共和国国家标准中零售业态的分类所给的定义，百货商店是指在一个大建筑物内，根据不同商品部门设销售区，开展各自的进货、管理、运营的零售业态。百货商店在我国一般被简称为商场。

服装产品的品质、定位和价格等对于要进入的零售终端起决定性作用。一般情况下，高档和中高档服装更适合进入百货商场，其原因主要有：高档、中高档服装产品的单位价值大，对零售商资金需求量大，实力雄厚的百货商场更有能力承担；从制造商的角度来说，只有毛利率高的高档和中高档服装产品才能负担百货商场所要求的各种费用，如进店费、店庆费等；从百货商店的角度来说，只有毛利率高的高档和中高档服装产品才能抵消因高档装修和周到服务所产生的销售成本；高档和中高档服装品牌更适合百货商店的自身定位，这也是商场主动选择的结果；进入百货店购买服装的顾客一般经济收入颇丰，具有明确的购物标准，优质价高的中高档、高档品是他们的选择对象。

② 品牌专卖店

专卖店的发展是经营品类从多杂到专一的过程。专卖零售形式进入服装行业后已经发生了几次大的变化，先是为了区别其他产品大类而产生了服装专卖，再是按照不同服装种类划分的品类专卖，而后又是按照厂家划分的品牌专卖。从制造商的角度来说，服装专卖的变化历程是厂家数量和产品线快速增加的结果；从消费需求的角度来说，服装专卖的变化是为了满足消费者个性化、差异化的需要。目前，品牌专卖店已经成为服装零售终端的重要一员。

中华人民共和国国家标准——零售业态的分类中关于品牌专卖店的定义为：品牌专卖店指专门经营或授权经营制造商、中间商（或其他类型的品牌提供商）品牌，适应消费者对品牌选择需求的零售业态。专卖店的店面大小、装饰风格及选址都有很大的灵活性，可以根据企业所经营的产品进行设计或改造，所以专卖店经营产品的灵活性较大，可以经营几乎任何价位、任何种类、任何风格的服装产品。即使这样，适合于专卖店销售的服装产品通常还是应当具备以下三个条件：产品品质优良、做工精细；产品能满足特定消费者的个性追求；产品线齐全、品类丰富。出于经销商的选择和消费者消费行为的考虑，著名服装品牌和知名服装品牌更适合于通过专卖店进行销售。但是专卖店经营的灵活性决定了并非只有著名品牌和知名品牌才适合专卖店销售。专卖店对服装品牌的要求相对宽泛、自由，既可以是国际、国内著名品牌，也可以是在行业内或一定区域内具有一定知名度的一般品牌，甚至满足一些条件的三线品牌也可以通过品牌专卖店的形式进行销售。

③ 综合超市

综合超市是指采取自选销售方式，以销售大众化实用商品为主，并将超级市场和折扣商店的经营优势合为一体的零售业态。综合超市是一种规模大、成本低、销售量高、自助式服务的零售组织，主要满足消费者对食品、日常用品和一些基本服装产品的需求。它通过大面积陈列方便购买，通过低价位吸引价格敏感型的消费者，但购物环境和服务远不及高档百货商场。综合超市所具有的特点决定了它适合经营以下类型的服装产品：中低档、低档服装；不知名品牌或三线品牌的服装；“标准化程度高”的服装（如内衣、毛衣、棉衣、羽绒服、袜子等），因为这类产品有统一的尺码规定，款式也基本相近，购买时无需太多的比较。

④ 普通服装店

服装产品种类丰富，品牌和制造企业繁多，这也造成了数量众多、风格各异的零售组织，其中种类和数量最多的就是普通服装店，其店面形象和装潢布置也是千差万别。

拥挤杂乱的环境和平庸的服务决定了大多数普通服装店都不适合销售高档、中高档服装，普通服装店更适合中档、低档服装的销售。由于普通服装店的种类众多、风格各异，除了职业正装和商务休闲装不宜通过普通服装店经营外，其他几乎所有的服装品种都可以找到合适的普通服装店来销售。相比较而言，普通服装店更适合销售三线品牌的服装。

（2）服装批发商

服装批发商是指那些为了获取利润而将服装和相关服务再度分销的组织或个人。相对于零售商，服装批发商具有如下不同之处：批发商不直接与消费者打交道，只起到二传手的作用；批发商较少注意促销、氛围、店址和店铺形象，因为他们的交易对象是商业顾客而不是最终消费者；批发商交易数量大，涉及的产品种类也较多；批发商的类型不多，数量也不大，制造商管理起来相对简单。

服装批发商也可以分成不同的类型，它们所执行的营销功能也有所不同，服装制造商应当根据本企业的营销条件和品牌特点加以选择。

① 专营批发商与非专营批发商

专营批发商就是只针对某一品牌或者某一企业的家族品牌开展批发服务的中间商。专营批发商在特点和营销功能执行方面类似于品牌专卖店。由于专营批发商只为一个品牌或相关的家族品牌服务，因此对品牌文化、产品特点、营销政策和市场状况等都有更为独特和深入的把握，在形象传播、推销、促销、市场秩序维护、信息沟通、管理、服务等功能的执行上都更加投入、专业、周到和细致。而非专营批发商则缺乏上述优点。

服装制造商的产品、品牌、营销政策等都必须对批发商有足够的吸引力，才能挑选到合适的专营批发商。一般来说，著名品牌和一般知名品牌适合通过专营批发商来分销，通常可以达到很好的效果。对于那些三线品牌和中低档、低档服装产品由于产品种类单一、单件毛利率低、存在经营风险，批发商只能通过经营多种品牌的服装才能增加利润和降低风险，也才能满足零售商对服装的多样性需求。所以三线品牌和中低档、低档服装制造商一般通过非专营批发商分销产品更为合适。

② 一级批发商与二级批发商

如果服装制造商和零售商之间还有两级批发商，那么直接向制造商进货，其目的是进行再批发业务的批发组织或个人就叫一级批发商；而从一级批发商处提货，直接向零售商进行分销的批发组织或个人就是二级批发商。一级批发商可以设在省级枢纽城市，也可设在地级城市；二级批发商可以设在地级城市，也可设在县级城市。

批发商的设置与销售渠道的层级有直接联系，所以将这方面的具体内容归入渠道层级部分讨论。

③ 完全服务批发商与有限服务批发商

按照菲利普·科特勒的观点，完全服务批发商提供全面服务，执行几乎全部的营销功能，包括宣传促销、存货送货、推销、管理零售商、市场秩序维护和政策执行、信息沟通、融资信贷等，完全服务批发商类似于买断经营，独立操作一块区域市场，制造商一般不在本区域设置专门的办事机构，服装制造商可以依靠完全服务批发商低成本进入市场。

完全服务批发商在本区域内有很大的独立性和自主权，制造商对区域的监督和控制能力较弱。因此，随着制造商的发展，当完全服务批发商所辖区域内产品销量增加、产品影响力增强时，出现违背价格政策和区域分销制度的低价倾销和跨区冲货等可能性较大。

有限服务批发商只执行以上一种或几种功能，其余功能则由制造商的分公司或办事处等营销分支机构承担。有限服务批发商和制造商分支机构在价格政策、区域划分、定单处理、信息沟通、监督管理等职责方面都有明确划分，因此制造商对市场的掌控力相对更强，有利于营销政策的执行和价格体系的维护，对制造企业的长远发展很有好处。

完全服务批发商适合于那些进入新市场而企业实力相对有限的服装制造商，企业可以让完全服务批发商代替自己开发和管理市场，从而使自己专心于产品制造或者更需要投入的市场部分。相对于著名品牌和知名品牌而言，三线品牌的服装制造商更适合选择完全服务批发商。

7.1.6 确定渠道层级长度

这是对服装销售渠道结构的纵向分析。按照渠道层级的不同，可以将服装销售渠道大致分为零级渠道（也叫直接销售渠道）、一级渠道、二级渠道和三级渠道。尽管理论上可以分为更多渠道层级，但在现实中不多见，意义也不大，因此不予考虑。通常将零级渠道、一级渠道统称为短渠道或扁平渠道，将三级或更长层级的渠道称为传统的长渠道。

（1）扁平渠道

零级渠道、一级渠道通常被称为短渠道或扁平渠道。一般说来，扁平渠道具有以下优点：信息沟通顺畅，信息流通速度快且失真小；制造商能更好掌控市场，对于制造商的长远发展有很大好处；中间渠道加价少，产品价格更有竞争力。

扁平渠道的缺点主要有：容易导致制造商营销机构膨胀，加大管理难度；制造商为了实现渠道扁平化，不得不直接设立庞杂的办事机构，往往导致较高的销售成本。

实施渠道扁平化最根本的目标就是缩短服装制造商和消费者的距离，使制造商能更好地把握和掌控市场。但是只有当服装制造企业具备以下部分或全部条件时，才更适合选择扁平销售渠道：服装制造商具有较强的企业实力和营销管理能力，因为渠道扁平化容易导致驻外营销机构的增加，不仅增大了企业的投入，也使企业的管理和激励任务变得更复杂，并且扁平渠道还要求制造商在执行渠道功能时能达到与专业批发商、零售商一样的高效率；服装制造商的目标市场为一、二级市场（一般将省会及大中城市定为一级市场，地区级中等城市定为二级市场，县、乡镇农村市场分别定为三、四级市场），渠道成员分布地域相对集中；区域内市场潜量或现有销售量很大，能够分散因渠道扁平化而引发的成本增加。

（2）传统长渠道

通常将三级或更长层级的渠道称为传统的长渠道。长渠道与扁平渠道的优缺点正好相反。长渠道一般都具备高度渠道专业化和广泛地理覆盖等特征，使得制造商能够面对大量分散的消费者；渠道中每一个独立的渠道成员都承担着各自的渠道职责，使得企业在资金及人力资源方面的压力得以减轻。不过，随着渠道长度的增加，制造商对销售终端的零售价格、卖场环境、顾客服务质量、市场信息等的控制能力也会越来越弱。

长渠道的适应性与产品、品牌和市场环境有关，也与企业的营销、管理能力等内部因素有关。当出现下列几种情况时，服装制造商一般就有选择两级或更多级批发商的必要：产品为中档、中低档或低档，目标消费者分布于广大三、四级市场；零售商地域分散，数量众多，单个零售商的销售量不大；制造商实力薄弱，市场渗透能力小，对市场把握能力不强，只有通过大量的本地批发商才能更好地拓展市场；区域市场的现有销量和潜在销量都很小，多安排一级办事机构或安排销售人员都不够经济。

7.1.7　确定渠道成员数目

在确定了渠道层级之后，接下来就需要确定渠道成员的数目，即决定渠道的宽度。一定区域内批发商和零售商的数量对于销售业绩和渠道管理会产生很大影响。当企业的渠道网络太过稀疏时，就会减少与消费者的接触机会，影响销量；而当渠道网络过于密集时，渠道成员之间又可能发生内讧，出现乱价销售、冲货、窜货等恶性竞争，进而降低渠道成员的总体积极性。

关于渠道成员的数量决策，制造商通常有三种选择：独家分销、选择性分销和密集性分销。

（1）独家分销

独家分销是指服装制造商严格限制区域内中间商的数量，往往只选择一家中间商。

在企业开发新市场初期，实行独家分销能起到吸引加盟者的作用；在市场正常运行期，实行独家分销便于市场秩序的维护和营销政策的执行，能提高品牌形象和允许较高的售价。但是一旦专营商变得强大而制造商又缺少相应的约束手段时，专营商便会对制造商提出过高的要求，影响制造商的利润空间和该区域市场的长期发展。

独家分销适合于著名和知名服装品牌，因为名牌服装的市场辐射能力强，利用独家分销可以避免因某一家经销商不正当竞争而引发经销商之间的恶性竞争，避免危及品牌形象和渠道整体利益；独家分销也适合于打算进入新市场的三线品牌，由于三线品牌的吸引力小，制造商只有通过独家经营来稳定价格和保证市场独占，才能增加经销商的加盟积极性，使三线品牌顺利进入新市场。

（2）选择性分销

选择性分销是指制造商在某一区域市场有条件地选择几家中间商进行经营。选择性分销力求在该区域的渠道宽度适中，并在渠道竞争与市场覆盖之间取得平衡。实行选择性分销的服装制造商能够集中精力和挑选出来的中间商建立良好的伙伴关系。与独家分销相比，选择性分销能使制造商获得足够的市场覆盖面；与密集性分销相比，制造商又能获得较大的渠道控制权和较低的渠道成本。

对于那些已经建立起良好信誉、监管能力强、管理规范的服装制造商，或者那些已经对市场失去控制、但希望通过多个渠道成员之间的制衡来恢复对市场控制的服装制造商来说，选择性分销是一种很好的选择。

（3）密集性分销

密集性分销是指制造商通过尽可能多的零售商（在任何情况下，批发商数量都应受到限制）来销售产品。密集性分销能够使制造商实现最大的市场覆盖率，但相应的渠道成本较高，制造商的渠道控制权也较弱。

当消费者需要在当地能方便地购买到服装产品时，可以考虑实行密集性分销，比如“标准化程度高”的产品（内衣、袜帽、毛衣等）就比较适合密集性分销策略；三线品牌和单位价值低的中低档、低档服装也可以考虑密集性分销，通过扩大零售商的数量来实现销售量的提升。

综上所述，服装销售渠道结构的组成要素较多，主要可分为渠道成员类型、渠道层级长度、渠道成员数目等。不同的服装制造商应该根据企业的产品特点、品牌定位、营销条件、区域市场消费特点等诸多因素选择最适合的渠道结构，以便达到更有效、更经济的分销结果。

7.2 服装投放计划

企业投放于目标市场的不是单一服装产品，而是协调配套、划分类型的系列产品，即所谓投放组合。投放企划是根据产品的款式、色彩、图案、材料等特点，用途、档次、风格等属性，以及营销方案和卖点的不同，对产品进行合理地规划和分类，确定本季度的主题产品、畅销品、长销品的构成和市场投放比例，并且，在不同的卖点形成不同系列产品的组合。

7.2.1 商品的设计评估

商品组合是在产品投放市场之前，将产品进行组合。它是由多条产品线组成，每条产品线包含若干产品项目，每一项产品又包含若干品种、规格、款式、档次等。每个企业要想取得成功，不仅要在品牌、设计、生产等方面做出决策，而且要在产品组合、产品线和产品项目上做出决策。

在所有的设计方案落实之后，需要对产品的整个设计进行评估。通过对市场定位的评估来确定设计的产品是否与先前的市场目标相吻合；通过对设计风格的评估来看其风格是否遵循企业的品牌理念和设计理念；通过对流行的评估来看其产品是否能追上市场流行的脚步，满足顾客的需求；工艺师还可以根据样衣的试制来评价设计师的作品是否符合制作和工业化生产的要求；另外，还需对其设计成本进行评估，将其设计成本控制在企业宏观企划的最低水平。

（1）定位评估

通过市场细分将不同顾客的需求特点、购买行为和购买习惯细分为若干相类似的消费群体。企业根据自身的情况选择某个或某几个消费群体作为自己的目标市场。然后根据不同的目标市场，采取整套企划策略，使企业的产品更符合顾客的需求，从而在各个细分市场上提高竞争能力，增加销售，占有较大的市场份额。

（2）风格评估

企业的设计风格确定之后，有时由于设计师的能力欠缺，或企划方案的不够完善而造成本季度的设计风格与企业的设计理念、品牌理念以及流行趋势等因素不协调，因此，要对其设计风格进行评估，选择适于投放的设计方案，并加以完善。

（3）流行评估

服饰业的发展必将追随着流行的脚步，流行要素在服饰产品上的体现程度直接影响着其市场占有率。因此，流行评估是企业"审核"设计的重要方面。

7.2.2 服装的组合搭配

组合搭配原意指对事物的整合，在服装领域中，指将两种以上的服装品类或品目组合形成的某种整体风格。随着消费观念的成熟，消费者已不满足于某些品牌组合好的服装，而是希望通过自己的独创性，搭配出独一无二的属于自己的服饰。这就要求服装品类组合搭配企划丰富而有层次，实现多样化与差异化。

无论哪种形式的组合搭配，都要求服装品牌平衡和组合不同廓型、细节、色彩、图案、材料的服装，塑造一种统一协调的形象。

（1）服装组合搭配的要素

个性、时尚是目前服装消费的主要特征，消费者对于服装组合搭配的要求从简单的服装之间的组合搭配，已逐渐发展到对服装与生活场景的搭配需求层次。服装品牌必须满足消费者的这些搭配需求。

① 服装之间的组合搭配

包括上装与下装之间的搭配、外穿服装与内穿服装之间的搭配等。

② 服装和配饰之间的搭配

指服装与鞋、袜、箱包、皮带、围巾、项链、戒指、手表等配饰之间的组合搭配。

③ 整体风格和发型、化妆之间的搭配

指服装的整体风格效果与口红颜色、发型、肤色、化妆整体效果等之间的组合搭配。

④ 服装和着装者之间的搭配

指服装和脸型、身体比例、肤色等身体条件间的组合搭配。

⑤ 服装和着装场合之间的搭配

指服装和穿着场合、生活场景的组合搭配。

(2) 服装组合搭配的类型

组合搭配过程中,为体现一致的着装风格或生活方式,往往以某个要素特征为主进行组合设计。 根据搭配所依据的要素特征,可分为四种类型的服装组合搭配。

① 款式搭配

将不同廓型、细节、品类的服装组合搭配,形成一定的风格。 如 20 世纪 80 年代,我国流行宽松上装与紧身下装搭配,由于款式对比强烈,成为视觉的焦点,因此服装整体风格也以此为特征。

② 色彩搭配

将各种各样具有不同视觉感受的色彩和谐、巧妙地组合在一起,以形成预期的视觉冲击,吸引顾客注意,促进销售。 如家居建材企业“宜家”员工的服装由明度较高的蓝色和黄色搭配,严谨的蓝色和热忱的黄色形成鲜明的对比,不仅起到广而告之的作用,且无形中宣扬了宜家的经营理念。

③ 图案搭配

利用图案大小和阴阳的搭配,形成一定的风格特征。

④ 材料搭配

不同材料的感觉特性不同,因此,在塑造产品风格时,也可通过不同材料的组合搭配实现。

7.2.3 商品投放构成

服装商品投放构成规划就是要确定所投放的商品款型的构成比例,并按各季进行具体确定。

(1) 决定商品构成的比例

即对所策划的商品整体中主题商品、畅销商品、长销商品所占的比例进行决策。

服装品牌进行投放企划时,通常将商品分为主题商品、畅销商品、长销商品三大类。 其中,主题商品表现品牌某季的理念主题,突出体现时尚流行趋势,常作为展示的对象;畅销商品多为上一季卖得好的商品,并融入一定的流行时尚特征,常作为大力促销的对象;长销商品是在各季都稳定销售的商品,受流行趋势影响小,通常为经典款式和品类。

(2)确定服装品类构成比例

即确定裤装、针织品、裙装、套装、夹克、连衣裙、大衣等所有服装品类产品的生产数量占品牌当季服装总产量的比例。已有品牌,可根据上一季或上一年的同一季节服装品类的销售构成比例,适当调整品类的投放构成比例。

(3)决定各品类下属的商品款型

在一个品类下通常不仅一种款式,需要根据消费需求来确定各款型的投放比例。

值得注意的是经济学中的帕拉图原理在服装商品企划中也有所反映。帕拉图原理的基本思想是在整个经济结构中,80%的经济发展受到20%经济力量的作用,即80/20发展规律。在服装投放的商品构成、品类构成、款型构成中,20%的商品往往决定80%的销售额。

7.3 服装销售促进计划

销售促进是一种成熟的营销工具,是开拓和占领市场的强有力的武器。如果说广告是向消费者提供购买的理由,那么销售促进则提供了购买的刺激。狭义的销售促进的定义是:在给定的时间和预算内,在某一目标市场中所采用的能够迅速产生激励作用、刺激需求、达成交易目的的促销措施。

销售促进的最大特征就在于它是战术性而非战略性的营销工具。销售促进的关键因素是短程激励,并期望它成为导致消费者产生购买行为的直接诱因。服装销售促进涉及的活动是为了增加服装产品的价值、吸引顾客和中间商购买、激励或提高整个销售渠道的运作效率。与服装广告不同,服装企业是通过自己拥有的渠道而不是租用别人的传播媒体来实现销售促进。

对消费者而言,销售促进使其切实受益,激发了购买热情,提高了顾客的满意度;对中间商而言,销售促进有利于其销售利润的提高。概括地说,适当的销售促进可起到以下作用：加速新产品进入市场的进程；鼓励消费者重复购买；增加消费量，提高销售额；有效地击败竞争对手的促销活动；带动相关产品的销售等。

尽管销售促进如其名称一样可以有效促进销售，但服装企业在开展销售促进时也要注意避免其存在的缺点。比如，大量使用销售促进可能会降低品牌忠诚度，增加顾客对价格的敏感性，淡化品牌质量概念，偏重短期营销计划等。另外还应注意销售促进活动的隐藏陷阱，因为促销费用实际上可能要比预计的更昂贵。因此，服装企业应当对销售促进活动有正确的认识：销售促进是催促（Push & Urge）的推广手段；销售促进不是万灵丹，无法解决所有的问题；销售促进犹如特效药，短期有效果，但也可能产生副作用；销售促进活动要有创意并领先推出；销售促进的目标要明确，需要谨慎规划，以解决特定的营销问题；销售促进要能让消费者感到实质的好处，期望销售促进活动能让消费者尽早到来。

7.3.1　确定销售促进目标

促销目标服务于企业的营销目标。销售促进目标的确立是制定相关策略的前提。销售促进的具体目标应当根据目标市场类型、市场变化及产品市场阶段等方面来决定。

概括地说，服装销售促进的目标可分为两大类：

（1）短线速销

一般可通过三个途径达到此目的：

① 提高购买人数

较常用的方法有：POP 推广，竞赛，减价优惠，免费试用等。

② 提高人均购买次数

较常用的方法有：赠品，折价券，减价优惠，酬谢包装等。

③ 增加人均购买量

较常用的方法有：折价券，减价优待，赠品，酬谢包装等。

（2）长期效果

较常用的方法有：VIP 会员卡，竞赛，赠品等。

表 7-3　销售促进工具与促销目标的配合

SP 工具 / 促销目标	特价	折价券	退款券	礼券	赠品	继续奖励购买	抽奖	猜谜	比赛	加值包	试用品	活动招待券
介绍新商品										√	√	
旧货品开发新市场	√	√			√		√					
鼓励试用		√	√		√		√			√	√	
让试用者转为常用者	√			√								√
维系现有购买者				√		√		√	√			√
引起冲动购买	√	√			√		√	√	√			
鼓励大量购买	√	√	√		√							√
鼓励再购买						√		√				
鼓励商场提供好位置	√									√		
加强广告的阅读率					√		√		√			
加强品牌印象									√			√

7.3.2　选择销售促进工具

服装企业在选择销售促进工具时必须考虑市场类型、销售促进目标、竞争条件和环境、产品特性、促销对象的消费心理与消费习惯、竞争对手动态、促销预算水平等因素。

按照服装企业开展销售促进活动所针对的对象，可将销售促进工具分成以下三类：

（1）针对服装消费者的销售促进工具

针对服装消费者的销售促进其主要目的包括：消费者教育（如流行趋势、时尚观念、生活方式等）；商品、品牌、品质、特征、效率等的信息传递；唤起需要并刺激购买等。

针对服装消费者的销售促进工具主要有：

① 优惠券

持券人在购买服装产品时可凭优惠券享受规定的优惠。优惠券可以邮寄、包装进其他产品内或附在其他产品上，也可刊登在杂志或报纸广告上。其回收率视分送方式的不同而有所差别：用报纸刊登优惠券的回收率约为 2%；直接邮寄分送优惠券的回收率约为 8%；附在包装内分送约为 17%。 优惠券可以有效刺激成熟期产品的销售，并诱导对新产品的早期使用。 专家们认为，优惠券必须提供 15%～20%的价格减让才会有效果。

② 折扣优惠

即降低售价的一种促销方法，又称特卖或打折，这在服装零售业应用尤为普遍。 每至换季时节，商家为减少库存积压，常将换季服装打折销售。

③ 赠品

赠品一般是以免费赠送为诱因，抓住顾客贪图小便宜的心理，来激发顾客的购买欲。 一种是附包装赠品，即将赠品附在产品内（包装内附赠品），或附在包装上面（包装上附赠品）；另一种是免费邮寄赠品，即消费者交上购物证据就可获得一份邮寄赠品；还有一种是自我清偿性赠品，即以低于一般零售价向有需求的消费者出售的商品。

④ 奖品、竞赛、抽奖、游戏

奖品是指消费者在购买某服装产品后，企业向他们提供赢得现金、旅游或物品的各种获奖机会。 竞赛要求消费者参加一个参赛项目，然后由评判小组确定哪些人被选为最佳参赛者。 抽奖则要求消费者将写有其名字及联系方式的纸条放入抽签箱中抽奖。 游戏则是在消费者每次购买商品时送给他们某样东西，如纸牌号码、字母填空等，这些有可能中奖，也可能一无所获。 这些通常比优惠券或小礼品更吸引消费者。

⑤ 售点陈列和商品示范

售点陈列和商品示范发生在服装销售现场。 服装企业可以提供较好的售点陈列资料，并将它们与电视或印刷品宣传结合起来运用，建立起一种新方式。

⑥ 特别活动或事件

如时装表演、会员俱乐部、评选品牌形象代表、店庆活动等。

表 7-4　针对消费者的销售促进工具作用比较

工具	不利的相反作用	补充作用
特价	特价会破坏品牌的品质印象。 过多时会引起消费者的怀疑而降低品牌忠实度。 要设法降低此相反作用，特价必须要利用特殊名目，如节日、周年、销售突破 100 万件等。	几乎没有。

（续　表）

SP工具	不利的相反作用	补充作用
折价券	会破坏品牌形象，尽量以特定对象及折价券本身的价值感来减少相反作用。	报纸或杂志上的折价券可以提高对广告的注目率；邮送的折价券可附带商品信息。
退款券及礼券	是一种减价方式，要减少相反作用，需提高礼券的印刷水准，使之具有高级感。	广告加上退款券或礼券可以鼓励零售商进货。
赠品	价值太低的赠品会引起消费者反感，没有创意的赠品会增加品牌不良印象。赠品应视为品牌性格的一部分来处理，以避免反作用。	很难以广告来诉求商品差别化时，可用赠品作为差别化的工具。
抽奖	可以创造立即的促销效果，但未获奖的广大消费者可能产生挫折感，进而影响其对品牌的偏好。	商品广告加上令人心动的抽奖活动，确实会提高消费者对商品的了解及兴趣。
猜谜	刮刮看、对号码等立即性的游戏主要是求短期效果，对商品形象没有大帮助，但因其有趣味，也不会破坏形象。	问答式的猜谜，可能增加对商品的了解。
比赛	比赛因为要使用到智力、体力或技巧，不像抽奖只凭运气，令人有不劳而获的感觉。但是比赛只能限于特定对象，无法普及。	比赛结果的公布可以加强商品广告诉求（如命名比赛，可迅速为品牌提高知名度并可增进对商品的了解）。
继续购买奖励	忠实爱用者不必有奖励办法也会继续购买。而一般大众比较喜欢立即获得报酬，因此用此方式来维系品牌忠诚度，不一定比广告有效。	以广告来提高形象为目标时可用此方法来帮助营销。
加值包	对新商品一般没有反效果，但在商品衰退期使用此方式，会让消费者有过时商品最后刺激的感觉。	新商品上市，可配合广告来刺激购买欲。
招待券	因为文化性、娱乐性、健康等正面的意义，以招待券赠送消费者不会产生对广告的反作用。	对品牌形象及企业形象有提高效果，可以和商品广告同时进行，加强长期忠实度与短期促销效果。

（2）针对服装中间商的销售促进工具

针对服装中间商的销售促进活动的主要目的包括：使经销商对厂家的商品产生好感；指导经销商销售员的销售技术；经营管理的协助；商品的完全销售等。针对服装中间商的销售促进工具主要有：

① 召开产销会议

定期举办经销商产销会议，讨论问题，增加沟通，并让经销商充分了解公司业务的发展方向及各项促销活动。

② 经销商奖金规则

生产厂商为了促销某种特定产品，针对经销商制定的销售奖励办法。

③ 经销商竞争办法

举办经销商间的销售竞争，可以激励经销商完成目标。经销商竞争办法的制定虽以实现公司目标为前提，但为了能顺利执行，也需要站在经销店的立场考虑如何举办销售竞争最具效果。

④ 经销商教育辅导

教育辅导的目的是提高经销商的经营知识及技术，这些培训内容能反映在实际销售量的提升上。 教育训练的内容如：说明新产品的设计特色或功用；介绍流行资讯及设计理念；提高技术服务及管理水准；提高销售技巧；了解经济和市场的动向并确立经营观念；了解如何使业绩持续成长和扩充等。

⑤ 派遣专卖经销商辅导员

派遣专门的经销商辅导员协助经销商的销售及与公司间的沟通。

⑥ 提供产品目录及 POP

以免费或成本价提供经销商产品目录及 POP，如贴纸、海报、布旗、立体广告等，以吸引顾客注意力、增加产品知名度。

⑦ 发行经销商沟通刊物

发行以经销为主的刊物，以促进经销商与最终客户的交流。

⑧ 补贴经销商

对经销商的补贴有下列方式：购货折让：在特定期间内，经销商进货达到一定的数量，给予折价；新产品展示样品补助：厂商推出新产品时，给经销商购买展示样品折让补助；广告补助：经销商做广告销售生产厂商的产品时，可获得广告补助费用；续购折让：服装生产商为刺激经销商持续进货销售，在经销商第一次购买后，如能在一定的期间内再进货，则给予一定数额的折让优惠；提供无偿支援：对一些技术层次较高的产品，无偿提供协助经销商安装等技术服务。

（3）针对销售队伍的销售促进工具

① 销售技巧训练

销售人员销售技巧训练除了推销技巧训练外，还需注意提高销售人员的销售意愿，并可借成功案例发布会以提高销售人员的实战经验。

② 产品研讨会

产品研讨会内容有商品知识、操作技巧、产品特性、附属品特性、产品背景资料、铺货技巧、店面陈列方式、参观生产流程、质量控制标准等。

③ 竞争研讨会

举办竞争研讨会以对主要竞争产品的售价、性能、长处、缺点做深入的了解。

④ **销售竞赛**

以销售人员个人或团体为对象举办销售竞赛，一方面激发销售人员的荣誉心，另一面也可通过竞赛规则的设计诱导销售人员销售公司的重点商品。

⑤ **销售手册制作**

所谓“销售手册”是推销人员推销商品参考的手册，能帮助人员向客户提供系统、美观又具说服力的资料，并对销售人员进行推销时给予重点指导，也附上一些公司的规定，提醒销售人员注意。

⑥ **销售奖金规则**

销售奖金规则是规定销售人员根据销售业绩的好坏而得到的奖励。

销售奖励可分为按个人业绩或团体业绩，以特定期间或季为单位计算业绩，给予奖励。 奖励的方法有奖金、奖品、旅行、休假等。

⑦ **推销研讨会**

推销研讨会利用一段时间召集各地区的推销员，共同针对产品、促销计划进行研讨，以发现新的策略及方法。

⑧ **促销品制作**

促销品指协助销售人员推销的各种有用的工具，如产品模型、推荐函、辅助视听器材、函件、建议书、贴纸等。

⑨ **成功案例发布会**

定期举办成功案例发布会，以借鉴其他销售人员的成功销售经验。

⑩ **表扬、奖励活动**

利用公司的各种正式集会，表扬、奖励业绩优异的销售人员。

7.3.3 制定销售促进方案

选择了销售促进工具之后，接下来就该制定具体的销售促进方案了。 服装企业在制定方案时还应考虑许多因素，主要有以下几点：

（1）确定刺激强度

应选择费用有限效率最高的刺激强度。 刺激强度高，引起的销售反应也就越大，但超过一定限度之后，这种效应也呈递减趋势。 为保证销售促进效果，在开展活动前应进行充分的市场调查，并在总结以往经验的基础上，结合目标消费群、市场环境、预算开支等制定适当的刺激强度。

(2) 确定活动对象

服装企业还必须制订销售促进的对象范围。激励可以针对任何人,也可有选择地针对某类群体。销售促进对象选择的恰当与否,将直接影响到销售促进的最终效果。

(3) 确定时机与主题

常见的服装促销年度主题有:

- 1 月:新年大拍卖、节日优惠、冬季清仓大甩卖;
- 2 月:春节大拍卖、情人节服装特卖、春季服装展销(展示会)等;
- 3 月:妇女节、春季服装大拍卖等;
- 4 月:郊游服装发表会,体育用品展销等;
- 5 月:劳动节、母亲节、儿童用品大拍卖、旅游用品大拍卖等;
- 6 月:儿童节、端午节、夏季流行服装、雨季用品大拍卖等;
- 7 月:节日大拍卖、夏季服装大减价、海滨服装及用品大拍卖等;
- 8 月:夏季服装清仓特卖等;
- 9 月:教师节、中秋节特卖、秋季服装发布会等;
- 10 月:国庆特卖、冬季服装发表会等;
- 11 月:御寒服装特卖、年终大拍卖等;
- 12 月:节日大拍卖、新春服装发表会、展示会、招待会等。

(4) 确定推广途径

选择了销售促进工具后,还需进一步确定推广途径,不同的推广途径其接受率和开支水平是不同的,这就需要服装企业进行权衡,看哪种途径最有利。

(5) 确定推广时期

制定销售促进方案时要决定活动的实施期限,这是活动成败的关键。通常可分为以下几种:

① 年度活动

若是厂家的计划,大多以一年为期,进而决定每一季、每一月份的促销政策。

② 季节性活动

即按照春、夏、秋、冬等在 2 至 3 个月的期限内集中活动的方法。

③ 月间活动

即按照特定的月份，利用纪念性特卖或当月有效的大优惠等按月销售的方法。

④ 旬月活动

即在一个月的上旬、中旬、下旬，决定 10 天来做销售促进活动的方法。 如果以工薪阶层为对象的话，利用下旬或上旬比较理想。

⑤ 周间活动

当周有效或几个星期内有效，以周为单位决定活动期间的方法。

⑥ 特定日的活动

决定某个特定日子，进行一天大拍卖的方法。

⑦ 特定时刻的活动

从×时到×时限定时间的方法，比如决定上午 9 点以前或下午 1 点钟开始，1 个小时内有效的优惠方法，要根据服装种类区别计划。

⑧ 联合大拍卖

有的联谊会可能在年底作一次联合大拍卖。

（6） 确定活动预算

即销售促进预算在各种促销工具和各类产品间的进一步分配。 这又要考虑到促销工具的使用范围、频率、产品生命周期等因素。

7.3.4 实施和评估销售促进方案

如果条件许可，在销售促进方案正式实施之前应经过必要的测试。 测试可以通过询问消费者、发放问卷等方式进行。

如果测试效果与预期接近，就可进入实施阶段了。 方案的具体实施与控制是活动成败的关键。 实施中要有明确具体的指导计划，要密切监测市场反应并及时进行必要的调整，以顺利实现预期的方案和效果。

对销售促进方案的评估，不同的组织者有不同的方法。 服装制造企业的评估主要有以下几点：将推广前、推广期间和推广后的营业状况进行比较；对那些在推广时购买该商品，事后又转向其他品牌的顾客进行调查；进一步进行消费者调查，以考察消费者的看法及此次活动的作用；针对销售促进的作用、时机等进行细致的试验。

7.4 服装店铺设计

在零售业发展的早期，很少重视店铺设计，许多店铺缺乏创意和吸引力，店铺的陈设给人的感觉下是相同的，经营的商品也大致相似。 现在，零售商开始注重店铺的装潢和设计，把商品和店铺形象融合在一起，既可以让消费者区别不同店铺提供的商品和服务，又能明确店铺的经营定位。 店铺设计的好坏对消费者的注意力和购物感受有很大影响，是影响消费者做出是否光顾店铺的关键因素。 成功的店铺设计不仅吸引了消费者，也创造了较高的商业价值。 店铺设计涉及多种要素，如店铺的风格、形象、布局、展示等。

7.4.1 服装店铺的形式

随着服装工业的迅速发展，服装及相关配件商品成为传统百货商场的主流品种之一。 现在，很多零售商将注意力转向消费者的服装需求，服装不但成为现代综合商场的主要经营品种，也出现了新型的服装零售店，如专卖店、专营店、直销店、时装店、折扣店等。

服装零售业态的变化，主要表现在零售规模、经营品种、零售渠道、目标顾客、营销组合等方面的变化。 目前，服装零售市场的主要形态有：

（1）综合商场

现代综合商场是由传统的百货商店发展而成的，是一种综合性零售商店，它拥有深广的商品线，是零售业的主流。 综合商场与其他类型零售商店相比，经营的商品种类较多，包括服装、家具、家庭装饰品、电器、办公用品、化妆品、家庭用具等耐用品和日用品。 就服装而言，有男装、女装、童装、休闲装、职业装、运动装、内衣、针织品、皮革类等。 综合商场提供多种可供选择的不同质量和价位的商品，通常就同一种类的服装提供几个不同的价格点，分布在同一商场的不同区域。

综合商场经营的服装主要是品牌服装，服装的质量比较可靠，价格也以中高价位为主。综合商场为消费者提供了一站式的购物方式，并提供个人选购、礼物包装、修改商品、商品退换、快速结账、送货等服务，可以较大程度避免价格竞争。大多数综合商场设在繁华地段，且提供优质的服务和良好的购物环境，运营成本要比大部分零售商高；与此同时，很多品牌服装的分销渠道也逐步扩大，综合市场不能提供较多的个性化服务，使综合商场逐步受到专卖店、网上店铺、超级市场、折扣店等其他零售形式的挑战。

随着零售业的发展，现代综合商场调整了产品线，主要经营日用品，增加了服装、化妆品等，服装的销售成为商场利润的最大来源，而家具、电器、运动器材等商品逐步由专业化的商场来经营；同时，低价位的服装也逐步退出大型商场，由超级市场或平价商店经营。

综合商场一般都有一个总店，并开设有分店或副店，以推广其经营理念、树立品牌。综合商场的经营方式以经销、代销、招商等为主。

（2）超级市场

超级市场是一种相对新型的零售方式，它也拥有较宽的产品线，主要经营日常生活用品、办公用品和服装。与综合商场相比，超级市场的服装类别以消费者经常重复购买的、适合开架自选的大众服装为主，如日常便装、休闲装、童装、针织内衣、家居服等。现在许多大型超市也力求产品的多样化，以稍低于市面价格销售一些品牌服装，及过季处理或打折的服装。

超市一般开设在居民区附近，租金相对便宜；消费者自助服务需要的服务人员和服务设施较少；很多超市实行连锁经营，规模大，统一采购，成本较低；轻松的自选购物环境，提高了商品的销量，再加上较低的运营成本，商品的价格因而较低，提高了超市商品的竞争力。

（3）服装品牌专卖店

为了避免市场同质化带来的激烈竞争，很多品牌都只选择某一个或几个细分市场，以满足某一阶层消费者的特殊需求。服装品牌专卖店只经营某一品牌的服装，使特定的消费群体在品牌选择中更为方便。专卖店经常把所经营品牌的产品类别组合在一起销售，使顾客购买某件服装时容易找到与之相配的服装。服装专卖店一般设在商业区，临街而建，或在大型的购物中心租赁专柜。

专卖店为了强化品牌形象，除了以独特的风格和服装款式吸引目标顾客的注意力外，在店铺设计方面采用统一的标识、装潢、包装等，使品牌专卖店在不同地区的连锁店有相同的店铺形象、风格和经营模式。此外，为了扩大宣传和树立品牌形象，品牌专卖店总部会针对其目标市场进行大规模的广告宣传和促销活动，有时也可能销售低价位的自有品牌产品。

品牌专卖店的服装质量比较可靠、款式时尚，并提供较好的顾客服务、舒适的购物环境，再加上品牌附加值、宣传费用，专卖店的服装价格相对较高。

品牌专卖店的经营方式有前店后厂式、直营连锁式和特许加盟连锁式。

（4）服装专营店

服装专营店是专业化经营服装的商店。与其他类型的商店相比，服装专营店只经营服装类产品，且不限于单一品牌的服装，产品线既不过于宽泛又不过于狭窄。服装专营店虽然只经营服装产品，但并不是经营所有的服装类别，往往只经营某一类型的服装及附属品，比如专业的孕妇装店、童装店、鞋店、西装店、毛衣店、裤子店、婚纱店、牛仔装店等。有的专营店选择更小的细分市场，如运动鞋店、皮鞋店、西裤店、休闲裤店等。

专营店经营的商品品种多样、规格齐全、专业化程度高，在同一个店内能提供多种专业产品，如一家鞋子专营店能为顾客提供上百种不同品牌、不同款式的鞋，就每款鞋而言，也有系列的颜色和尺码。专营店商品的多样性和专业性，使消费者有很大的选择空间，也使消费者能够迅速找到所需的商品。

专营店的经营成本相对较低，商品的价格也就具有竞争优势。同时，许多专营店也注重广告宣传和促销活动，使专营店有一定数量的忠诚顾客。

（5）服装精品店

服装精品店始于20世纪60年代的伦敦，并迅速扩散到美国等发达国家，在我国也正在兴起。服装精品店一般销售自己设计的商品，或者购买他人设计的产品来销售。由服装设计师创办自己的商店是服装精品店的发展趋势。服装精品店的服装比较时尚、精致、唯美、优雅、与众不同，商品的数量也极其有限，为消费者发挥个性提供了空间。

服装精品店的消费者一般是追求时尚和个性，有高收入、高品味、对服装有高要求的人，如白领、知识女性等，她们愿意为稀缺的商品、知名的品牌和优质的服务支付高价。服装精品店以超高价位区别于一般的专业店,与品牌专卖相比,也不局限于单一品牌。服装精品店大多设在繁华商业区、高档住宅区、高级写字楼或高级酒店中,有的也设在高档商场中,以贴近目标市场。

服装精品店为顾客提供全方位的优质服务、精美的购物环境和独特的设计文化。服装精品店内装修豪华、配套设施齐全。店内除了服装之外,还有包、帽子、围巾、眼镜、腰带、首饰等各种配件,或提供个性化的服装及配件定制服务,并为顾客提供专门的服装搭配服务,以满足顾客的特殊需求。

(6)服装厂家直销店

厂家直销店是一种由厂商直接经营自己产品的减价经营方式。这种经营方式让顾客开架自选,提供有限的服务,给厂商和消费者都带来了一定的好处。它为厂商提供了一条销售渠道,除了销售新品外,还可以销售自己的库存产品及次品,并可以适当提高品牌形象。目标顾客大多重视品牌,愿意以稍低的价格购买可信赖的服装。很多知名厂商仅仅销售次品和积压商品,并把直销店设在相对较偏的地方,以避免与百货商店等其他渠道的销售相同商品的零售商和其他购买相同商品的消费者发生冲突。

有些厂商的直销店提供有吸引力商品和服务,商品种类也有大量新品,类似于服装品牌专卖店。

(7)服装折扣店

并不是所有的服装厂商都设有直销店,他们的过季产品、样品、剩余产品或次品是由专门的零售商来经营,服装折扣店就为这类厂商提供了这种宝贵的服务。服装折扣店也为关注价格的消费者提供了高质量且低价的一些品牌服装。折扣店要在服装品牌零售商季末不再销售时,才拿到这些过季的品牌服装,且服装的种类一般不太齐全。由于消费者能够在折扣店里低价买到与专卖店相似的服装,有一些固定的消费群体会经常光顾。

很多知名品牌的服装厂商,为了维护品牌形象,不愿把过季服装和剩余商品放到低价的折扣店里销售,于是出现了高档的折扣店,比如名品折扣店、国际服装品牌会员店等,经营面积较大,一般也采用开架自选的经营方式。这些店为顾客提供良好的购物环境和服务,顾客常常是追求名牌的、有品味、收入较高的群体。在这里顾客可以用合理的、实惠的价格购买流行季末的各种名牌服装。

这些折扣服装店的叫法主要有奥特莱斯(Outlets)、折扣直销中心、折扣广场、品牌特价连锁店等,其实都是服装品牌折扣店。

(8) 个性服装小店

个性的服装小店铺往往设在普通居民区、学校附近。这些服装小店的服装款式比较新颖、时尚,紧追流行色和市场畅销的款式,甚至会有仿制名牌服装的新款式。这些小店虽不提供特殊的顾客服务,但装修、环境较好,商品的价格也较低,深受低收入者,尤其是学生的欢迎,这些消费者也经常光顾提供零售业务的批发市场,低价购买时尚新颖的服装。

(9) 无店铺服装零售

常见的无店铺服装销售方式有直销、邮购、自动贩卖机、电视购物、网上销售、电话销售等。就服装而言,以邮购、网上销售、电视购物为主。邮购是比较传统的零售方式,通过把产品目录邮寄给目标顾客来推销产品。随着科技、信息的发展,电视购物和网络零售在服装销售方面迅速发展,但也需要以邮寄的方式把产品送给购买者。

无店铺销售的运营成本较低,再加上人们生活节奏的加快、科技的发展,这种销售方式,尤其是网上销售方式日趋重要。很多国内外知名品牌也都有自己的网站,以进行电子招商、宣传形象和展示产品,有的也进行网上电子交易。有的专业零售商也在网上开设自己的虚拟店铺。

由于服装商品的特殊性,购买者往往需要试穿,消费者对不试就买的衣服心存顾虑,所以能进行无店铺零售的服装产品种类也有限,购买者的体型也相对比较标准。

7.4.2 服装店铺设计的目的

(1) 创造优雅的购物环境

随着人们生活水平的提高,城市的规划设计、环境设计、室内设计受到人们的重视,并影响到人们的购物行为,优雅的环境也成为影响人们选择购物地点的因素。服装店铺设计成为提升店铺形象和提供舒适购物环境的重要手段之一。

(2) 与友邻品牌相区别

服装店铺设计涉及空间形象的设计、室内装修设计、室内物理环境的设计、服装商品的陈列展示等。设计中要突出自我风格，拉开与友邻品牌形象的距离，强调创造性。

（3）展示服装流行新趋势

服装店的室内陈列和橱窗设计可以起到广告的作用，一般把重点商品摆放在店内主要位置和橱窗进行展示，形成店铺的视觉重点，也展示了该品牌在新季度的流行主题。

（4）吸引消费者的注意

消费者的视觉或注意力就是商机。新颖和有创意的设计，视觉冲击力大，容易引起消费者的兴趣。好的设计在于创造良好的氛围，给顾客以愉悦的美感，有激发顾客进店参观的欲望，把顾客引入店内。

（5）塑造服装品牌或零售商形象

这可以提高企业的形象和知名度，使公众对企业产生一致的认同感和价值观。店铺的陈列和设计通过视觉语言传达品牌的理念和文化，是企业视觉识别中应用设计系统最重要的部分之一。

7.4.3 服装店铺的设计原则

店铺设计是项具体而细致的工作，要考虑到零售商和消费者，尽可能高效地利用有限的空间展示商品，通过店铺的外观、形象、整体风格和内部设计，为消费者提供舒适的购物环境和美好的购物经历。在进行设计时，应遵循以下原则：

（1）前期调查原则

在对店铺进行设计时，为了能够建立良好的店铺形象，明确店铺的市场定位、经营理念和风格，应当遵循前期市场调查原则。在店铺设计方面，不能硬搬先前制定的标准去套，也不能根据自己的想象或者照搬其他店铺的设计，而是需要实地考察店铺自身及周围情况，观察人流方向、日照情况、障碍物情况、周围店铺颜色、风格，再根据这些具体的元素，按照标准进行设计。只有对市场状况、顾客需求、消费的习惯和心理、竞争对手的风格和形象等影响要素进行充分的市场调查和研究之后，才能明确自己的市场定位、店铺形象和风格，并了解影响消费者产生购买行为的环境要素，进而才设计出良好的店铺，以满足消费者对商品、服务及舒适的购物环境的需求。

在对店铺进行设计的过程之中，还应该对时尚潮流进行调查和分析，对流行趋势做出适当的理解和判断，使店铺的设计融合时尚潮流，并引领时尚，以吸引消费者。

（2）一致性原则

一致性原则是店铺设计应当遵循的重要原则。 首先店铺的设计风格应该与周围环境保持和谐一致。 位于现代繁华商业街的店铺，与位于古朴商业街和一般商业街区的店铺相比，设计风格就有差异。

其次，店铺的风格、店铺内外上下的设计应当与店铺的市场定位、经营理念、品牌理念和产品风格保持一致。 连锁经营的服装品牌专卖店、专营店和厂家直销店，还应该使该品牌各连锁店的设计保持统一。 同时，员工的衣着、导购行为、服务态度及服装的档次、配套用品等也要能正确传递店铺的经营理念和定位。 这样有利于树立品牌形象，增强顾客的信任感，吸引目标顾客。 如某牛仔装的包装袋采用牛皮纸来制作，上面印有标志和一些粗犷的图案，这与那种经过洗水的牛仔服很协调。

要保持品牌风格、形象、定位的前后一致性，不能随意改变，如果需要稍微改变的话，也要沿袭传承以往的风格和形象。 如迪奥、香奈尔、古驰等品牌，无论从品牌的字体、颜色、产品风格，还是从品牌的终端形象推广上，都做到了保持绝对的独一性、统一性。

（3）独特性原则

服装店铺在进行设计时，必须把握差异化的定位原则，使自己的店铺与其他店铺有差异。 尤其是面对求新、求异、追求时尚、张扬个性的消费者时，把握独特性是店铺设计的重要原则。 店铺只有设计出与众不同的形象、展示自己的经营特色、树立个性化的风格、使用特色的道具装饰等，才能让消费者迅速识别到自己的经营特色和风格，使目标消费者产生心理上的认同感。 营造独特的氛围，烘托出所售商品的特色，是对其进行装饰时的原则。 例如：牛仔服装店常用灰色、灰蓝色系，间或配以几条色彩鲜明的方巾，带来强烈的西部风暴。

（4）便于识记原则

为了使店铺便于识记，店面设计不应过于繁杂，色彩应协调、简洁、易懂，尤其是连锁经营的店铺要有统一、易记的标识。 这样有助于信息迅速传递，并深化消费者对店铺的记忆。店铺设计时对一致性和独特性的把握，也是为了店铺形象易于消费者识别、识记。独特的广告牌、灯箱、霓虹灯、电子闪示广告、招贴画、招牌、橱窗等都有利于消费者识记。但强化店铺品牌形象，是一个长期的过程，需要开展经常性的宣传。宣传推广活动，能不断提醒老顾客继续惠顾，并吸引新顾客。

（5）以人为本的设计原则

充满人性的设计使人感到被关心的亲和感。内部设计符合人体工程学，符合消费者的购物心理、配置方便顾客购物的设施，营造良好和谐的购物环境和氛围，为顾客制造愉快的购物体验，使顾客牢牢记住店铺，并产生口碑效应，促使店铺的美誉度和知名度广泛传播，扩大店铺的辐射范围。

（6）民族及地域的设计原则

根据地域和民族的传统习惯及思维模式不同，在美感、素材、语言沟通上也存在差异，所以应该考虑带有民族特色的设计，才能被人们所认同，进而才能赢得世界的认同。

（7）习惯性设计原则

习惯性设计原则指兼顾视觉识别符号在发展过程中形成的习惯性原则，在不同的文化区域有不同的图案及色彩禁忌。如猪的形象不受某些国家和民族欢迎。

7.4.4 服装店铺的空间设计

空间设计指对已有的空间进行整体规划、分割和合理的分配，使其符合该品牌商品的销售习惯和当地消费者的购物习惯，包括店面外观、店内布局和设计两方面的内容。在设计过程中必须对空间的大小形状、室内环境的温度、采光、照明、背景音乐及人们购物的物理空间、心理感受做出综合判断和分析，创造出功能合理、舒适美观的购物环境。

服装店空间的风格应符合服装的风格，如一些高级时装店的空间简洁时尚。空间设计也可结合一些地域风格的室内设计。

（1）空间划分

空间的布置上要讲究天（天花板）、地（地板）、中（天花板与地板之间）的合理运用与分割。服装店一般根据实际情况，运用隔断、柜台、吊架、天花、吊顶、灯光、地板、道具等元素将空间分割成一些区域。空间有垂直分割和水平分割两种，设计时要注意动线的安排，要既有变化又统一。

服装店不仅要提供服装展示陈列及仓储空间，而且要有消费者休息、员工休息、洽谈、更衣室等空间。根据用途和作用，店铺空间一般划分为商品空间、顾客空间、员工空间，这三个基本空间组合成店铺的空间格局。

① 商品空间

商品空间是店铺中商品陈列和展示的空间场所。商品空间的设置有利于有效向顾客展示商品，便于顾客挑选和购买。商品空间内商品展示的形式多种多样，如展示货架、柜台、展台等。

一般中低档的服装店采取低价战略，以尽可能为顾客提供多的选择为目的，店内商品空间相对较大，货架饱和度（以每平米衣架数计算）也较高。

② 顾客空间

顾客空间是指顾客参观店铺，在店内观看商品、选购商品的空间场所。现代营销观念更强调消费者的心理感受，为顾客提供充足的自由购物空间，体现自主选择的商业氛围。大的顾客空间使顾客感到宽敞、轻松，反之会有压抑、拥挤的感觉。同时，设计中增强引导性因素参与店内销售行为，能隐性增强销售力度。

中高档服装店注重顾客的购物感受，主要向顾客传递、展示产品的风格和价值，店内顾客空间一般较大，货架饱和度也相对较低。

③ 员工空间

员工空间是指店员接待顾客以及从事相关工作所需要的空间场所。根据店铺不同的经营定位，店铺也存在不同的空间规划。根据经营的定位不同，有的店铺将顾客空间和员工空间合在一起，这样能够有效利用空间，并增进员工与顾客的距离；有的店铺把员工空间和顾客空间分开，以保持顾客空间的独立性，为顾客购物提供良好的空间环境，也为员工开展日常工作提供便利。

（2）空间类型

① 封闭空间

此类设计常用墙体或有色玻璃把临街的一面遮住，隔离性和私密性较好，与周围环境交流性差，不适于服装店采用。但经营高档时装或珠宝首饰的店铺，为了使顾客安静挑选，减少外界干扰，提供个性化的服务，会采用此类设计。

在封闭的综合商场中，要充分利用商场的建筑结构，如店内的墙壁、柱面和屋顶悬挂、吊置样品、装饰品、各类广告以及灯光、音响装置等，使得空间更加开阔、明亮和具有层次感；在展示面和商品陈列的规划上，尽量采用灯窗、人造景窗和镜面来扩大视觉，应增加空间的层次。

② **开放空间**

店面对街道开放或半开放，采用玻璃侧面，强调店内与店外环境的交流渗透，形象直观。一楼临街的大众休闲服装店或专卖店多采用此空间设计，便于与顾客交流。对于小型店铺来说，采用开放空间比采用封闭空间显得大，视觉效果更好。

③ **动态空间**

利用机械化的设施、旋转地面、人台模特、道具和可调节的屏风等，形成丰富流畅的动态线条，引导顾客从“动”的角度观察环境，合理流动。此类设计适合于男女休闲专卖店或比较时尚前卫的品牌店。

④ **静态空间**

此类设计在空间的分割上利用直线或水平线，装饰简洁，视觉转换平和，色调淡雅，给人安静高雅的感觉。适于档次较高的男女礼服专营店。

⑤ **虚拟空间**

运用没有实体隔离的形态，借助家具、绿化、水体、色彩、人台、吊架等，靠形体本身的启示给人以联想，实体空间与非实体空间是连续的。例如，借助地毯、座椅等为顾客提供一个可休息的子空间，强调店铺的特色。

7.4.5 服装店铺的室外设计

室外设计要素包括标志、招牌、标准色、标准字体、结构、照明、装饰材料和整体风格等。店面是消费者认识商店的基本途径。

室外设计主要包括外观设计、出入口设计、招牌设计、橱窗设计、外部照明设计。

（1）外观设计

外观是店铺给人的整体感觉，体现店铺的档次和个性。从整体风格来看，可分为现代风格和传统风格。

现代风格的外观给人以新鲜的时代气息，现代化的心理感受，也体现了服装的潮流性。具有民族传统风格的外观给人以古朴殷实、传统丰厚的心理感受。许多百年老店，已成为影响中外的传统字号，其形象已在消费者心中树立起来，用其传统的外观风格更能吸引顾客。如果服装店经营的是有民族特色的服装或仿古的服装，如旗袍类，则可采用传统风格。

（2）招牌设计

招牌的图形标志和字体的大小、形状、色彩应突出，并与周边的环境协调，做到新颖、醒目、独特、简明，既美观大方，又能迅速抓住人们的视线，使顾客或过往行人以较远或多个角度都能较清晰地看见。临街的店铺要注意招牌的照明和防水性。

招牌的形式、规格与安装方式，既要做到与众不同，又要与店面设计融为一体，给人以完美的外观形象。招牌的材质有多种：木质、石材、金属材料。招牌的安装可以是直立式、壁式、悬吊式，还可以是直接镶在装饰外墙上。

在招牌的制作与使用上，可直接反映商店的经营内容，制作与经营内容相一致的形象或图形，能增强招牌的直接感召力。根据服装店经营范围，可以选择不同类型的招牌：女装店可选择时尚感强的招牌，且招牌的颜色要醒目；西装店要选风格比较正式、庄重的招牌；童装店则要选择活泼、有趣能吸引小朋友的招牌；运动装店的招牌要有活力和朝气。

（3）出入口设计

在设计店铺出入口时，必须考虑店铺营业面积、客流量、地理位置、商品特点及安全管理等因素。不合理的设计，会造成人流拥挤或商品没有被顾客看完便到了出口，影响商品的展示和销售。好的出入口设计要可进入性强，并能合理地引导消费者进出，有序地浏览全场。如果店面是规则店面，出入口一般在同侧为好，以防太宽使顾客不能浏览所有商品。不规则的店面则要考虑到内部的许多条件，设计难度相对较大。

（4）橱窗设计

商店橱窗不仅是门面整体装饰的组成部分，而且是商店的第一展厅。它是以商店所经营的商品为主，巧用布景、道具，以背景画面装饰为衬托，配以合适的灯光、色彩和文字说明，进行商品介绍和商品宣传的综合性广告艺术形式。消费者在进入商店之前，都要有意无意地浏览橱窗。所以，橱窗的设计与宣传对消费者购买情绪有重要影响。

橱窗的设计，既要突出所经营服装的特色，又要能使橱窗布置和服装展示符合消费者的心理行为，即让消费者看后有美感、舒适感，对商品有向往之情。好的橱窗布置既可起到展示商品，引导消费，促进销售的作用，又可成为商店门前吸引过往行人的艺术佳作。

橱窗应该在靠近门前或人流主道的位置，而且前面没有遮挡物，主推商品的摆放与消费者视线成300°。在设计中运用震动旋转的道具或垂吊物，可以增强橱窗的动感或空间感。根据顾客群的特点和营销策略，橱窗可采用封闭式、半封闭式和开放式，或者简化橱窗。

橱窗的布置方式多种多样，主要有以下几种：

① 综合式橱窗布置

它将许多不相关的商品综合陈列在一个橱窗内，以组成一个完整的橱窗广告。这种橱窗布置由于商品之间差异较大，设计时一定要谨慎，否则就给人杂乱的感觉。它又可以分为横向橱窗布置、纵向橱窗布置、单元橱窗布置。

② 系统式橱窗布置

大中型店铺橱窗面积较大，按照商品的类别、性能、材料、用途等因素，分别组合陈列在一个橱窗内。如把同种质地不同款式的上衣、同款式不同质地的裙子、同质不同类的衣裙或不同类不同质的服装组合陈列。

③ 专题式橱窗布置

它是以一个广告专题为中心，围绕某一个特定的事情，组织不同类型的商品进行陈列，向媒体大众传输一个诉求主题。可分为：节日陈列——以庆祝某一个节日为主题组成节日橱窗专题；事件陈列——以社会上某项活动为主题，将关联商品组合起来的橱窗；场景陈列——根据商品用途，把有关联性的多种商品在橱窗中设置成特定场景，以诱发顾客的购买行为。

④ 特定式橱窗布置

指用不同的艺术形式和处理方法，在一个橱窗内集中介绍某一产品，例如单一商品特定陈列和商品模型特定陈列等。这类布置适于新品或特色商品的宣传和对重点商品特写。

⑤ 季节性橱窗陈列

根据季节变化把应季商品集中进行陈列，如冬末春初的羊毛衫、风衣展示，春末夏初的夏装、凉鞋、草帽展示。这种手法满足了顾客应季购买的心理特点，但季节性陈列必须在季节到来之前一个月预先陈列出来，向顾客介绍，才能起到应季宣传的作用。

春天采用绿色植物，秋天采用金黄色的色调、枯枝等，具有鲜明的时尚气息，在色彩、道具上能给人强烈的视觉冲击。

（5）外部照明设计

外部照明主要指人工光源的使用与色彩的搭配。它不仅可以照亮店门和店前环境，而且能渲染商店气氛，烘托环境，增加店铺门面的形式美。

① 招牌照明

一般通过霓虹灯的装饰使招牌显得明亮醒目，增加了店铺在夜间的可见度，制造热闹和欢快的气氛。霓虹灯的装饰一定要新颖、别具一格，可设计成各种形状，采用多种颜色。为了使招牌醒目，灯光颜色一般以单色和生光较强的红、绿、白等为主，突出简洁、明快、醒目的要求。

灯光的巧妙变化和闪烁或是辅以动态结构的字体，能产生动态的感觉，这种照明方式能活跃气氛，更富有吸引力，可收到较好的心理效果。假如服装店正面视觉效果较弱，可以在不破坏店面整体风格的前提下，在侧面树立灯箱，以弥补视觉不足。

② 橱窗照明

光和色是密不可分的，按舞台灯光的设计方法，为橱窗配上适当的顶灯和角灯，不但能起到一定的照明效果，而且还能使橱窗原有的色彩产生戏剧性的变化，给人以新鲜感。橱窗照明不仅要美，同时也须满足商品的视觉诉求。橱窗内的亮度必须比卖场的高出 2～4 倍，但不应使用太强的光，灯色间的对比度也不宜过大，光线的运动、交换、闪烁不能过快或过于激烈，否则消费者会眼花缭乱，造成强刺激的不舒适感觉。灯光要求色彩柔和、富有情调。采用下照灯、吊灯等装饰性照明，可以强调商品的特色，给人以良好的心理印象。

③ 外部装饰灯照明

一般装饰在店门前的街道上或店门周围的墙壁上，主要起渲染、烘托气氛的作用。如许多店门拉起的灯网，有些甚至用多色灯网把店前的树装饰起来；再如，制成各种反映本店经营内容的多色造型灯，装饰在店前的墙壁或招牌周围，以形成的购物气氛。

7.4.6 服装店铺的室内设计

室内设计包括店堂的布局、照明、色彩、音响、空调、装饰材料等设计。合理的室内设计可以提高店铺有效面积的使用水平，营业设施的利用率，为顾客提供舒适的购物环境，使顾客获得购物之外的精神和心理上的某种满足，产生重复光顾的心理。室内设计要遵循总体均衡、突出特色、和谐合适、方便购买、适时调整的原则。

（1）室内布局

室内布局指的是室内的整体布局，包括空间布局和通道布局两部分。

① 空间布局

消费者购物一般都会把卖场体验添加到购买行为中，合理的空间布局和结构设计将会对销售活动起到促进作用。布局设计必须合理、顺畅、引导性强，方便店内人们的流动，处理需要的人流容量，尽可能有效利用可获得的销售空间，使所有的商品能够有效地向顾客展示。

简单地说，店铺布局就是要整个店铺空间划分为具体的不同功能的区域。销售区占用了店铺内的主要空间，其余的都是非销售功能的区域，如收银台、办公室、改衣间、库房等。

根据商店类型、商品分类、数量和销售方式的不同，零售商采用的大多数布局设计都基于三种常见的布局设计：格子模式布局、自由流动布局、精品店布局和跑道式布局。

A. 格子模式布局

格子模式布局通常被超市采用，这种布局包含了很多平行排列的货架，这些货架形成许多过道，顾客进入过道往往受限于两边，对购物路线的选择有限，见图7-2。

这种布局的空间利用率很高，可以提供大量的商品，而且还可以实现标准化货架和低成本。顾客对路线选择的有限性，实现了对人流的高程度控制，商品也实现了对顾客的高曝光率。当顾客以一种指定的方向而不是随机的路线在商店中走动时，高空间利用率和可预测的购物路线也形成了潜在的高人流容量。

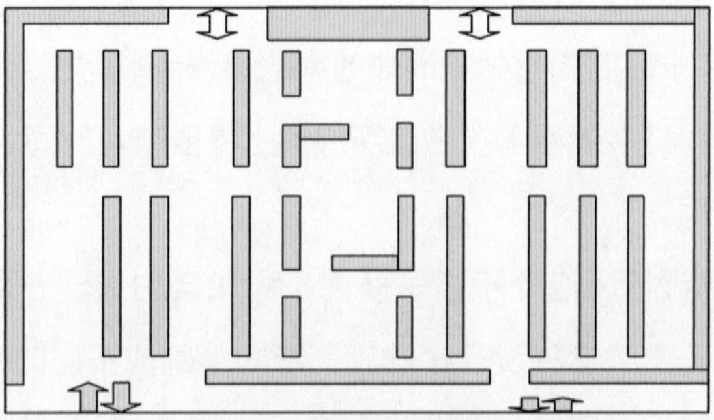

图 7-2　格子模式布局

格子模式布局的高效率也有消极的一面。这种设计限制了顾客的行动自由，使顾客浏览商品时感到不舒服。同时，顾客和员工的接触也较少，零售商很难有效为顾客提供个性化的服务和促销，而且顾客在商店中的体验也极其有限。

B. 自由流动布局

自由流动布局是典型的街头店铺设计形式，尤其适用于服装店，见图 7-3。它组合采用了不同的货架，以充分展示商品，并拥有让顾客在店内自由走动的空间。

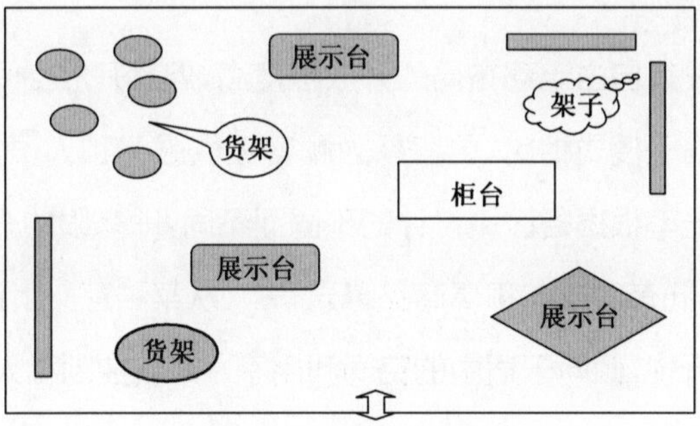

图 7-3　自由流动布局

与格子模式布局相比，顾客能够通过许多不同的路线进入商店的所有部分。大面积的开放空间和多样的购物路线，大大提高了消费者的购物体验；员工利用与购物者的近距离沟通，把握顾客需求，可以向顾客提供个性化的服务，使商品推销等行为变得容易而有效。

商店提供个性化服务和高购物体验的同时，也降低了效率。大面积的开放空间，也导致了低空间利用率。顾客更高的行动自由，限制了零售商对人流的控制能力，也使人流容量比较有限，潜在降低了商品的曝光水平，即商店不能保证顾客能真正看到某个展示区域。

这种布局对追求商店购物体验而非效率的零售商非常适合，他们通常只向顾客提供有限的商品类别，消费者在做购买决策上需要较多时间。

C. 精品店布局

精品店布局的设计风格介于格子模式布局和自由流动布局之间，也被称为“店中店”，见图7-4。这种设计是把店铺空间分割成不同的销售区域，在每个区域中通过货架，适当地展示特殊分类的商品。综合商场或购物中心往往采用这种布局。

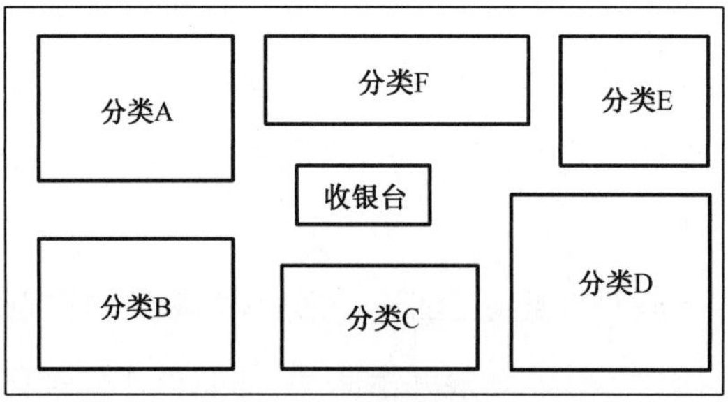

图7-4 精品店布局

精品店布局没有自由流动布局的开放程度高，但其开放空间存在于各销售区域之间；同时，与格子模式相比，更容易为顾客提供服务和人员推销。有效成本和商品分类的曝光率根据各区域设计的不同而不同，即有限的开放空间和标准货架的组合，导致了低有效成本和高商品曝光率。从某种意义上讲，这种布局是商品体验和效率的折中，倾向于适中的空间利用率、人流控制和人流容量。

D. 跑道式布局

现代综合商场逐步把精品店布局发展成为“跑道”形式。商店被设计成购物者沿着一条固定的路线绕着商店前进，但在这条线路中有许多中途分道点，以便顾客进入各个销售区域。

随着社会的发展，在规划中逐步将三种布局结合起来运用。服装店铺根据经营面积的大小和经营定位而采用不同的布局。常见的有沿墙直线布局或沿有规律的斜线布局（如“之”字形），类似于把格子模式布局和精品店布局结合起来，但整个店铺的布置给顾客形成一个U型通道，便于顾客看到所有展示的墙面，所有的服装；大多数服装店都采用自由型布局，用马蹄形、圆形、正方形或三角形的通道把店铺分割成不同区域，见图 7-5。

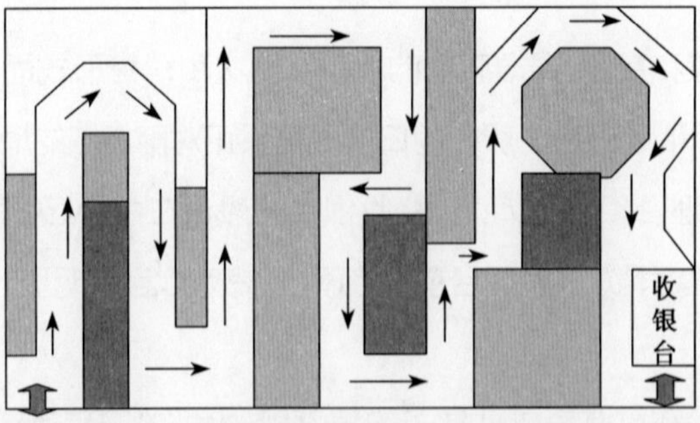

图 7-5　跑道式布局

服装店为了促销，或为给顾客造成视觉冲击和新鲜感，经常会根据不同季节或不同货品，及时灵活调整店铺布局。

（2）顾客通道设计

顾客通道的设计与店铺的布局形式有着紧密的联系，店铺布局影响通道的设计。顾客通道是否顺畅，宽度是否合适，对顾客流向和容量起着重要作用，并对顾客是否决定进店也有直接影响。

货架摆放要留出行走空间，行走空间可分为主通道和副通道。一般来讲，营业面积在 600 m^2 以上的零售店铺，卖场主通道的宽度要在 2 m 以上，副通道的宽度要在 1.2～1.5 m 之间。最小的通道宽度不能小于 90 cm，即要保证两个成年人能够同向或逆向通过（成年人的平均肩宽为 45 cm）。

① 主通道

主通道是店铺内顾客流动的主要通道。一般来说，主通道应该以店铺主入口为起点。不同规模的店铺应当选择不同形状的主通道，小型店铺由于店铺空间较小，一般设计成 L 形、Y 形或 U 形；对于空间较大或结构复杂的店铺，可以设计成圆环形或井字形等。

② 副通道

副通道是顾客在店内选购商品过程中的辅助通道，它将不同偏好的顾客从主通道上带到不同特色的商品专柜。副通道的设计根据店铺实际情况和主通道的形状而定。一般来说，都是以主通道为核心，用不同数量和形状的副通道辐射到各个商品专柜。

③ 店铺内其他功能设施布局

A. 收银台

收银台的位置和数量,根据店铺的大小、档次和销售形式而定。面积较小的店铺,为了节省空间,收银台一般在门口或最里头正对门靠墙的地方,只占很小的位置,并兼作服装整理台。在大商场里,收银台一般设在中心区,很多商场还设多个收银台,以方便顾客付款。收银台前的空间应该宽敞,且有明显的标志。

B. 试衣间

试衣间一般设在靠墙角或贴柱子的角落里;大型的服装店铺大多设计正反试衣间,成对放置于店铺中,便于人流较大时顾客进出。面积较小的服装店仅在角落设置挂帘式的简易试衣间。试衣间的面积不宜太小,一般在 1～2 m^2 之间。

除了收银台、试衣间之外,店铺内还有仓库、改衣间等。仓库一般设在销售区域的后面,以方便销售人员取货。改衣间一般设在人流不太多的地方,靠墙一侧或角落里。大型卖场还设有洗手间。

(3) 室内装潢

① 天花板设计

天花板可以创造室内的美感,而且还与空间设计、灯光照明相配合,形成优美的购物环境。在天花板设计时,要考虑到天花板的材料、颜色、高度,尤其是天花板的颜色。天花板要有现代化的感觉,并注重整体搭配,以展现色彩的优雅感。如年轻的职业妇女,比较喜欢有清洁感的颜色;年轻高职男性强调店铺的青春魅力,以使用原色等较淡的色彩为宜。一般的服装店天花板以淡粉红色为宜。

② 墙壁设计

主要包括墙面装饰材料和颜色的选择、壁面的利用。店铺的墙壁设计应与所陈列商品的色彩内容相协调,与店铺的环境、形象相适应。一般可以在壁面上架设陈列柜,安置陈列台,安装一些简单设备,以摆放服装,用来作为商品的展示台或装饰。

③ 地板设计

主要涉及地板装饰材料和其颜色的选择,还有地板图形设计。服装店要根据不同的服装种类来选择图形。一般来说,女装店应采用圆形、椭圆形、扇形和几何曲线形等曲线组合为特征的图案，带有柔和之气；男装店应采用正方形、矩形、多角形等直线条组合为特征的图案，具有阳刚之气。 童装店可以采用不规则图案，可在地板上设计一些卡通图案，显得活泼。

④ **货柜货架设计**

主要指货柜货架材料和形状的选择。 一般的货柜货架为方形，但异形的货柜货架会改变其呆板、单调的形象，增添活泼的线条变化，使店铺表现出曲线的意味。 异形柜架有三角形、梯形、半圆形、以及多边形等。 货架设计与产品设计应该是融为一体的，比如万宝路（MARLBORO）用原木加金属表现它的粗犷；波士（BOSS）用精美的紫檀木货架展现它的贵气；思捷（ESPRIT）用银灰的金属货架和大红的背景传达它的时尚前卫。

（4）室内氛围设计

当顾客走进店中，只看见店内的装修，不一定会有购买的冲动。 要使顾客产生购买冲动，必须使店内有卖场氛围。 特别在服装店中，在顾客停留的时段内，就可以通过声音、气味、颜色等方面营造出店铺氛围，使那些只是想看看的顾客产生购买欲望。

① **色彩设计**

在店铺的氛围设计中，色彩的有效使用具有普遍意义。 色彩与环境、商品搭配是否协调，对顾客的购物心理和视觉有重要影响。 色彩传达信息的速度胜过图形和文字。 色彩设计涉及服装、展示道具、地板以及壁面色彩等。 地面、壁面和道具的色彩要能突出服装，尽量鲜明、简洁，不要太杂乱。 不同类型的服装店对色彩设计要求各异，如休闲装要求轻松愉快，民族风格的服装要求色彩浓重，具民族特色。 有些个性化的服装店色彩比较特别，如有些专卖黑白服装的专卖店，其颜色仅由黑白两种颜色构成。 不同季节对色彩设计的要求也不一样，须考虑流行色的影响。

② **声音设计**

声音的设计对店铺氛围设计产生积极的影响，也可以产生消极的影响。 音乐的合理设计会给店铺带来好的气氛，而噪音则使卖场产生不愉快的气氛。 在选择音乐的类型时，要根据所经营的服装类型，如流行服装专卖店应以流行且节奏感强的音乐为主；童装店则可放一些欢快的儿歌；高档服装店为了表现其幽雅和高档，可选择轻音乐。 在服装热卖过程中，配以热情、节奏感强的音乐，会使顾客产生购买冲动。

③ 气味设计

气味有积极的一面和消极的一面，好的气味会使顾客心情愉快。服装店内新衣服会有纤维的味道，如果店中无其他的异味，只有这种纤维味，则是积极的味道，它与店铺本身是相协调的，会使顾客联想到服装，从而产生购买欲望；在店中喷洒适当的清新剂，有利于除去异味，也可以使顾客心情舒畅，但要注意使香味的浓度与顾客嗅觉上限相适应。

④ 通风设备设计

店内顾客流量大，空气易污浊，为保证店内空气清新通畅、冷暖适宜，应采用空气净化措施，加强通风系统的建设，通风来源可以分自然通风和机械通风。

⑤ 制服设计

服装店营业员制服的统一，会使进入店中的顾客对店铺产生一种充满活力和干劲的感觉，能对顾客产生视觉冲击，是氛围设计的重要手段。制服的设计应该注意制服的面料、颜色和款式。

⑥ 室内照明设计

室内照明能够直接影响店内的氛围。走进一家照明好的和另一家光线暗淡的店铺会有截然不同的心理感受：前者明快、轻松；后者压抑、低沉。店内照明得当，不仅可以渲染店铺气氛，突出展示商品，增强陈列效果，还可以改善营业员的劳动环境，提高劳动效率。

思考练习题

1. 服装销售渠道设计主要包括哪些工作流程和内容？
2. 什么是服装投放计划？ 怎么制定服装投放计划？
3. 在制定销售促进计划时怎样才能尽可能减少销售促进的负面影响？
4. 试以一个熟悉的服装品牌为例，分析它的店铺设计。

第 8 章　服装商品传播策划

知识要点

1. 服装广告策划的内容；
2. 服装公关活动策划的内容；
3. 服装表演的组织步骤；
4. 服装参展策划的内容。

本章内容提要

服装广告可以按照不同的标准进行种类划分。根据广告内容与目的，可分为产品广告、品牌广告、零售广告、贸易广告、公益广告等；根据广告媒体，可分为报纸、杂志、广播、电视、互联网、邮寄广告媒体、户外广告媒体、销售点广告等；根据广告主可分为独立广告与合作广告。服装企业在制定广告方案时，在确定目标市场和购买者动机的基础上，需要做好以下五方面的决策：广告目标、广告预算、广告信息、广告媒体、广告效果评估。

公共关系的类型大致可分为主体型、对象型、功能型三类。其中，功能型公共关系可分为日常事务型公共关系、宣传型公共关系、征询型公共关系、危机型公共关系四种。服装企业的公关决策既可以是针对一年或更长时间的长期规划，也可以是针对某一事件的短期计划。一个较为完整的公共决策应包括以下内容：前期调查、确立目标、确定公众、选择传播媒介、经费预算、效果评估。

服装表演具有经济价值和文化价值的多重功能。根据服装表演的目的、性质及组织形式的差别，一般可以将其归纳为以下几种类型：流行趋势发布、专场服装表演、竞赛性服装表演、表演性服装表演等。服装表演由很多不同的要素组成，包括服装、模特、舞台设计、灯光、音乐、化妆造型设计、后台服务等，这些要素取决于表演的规模和预算。服装表演的组织步骤主要包括确定编导、确定主题、选择服装、确定演出时间及解说、选择模特、表演服装的分配及管理、表演设计与排练等。

服装商品参加会展，需要遵循参展原则，才能达到促进交易、树立品牌形象和寻求合作伙伴的目的。企业进行参展企划时，要确立明确的参展目标，实施参展计划：展位选择、展位设计、展品选择、参展宣传，并合理预算。在执行阶段，要成立参展项目组，制定详细的工作进度表，同时，整个参展活动应该安排专人负责所有环节的总协调与管理，负责向各职能部门下达任务，监督各个小组分头作业的情况，密切跟踪执行效果以及及时收集反馈信息并进行调整。

8.1 服装广告策划

如今的服装广告所传达的不只是简单的服装、配饰和化妆品等产品信息，而是服装品牌形象的“整体风貌”，即品牌所代表的一种生活方式。人们消费某种服装产品并不仅仅因为它的物质特性和实用功能可以满足他们的需要，还会因其广告所宣扬的抽象的、非实用的精神因素而使人产生兴趣和认同。形形色色的服装广告无不包含着不同的价值与精神取向，代表着不同的生活态度、生活方式、生活哲学和意识形态。

8.1.1 服装广告的类型

服装广告可以按照不同的标准划分种类，主要有以下几种分类方法：

（1）根据广告内容与目的划分

服装广告的最终目的，是创造有利于品牌认知和产品销售的态度和行为，这是判断时装广告是否有效的终极标准。不过服装企业可以采用不同的方法将不同的信息传达给不同的目标受众。

① 产品广告

产品广告的重点是传播服装产品信息，通常会介绍面料的独特成分与性能（如高科技纳米防污材料）或产品的特殊效用（如美体或保暖）等，以提高消费者对产品的认知程度和购买热情。

② 品牌广告

品牌广告的重点是传播服装品牌及服装企业信息，以获得公众的品牌认同。拦夫劳伦（Ralph Lauren）和卡尔文 · 克莱恩（Calvin Klein）等世界知名服装品牌每年都要投入巨额广告费用，以使他们的商标和品牌形象深深铭刻在公众脑海中。他们并不在意顾客在哪里购买，购买的是哪一款服装产品，他们的目的是让人们记住他们的品牌并选择他们的商品。

③ 零售广告

由于地理区域的限制，服装零售商多数选择在当地做广告，将其经营产品、促销手段等信息传达给消费者，鼓励顾客到商店来购买服装，以达到增加销售的目的。当然，除非宣传的是商店自有的服装品牌，大多数情况下零售商都是和品牌所属的服装企业共同做合作广告，其广告成本由服装企业和商店共同承担。

④ 贸易广告

此处的“贸易”是指那些在服装产业链的上下游之间出售的商品或劳务。比如，纤维和面料生产者要把产品出售给服装企业，服装企业要把产品卖给零售商，饰品生产企业要把装饰物卖给设计师等。

⑤ 公益广告

公益广告的目的是提升品牌或企业形象，而不是具体产品的促销，在增强人们对公益事业关注的同时，也把关注社会、关心人类生存的良好品牌形象根植于公众心中。

（2）根据广告媒体划分

服装广告媒体主要有报纸、杂志、广播、电视、互联网、邮寄广告媒体、户外广告媒体、销售点广告媒体等。不同广告媒体其传播范围、速度、表现形式、对广告受众的刺激强度等都是不同的。服装广告计划最重要的任务是寻找成本效益最佳的媒体组合并加以灵活运用。对于服装广告来说，广告媒体是真正的战场，广告决战通常在媒体选择的过程中就已经胜负分明了。

（3）根据广告主体划分

可分为独立广告与合作广告。

8.1.2 确定广告目标

确定广告目标是服装广告决策的首要步骤。广告的最终目标当然是增加销量和利润，但企业利润的实现依赖于有效的广告机会与有效的市场机会相结合，与产品定位决策相匹配。因而不能笼统地将增加销量和利润作为广告目标，而应由各阶段的整体营销策略决定。服装广告目标大致可分为以下几种：

（1）通知性广告

主要用于产品的开拓阶段，其目的在于向目标市场提供信息，建立初步需求。

（2）说服性广告

在竞争阶段十分重要。这类广告以形成需求偏好为目标，其目的在于建立对某一特定服装品牌的选择性需求。大多数服装广告都属于这一类型。

（3）提醒性广告

其目的是保持顾客对该品牌及产品的记忆。

表8-1列举了一些广告目标范例。

表8-1 广告目标范例

广告目标	目标范例
通知性广告	➢ 向市场告知有关新产品的情况 ➢ 提出某项产品的若干新用途 ➢ 告知市场有关价格的变化情况 ➢ 说明新产品如何使用 ➢ 描述所提供的各项服务 ➢ 纠正错误的印象 ➢ 减少消费者的恐惧 ➢ 树立企业形象
说服性广告	➢ 建立品牌偏好 ➢ 鼓励消费者转向本企业品牌 ➢ 改变顾客对产品属性的认知 ➢ 说服顾客马上购买

（续 表）

广告目标	目标范例
提醒性广告	➢ 提醒消费者近期可能需要这个产品 ➢ 购买地点的提醒 ➢ 促使消费者在淡季也能记住本品牌及产品 ➢ 保持尽可能高的品牌知名度

8.1.3 制定广告预算

（1）广告预算的影响因素

确定广告目标后，接下来服装企业需要根据自己的目标和实力确定合适的广告预算。在编制广告预算时应该考虑的因素主要有：

① 产品生命周期阶段

新品牌或新产品一般需花费大量广告预算以便建立知晓度和取得消费者的试用。已建立知晓度的服装品牌所需广告预算在销售额中所占的比例通常会有所降低。

② 市场份额和消费者基础

市场份额高的品牌，只求维持其市场份额，因此其广告预算在销售额中所占的百分比通常不会太高。而企图通过增加市场销售或从竞争者手中夺取顾客来提高市场份额时，则需要大量的广告费用。另外，根据单位印象成本来计算，消费者基础好的品牌所需广告费用较少。

③ 竞争与干扰

在一个有很多竞争者和广告开支很大的市场上，一个品牌必须大力传播才能被消费者听到。甚至来自非直接竞争品牌的其他广告干扰也会使得本品牌需要花费大量广告费用。

④ 广告频率

广告频率是指把品牌信息传达到顾客所需要的重复次数。投放时间越长、频率越高，所需广告费用越多。

⑤ 产品替代性

由于服装属于大众类商品，不同产品间的替代性非常强，因此需要做大量广告以树立有差别的品牌形象。

（2）广告预算的决定方法

各服装企业对广告预算的决定方法不一样，但考虑广告的目的与范围以及企业规模是基本的共同点。不同之处在于如何考虑顾客所拥有的购买力、年龄、性别、反应情况、竞争者的广告状况、可能负担的广告费、达到广告目标的最少广告费、增多广告费是否可以增加利润等。

服装企业常用的广告预算决定方法主要有以下三种：

① 百分率法

即以一定期间内销售额或利润额的一定比率计算出广告经费。

在以销售额为标准时，可根据上年度或过去数年间的平均销售总额，再根据次年度的预测销售总额计算。

以利润额为标准时，根据上年度或过去数年度的平均毛利额，再根据次年度一年间的预定利额计算。

② 销售单位法

即以商品的一件或同类商品的一箱等某一数量为单位，以单位广告费再乘以销售数量而计算得出。

③ 目的完成法

即先树立一定的销售目标，决定达到这一目标所必需的广告活动和范围，然后再计算充分的广告经费。

广告预算编制一定要考虑公司的财力，同时要充分进行控制，详细列表，各类预算要尽可能准确而详尽。服装企业可参考表 8-2 制定广告预算费用。

表 8-2 广告预算表

年度

半年度　　　　　　　　　　　　　　　　日期：________

媒体	广告效率	单位成本	有效篇幅	频率		日常月份广告预算	旺季月份广告预算	其他配合促销预算	合计
				平常	旺季				

8.1.4 设计广告信息

广告是传递服饰品牌文化最为直接和有效的方式之一。广告在传播产品信息的同时，也传播着文化、价值观念和生活方式；广告不仅在很大程度上影响着人们的消费观念和消费方式，也影响着人们的自然观、社会观、价值观、生活观。

（1）广告主题

广告主题又称广告诉求，即广告作品所要表达的中心思想。服饰广告通常针对人的情感动机来表达广告信息，比如爱情、亲情、乡情、生活情趣，以及个人的心理感受等。

各个服饰品牌为了在纷繁复杂的时尚领域保留前沿的一席之地，都在极度宣扬着自己的风格及理念。贝纳通（Benetton）以它的人文关怀与人道主义精神感动世界；高缇耶（Jean Pual Gualtier）自有前卫、个性的拥戴者；而贵族气息浓郁又载满了性感元素的范思哲（Versace）则以无所不在的奢华、洋溢而大胆的性感、流光溢彩的贵族气质刺激着大众的视觉神经及思维理念。事实上，服饰品牌广告的目的便在于此，即在向大众推销其产品的同时，也在暗暗传递着它们的品牌理念，并将这种理念渗透到庞大的消费群体中。

不过也有一些服饰品牌独辟蹊径，在它们的广告中时装被一些反映社会、人文的照片取而代之，仅有其品牌标志以极小的面积出现在图片的角落，来暗示观众这是本品牌的宣传品。最广为人知的便是意大利休闲品牌贝纳通（Benetton）的广告。它的非常规广告系列既宣传企业精神，也倡导人文关怀。这些公益广告超越了一般时装摄影广告的意义，表达了对重大社会问题的关注。正如它的创意总监 Toscani 认为，广告不仅是一种传播方式，更是一种我们时代的表达。这些“时装摄影”在形式上对比鲜明：一位黑人母亲哺育一名白种婴儿；一副手铐把一只白人的手与一只黑人的手拴在一起；一只白狗亲吻一只黑色小羊……1997 年 Toscani 亲自拍下了 500 个年轻人的脸，再一次强调了贝纳通（Benetton）品牌超越种族，主张只有一个人类的理念。1998 年贝纳通（Benetton）目录样本中所有的模特都是智障儿童，该样本被称为“太阳花”，名字来源于一位作家的话：“智障儿童很像太阳花，本质中充满了欢欣、正面和乐观的性格。”1999 年 Toscani 又把镜头对准了东京原宿街头的青年，因为他们独具创意的穿着似乎找到了“色彩的真谛”。贝纳通（Benetton）的广告几乎牵涉到20世纪所有的重大社会问题，表达了渴望种族平等、消除种族歧视的正义感，关注社会，关照人性，严肃、真实、批判而又充满希望地描绘出呈现世界本来面目的图象，从视觉上阐明了对政治、民族、伦理、环境等多方面的认识和观念。同时在这样的人文意识的广告中，大众对这个品牌的敬意油然而生。

尽管贝纳通（Benetton）这种脱离俗套的广告行为可能事与愿违地不被公众接受，但它确实引起了时装界和新闻界的足够兴趣并对其大加报道。不仅公司名声大振，也使贝纳通（Benetton）成为一种超越性、社会等级和国别的生活哲理的象征。

（2）艺术氛围

广告表现是广告创意的物化过程。策划人员通过各种元素的组合来表达服饰品牌应有的风格与文化。优秀的服饰广告作品中投入了丰富的想象和创造力，通过戏剧性的光线效果、性感而又高雅的姿态、巧思的构图、富于感染力的形象冲击着大众的视觉神经。同时又致力于表现一种神秘离奇的风格，更纯粹更超脱的形式，将更深层次的哲理寓意蕴藏其中，并期待着观者的领悟。

此外，服饰界的商业精英们已经意识到，仅对服饰产品本身的常规画册拍摄制作根本无以满足促进消费者购买的要求，欲开拓潜在的、更为广大的消费市场，更深层的方式便是通过时装摄影师的镜头，在华丽怪诞的外表背后，以其异常敏锐的观察力和极度的激情，对时代精神进行精确而高度的概括，给予时装广告更丰富的含义，即品牌理念的传达。

（3）广告口号

广告口号是对广告诉求的提炼，几乎所有经典的广告口号都是品牌文化诉求的点睛之笔。贴切而有创意的广告口号一定要抓住目标客户的心理需求，并能使其产生情感共鸣。

比如，美特斯·邦威前后共选择了三句标志性的广告语：“不走寻常路”、“每个人都有自己的舞台”和“蓝色快乐”。三句广告语简单易记、相互连贯，并以对青年人的理解而显示出强大的震撼力。“不走寻常路”的呼吁表达了20世纪80年代以后出生的新新人类对社会主流文化和主流道德观念的反叛，也反映了他们对自己人格精神的崇拜—— 一种对于自己的丧失理智的夸张崇拜，以及他们的自恋情结——借助自恋在压抑沉闷的环境中建立自尊和自信。生活在后现代富足社会中的年轻人事实上没有完全沉沦，而是在自己的方式中寻找自己的梦想。“每个人都有自己的舞台”就体现了青年人对自己的这种自卫，以及他们对于幸福和人生价值的理解与追求，它同多数年轻人心中都有的一种“想什么是什么”的理想化的概念相契合。通过炫耀“另类”的标准，美特斯 · 邦威获得了年轻人的情感支持。

（4）传达方式

服装广告的影响效果不仅取决于它说什么，还取决于如何说，也就是信息的表现方式。因此需要在广告信息的形式、语调、用词和版式等方面做出选择。广告信息表现形式通常有：

① 生活片断

显示一个或几个人在日常生活中使用服装产品的情景。

② 生活方式

它强调服装品牌所代表的生活方式。

③ 引人入胜的幻境

针对产品及其用途，设想出一种引人入胜的奇境。

④ 气氛或想象

借助产品营造某种气氛或想象，如美丽、爱情或安宁等。

⑤ 音乐

一个或几个人或几个卡通片角色演唱一首有关产品的歌曲。

⑥ 个性的象征

赋予服装品牌以人的特性。

⑦ 技术特色

表现产品设计制作过程中企业的专长和经验。

⑧ 科学证据

提出调查结果或科学证据，以证明该品牌优于其他品牌。

⑨ 推荐和证明

由高度可信或讨人喜欢的人士来认可品牌或产品。

⑩ 叙述品牌历史及传统

例如，李维斯（Levi's）强调其原创性。

8.1.5 选择广告媒体

服装广告媒体的选择目的，是要把广告信息传递给预定的销售对象。各种媒体有其特定的接触对象，如果要运用一种以上的媒体，必须考虑每种媒体的预算比例——如多少用于新闻，多少用于电视、海报等，同时也要考虑广告活动时间及时节的配合，如庆典、重要节目的媒体配合等。

服装广告计划最重要的是要灵活运用广告媒体。对于服装广告来说，广告媒体是真正的战场，广告决战通常在媒体选择的过程中就已经胜负分明了。

（1）各主要广告媒体的特性

广告信息需要借助媒体传递给目标受众，媒体选择就是寻找成本效益最佳的媒体。不同广告媒体其传播范围、速度、表现形式、对广告受众的刺激强度等都是不同的。

服装广告媒体主要有报纸、杂志、广播、电视、互联网、邮寄广告媒体、户外广告媒体、销售点广告媒体等。表8-3描述了各主要广告媒体的特性。

表8-3 各主要广告媒体的特性

媒体	优 点	缺 点
报纸	市场覆盖率高，读者稳定，及时、灵活，说服性强，广告费低。	注目率低，精读率低，刺激强度弱，保存性差。
杂志	针对性强，受众稳定，印刷质量高，可信度高，时效性强，精读率高，传读率高。	传播速度慢，会产生无效广告，覆盖范围较窄。
广播	传播速度快，覆盖范围广，选择性强，收听方便，广告费低。	时效性差，不能保留，听众分散，难以测评广告效果，表现手法不够吸引人。
电视	传播迅速，覆盖范围广，受众面广，适应性强，富有感染力，能引起高度注意。	成本高，干扰多，时效性差，选择性、针对性较差。
互联网	传播范围广泛，互动性强，感官性强，费用低，广告效果易于统计。	受众仅限于上网人群，繁多的网上信息量会干扰广告。
户外广告媒体	反复诉求效果好，选择性强，保留期长，注目率高，灵活多样，费用较低。	传播区域小，覆盖面窄，广告受众流动性大，难以测评广告效果。

（续　表）

媒体	优　点	缺　点
邮寄广告媒体	针对性、选择性强，简单灵活，效果显著，无同一媒体广告的竞争。	覆盖范围小，有效接收率低。
POP广告媒体	针对性强，促销效果显著。	不同品牌产品的广告相互干扰。

（2）选择广告媒体的考虑因素

在有限的费用内如何选择广告媒体，将广告信息有效地传达到目标受众，这是广告媒体策略的中心问题，它直接关系到广告效果和成本。在选择媒体时应考虑以下因素：

① 市场方面的因素

A. 要考虑目标受众的属性

消费者总是依其个人品位来选择适合的媒体，不同教育背景或职业的消费者对媒体的接触习惯都不相同。一般来说，教育程度较高者偏重于印刷媒体和网络媒体，教育程度较低者偏重于电波媒体。因此服装企业必须配合目标消费者性别、年龄、教育程度、职业及地域性来决定采用何种媒体。

B. 要考虑目标受众的行为

服装企业应当根据自己目标市场中现实和潜在消费者的行为特点来选择相应的媒体，以提高收视率或收听率。例如耐克（NIKE）、阿迪达斯（ADIDAS）等世界著名的体育用品品牌，经常采用赞助体育盛会、在比赛场馆设置广告牌和以运动员使用广告产品等媒体来发布广告；而女装广告则应选择时装杂志、妇女杂志等针对女性的媒体。

C. 要考虑产品特性

不同产品的性能、特点、使用价值存在差异，这对媒体的选择也有影响。一般而言，服装需要展示，有款式和色彩需求，适宜选择电视、杂志、POP 广告、互联网等媒体，以增强感染力和吸引力。但不同类型、不同档次的服装产品显然在广告媒体选择上应当有所差异。

D. 要考虑产品的销售范围

服装产品要弄清楚是全国性销售还是限于地区性市场的销售，这关系到广告接触者的范围大小，由此才能决定选择何种经济、有效的媒体，以免使用媒体不当毫无传播效果。因此服装企业在选择媒体时还要看所选媒体的覆盖范围与本企业的销售范围是否一致。例如,全国性的服装品牌适宜在全国发行的刊物和中央电视台、中央广播电台做广告,而区域性销售的服装品牌则适合选择地方性报纸、电台等媒体。

② 媒体方面的因素

A. 要考虑媒体量的价值

如报纸的发行量、杂志的发行量、电视的收视率、电台的收听率等,才能了解不同广告媒体的传达效果。

B. 要考虑媒体的接触层次

服装企业应仔细分析媒体受众的层次及类型,以期与产品的目标消费群体相吻合。同时还要考虑媒体的特性、优缺点、节目或编辑内容是否与广告效果有关。

C. 要考虑媒体成本

不同媒体的成本费用也是服装企业选择广告媒体的依据之一,不仅要考虑“绝对成本”,即媒体的实际支付费用,同时还要综合考虑“相对成本”,即媒体的千人成本及广告效果,以选择最佳的媒体或其组合。

③ 企业自身(广告主)方面的因素

A. 要考虑企业的销售策略

服装广告媒体的选择还要看企业使用什么样的销售策略。销售策略不同,选择媒体的标准也不一样。

B. 要考虑广告诉求重点

如果广告诉求重点是详细的服装商品信息,且技术内容较多时,宜采用报纸、专业杂志和邮寄广告;如果是为了提升企业形象,则应选择威信高的大众媒体;如果是为了宣布即将举行的一次促销活动,则适合选择网络、报纸、广播、电视等时效性强,接触面广的媒体。

C. 要考虑企业的经济实力及广告预算

在广告媒体的选择上也要量力而行,因此服装企业应当在分析广告目的的基础上充分考虑自身的经济实力以及广告预算的分配额。

此外,对于主要竞争品牌的广告媒体使用情况及广告战略也应列入考虑的范围。

8.1.6　评估广告效果

广告是费用很高的促销方式，因而服装企业应当在重大广告项目实施之前进行广告试调查，并在广告刊出或播出之后对广告效果进行测评。 广告效果的评估一般分两个阶段进行：

（1）预审

即在广告实施前对广告策划及其效果进行审核，具体方法如下。

① 直接评价法

即邀请专家和部分目标市场上的消费者，让他们对几种广告稿的注意力、易读性、辨认力、感染力等进行评价。 比如以某服装品牌的杂志广告为例，可从以下角度进行评价：此广告吸引读者的注意力的效果如何？ 此广告促使读者进一步细读的可能性如何？ 此广告的中心内容或其利益是否交代清楚？ 广告诉求的有效性如何？ 此广告刺激购买行为的可能性如何？

② 样稿测试法

即邀请部分目标市场上的消费者，给他们观看广告样稿，然后请他们回答一些问题，以了解记忆率及其感觉。

（2）复审

广告正式播出后，企业还要对广告效果进行评估。 常用的方法有两种。

① 回忆测试法

即从接触到某一广告媒体的消费者中抽取一组样本，请他们回忆广告上广告主的名称、产品及其他问题，以测定广告的吸引力和效果。

征询观众对某服装广告的反应时，一般可以这样提问：“你记得在电视上看到过一套男式西服吗？”如果回答否定，可提示品牌以帮助被测者回忆“你记得杉杉牌西服吗？”对于回答肯定的被测者，可继续提问诸如广告影响、吸引力、价值、风格、特色等问题。

② 销售实绩法

即在广告发表一段时间后调查销售量的变化，以判断广告是否对销售起到了期望的促进作用。 测量广告的销售效果的公式为：

$$E = \frac{\Delta S/S}{\Delta A/A}$$

式中：E——弹性系数；S——销售量；ΔS——增加广告费后的销售增加量；A——原来支出的广告费；ΔA——增加的广告费支出。

如果 $E>1$，表明广告效果好；如果 $E<1$，表明广告效果不好。

8.2 服装公关活动策划

在服装营销发展史上，服装企业与公众的关系从来没有像今天这样联系得如此紧密。一方面企业自身的一举一动（如新品上市、价格调整、广告传播、服务提供、投诉处理等）都会牵动着社会公众的利益神经；另一方面，公众对服装企业的种种要求（如产品质量、服务项目、绿色环保等）也时常扯动着企业的生命神经。

经济越发展，市场越开放，服装企业面对的社会公众就会越多，与公众的关系也越发显得错综复杂。在这种背景下，服装企业必须密切关注周围的种种社会关系及其发展变化趋势，并在企业内部和外部采取积极主动的公关行动，弘扬有利因素，排除不利因素，努力创造和维系企业经营发展的和谐环境，以塑造良好的企业形象，实现企业的经营目标。

8.2.1 公关活动的类型

按照不同的划分依据，公共关系的类型大致可分为主体型、对象型、功能型三类。其中，功能型公共关系可分为日常事务型公共关系、宣传型公共关系、征询型公共关系、危机型公共关系四种。

（1）日常事务型公共关系

日常事务型公共关系是指在组织日常运行的各个环节、各个渠道都注意树立和维持企业形象，把公关意识贯彻到每个成员的一言一行中。例如，一家服装企业应该从原材料采购、设计、生产、销售等环节严格把关，努力为顾客提供优质服务；同时对本厂职工的劳动保护、生活福利、医疗保险等事务也要倍加关怀。久而久之，通过一系列的日常事务，就会获得内、外公众的满意，建立起企业良好的声誉，进而赢得顾客的忠诚。

(2) 宣传型公共关系

宣传型公共关系是指运用各种传播媒介向社会各界公众有意识、有目的地传播有关企业的信息，以影响和改变公众的态度、意见和行为，扩大企业的社会影响，形成对企业有利的舆论环境的一种公共关系活动模式。

宣传型公共关系的主要目的是提高企业的知名度和美誉度，故需要有效地利用各种传播媒介与公众进行沟通。根据宣传对象的不同，又可分为对内宣传和对外宣传两种。

① 对内宣传

对内宣传是公共关系人员最经常进行的工作之一。它的主要对象是企业的内部公众，如员工、股东等。宣传的目的是让内部公众及时、准确地了解与企业有关的各方面信息，如企业的现行方针和决策、企业各部门的工作情况、企业的发展成就或困难和挫折、企业正在采取的行动和措施、外界公众对企业的评价以及外部社会环境的变化对企业的影响等，以便鼓舞士气，取得内部谅解和支持。常用的宣传媒介有企业报纸、职工手册、黑板报、照片、宣传窗、闭路电视、电影、座谈会、演讲会、讨论会等形式。对于企业内部的特殊公众——股东，常采用年度报告、季度报告、股东刊物、股东通讯、财务状况通告等形式。

② 对外宣传

外部宣传的对象包括与企业机构有关的一切外部公众，目的是让他们迅速获得对本企业有利的信息，形成良好的舆论。

向外部宣传主要运用大众传播媒介，一种表现形式是公关广告，另一种是新闻报道。服装企业可以把形象塑造作为广告的中心内容，宣传企业的管理经验、经济效益、社会效益和已经获得社会声誉的发展过程等；还可以采取新闻报道的形式，通过新闻、专题通讯、记者专访和经验介绍等来宣传自己。新闻宣传权威性高，比较客观，容易为公众接受，且不用花钱。不过，这种机会不多，而且主动权不在组织。对于服装企业来说，可以巧借媒介来“制造新闻”；可以综合运用各种传播方式，如记者招待会、新产品展览会、经验或技术交流会、印发公共关系系列刊物、制作视听资料等；可以根据需要选用不同的传播媒介，如报纸、杂志、电台、电视等；还可以组织一些活动、利用一些事件来进行宣传。

(3) 征询型公共关系

所谓征询型公共关系就是通过特定目的的公关调查活动收集关于市场、社会情况、公众意向等与企业有关的信息,并进行整理、分析、研究,为组织的经营管理提供科学依据,以促进组织经营决策科学化、民主化。

征询型公共关系的主要手段有舆论调查、民意测验、市场综合分析等,另外还应为公众提供免费咨询服务(如有关服装的挑选、穿用、洗涤、整理等知识的咨询)。对于服装企业来说,它既是获得信息的有效渠道,同时也树立了企业热心为公众服务、对公众负责、虚心接受批评建议的良好形象。

(4)危机型公共关系

危机型公共关系,是指当企业形象受到损害时,立即采取一系列的有效措施,做好善后或修正工作,挽回声誉,重建企业形象的一种公关活动方式,又称为补救型公关或矫正型公关。

造成企业形象受到损害、使企业处于危机状态的因素是多种多样的,大致可归纳为两类:一类是由企业自身原因引起的,如产品质量问题、管理不善引起的重大事故、企业行为对社会及公众造成危害、企业内部信息传播不畅等;另一类则是由企业外部因素引起的,如某些人或组织蓄意制造事端而引起的企业形象受损、公众对企业行为的误解、一些意外政策的制定和意外事件的发生等。

危机防范的一项有效手段是树立正确的危机意识,对可能面临的危机进行预测,及时做好预警工作,并拟定应急反应计划。一旦发生危机事件,公关工作人员要保持镇定,及时安排处理该项事件的具体措施以稳定事态。同时要迅速指派人员进行调查,判明事件的性质、现状、后果及影响,为制定应对方案提供依据。在处理危机事件时,要最大限度地平衡组织与公众的利益,并及时准确把有关信息公布于众,得到媒体的真实报导,掌握信息的控制权。同时要努力沟通与主要公众的关系,积极做好善后工作,取得他们的理解与谅解,把危机的损失降到最低,重塑企业形象。

8.2.2 公关前期调查

任何有目的的公关活动都必须在充分掌握信息的基础上才能进行。公关调查有两个主要的功能:一是收集资料、反馈信息、客观真实地反映组织的公关状态;二是分析资料、透过现象看本质,从而揭示组织公关状态的发展趋势,并据此提出加强和改进组织公关的策略、方法和措施。

公共关系调查研究是公共关系的基础性工作,发挥着重要的情报功能。国外成功的大企业一般都十分重视公共关系调查研究。如美国《财富》杂志对排名前 1 000 位的大公司中,约有一半以上都利用公共关系调查研究为其形象建设服务。

服装企业公关调查的内容主要包括:公共关系主体——企业情况的调查;公共关系客体——公众意见的调查;同公共关系主客体密切相关的社会环境的调查。

(1)企业基本情况调查

企业自身情况是公共关系人员的案头必备资料,无论是撰写新闻报道、解答公众提问、编写组织通讯、制作宣传材料,还是举办展览会、记者招待会,都需要随时查阅和引用这些调查资料。

服装企业基本情况调查包括下列内容:

① 企业经营情况

- 企业创建的时间;
- 企业外观、品牌、商标特点等;
- 企业发展过程中的重大事件及其在社会上、舆论界的反响;
- 企业对社会的贡献;
- 企业市场分布、市场占有率以及市场竞争情况;
- 企业知名度,产品质量、数量、信誉、生产能力及社会需求等;
- 企业管理模式、业务范围、社会效益和经济效益、内外政策、文化内容、优势、存在的问题、潜在的危机等。

② 员工基本情况

- 员工的一般状况,如年龄、文化程度、专业特长、兴趣爱好、家庭生活等;
- 为企业做出重大贡献的员工,如劳动模范的成就与经历;
- 企业主要负责人的情况,如知名度、领导能力、威信等。

(2)公众意见调查

公众意见调查是公关调查的主要内容。服装企业的公众意见调查主要包括企业形象、公众动机、活动效果、传播效果和内部公众意见等。

① 企业形象

企业形象就是社会公众对服装企业的认识、看法和评价。企业形象一般包括企业成员形象、企业管理形象、企业实力形象、企业产品形象等方面。

② **公众动机**

公众动机是造成公众如何评价服装企业的主要原因。公众动机调查包括：公众对企业是否抱有偏见或特殊的喜欢；本企业的工作方式、社会活动、产品服务等方面是否与公众的某种成见相冲突，或与公众的某种嗜好相吻合，或与某种社会上流行的观念相一致等。

③ **活动效果**

了解公众对服装企业公关活动的评价。活动效果的好坏标志着公关活动成功与否。活动结束后，公众是否满意，满意程度如何，公众如何评价，都需要通过调查得到答案。

④ **传播效果**

公共关系的传播效果调查，是了解服装企业通过传播媒介进行内外传播的效果，也就是公众接受传播信息后在感情、思想、态度和行为等方面所发生的变化，包括调查某种媒介的覆盖面、受众构成、收视（或收听）率、对传播内容的态度和产生的行动等。

⑤ **内部公众意见**

内部公众意见调查是服装企业内部公共关系的主要内容。重视内部公众意见，才能促进企业的合作与团结。内部公众意见包括对本企业及本企业工作的评价、人际关系评价、领导行为评价、公众需要等。

（3）社会环境调查

社会环境是指与服装企业有关的各类公众和各种社会条件的总和，它影响着企业的生存和发展。公共关系部门和人员进行社会环境调查的目的，就是协调企业与社会环境的关系，使企业适应社会环境的变化。社会环境调查主要包括政策环境、社会问题和其他组织公共关系情况调查。

① **政策环境**

政策环境调查就是了解与服装企业有关的方针、政策、法规，遵循并运用它为本企业服务。

② **社会问题**

社会问题包括政治、经济、文化、思想、技术等方面的内容，它对公众意见具有很大的影响力，甚至关系到企业的发展与消亡。

③ 其他组织公共关系情况

调查其他组织的公共关系情况，可以获得其他组织在公共关系方面的经验，并根据自己的实际情况加以借鉴，避免走他人失败之路。

上述企业情况调查、公众意见调查和社会环境调查的内容十分广泛。服装企业的公关人员应当根据企业的实际需要并结合具体情况选定每一次的调查内容。

8.2.3　确定公关目标

参照英国公共关系专家弗兰克 · 杰夫金斯绘制的目标清单，服装企业可选择的公关目标范围非常广泛，概括起来有十六种：

- 新产品、新技术、新服务项目开发之中，要让公众有足够的了解；
- 开辟新市场、新产品或服务推销之前，要在新市场所在地的公众中宣传企业的声誉，提高知名度；
- 企业转产时，要调整企业对内对外形象，使新的企业形象与新产品相适应；
- 参加社会公益活动，并通过适当的方式向公众宣传，增加公众对企业的了解和好感；
- 开展社区公共关系活动，与企业所在地的公众沟通；
- 本企业的产品或服务在社会上造成不良影响后，进行公共关系活动；
- 为本企业新的分公司、新的销售店、新的驻外办事处进行宣传，使各类公众及时了解；
- 让企业内外的公众了解企业高层领导关心社会、参加各种社会活动的情况，以提高企业声誉；
- 发生严重事故后，要让公众了解企业处理的过程、采取的方法，解释事故的原因以及正在做的努力；
- 创造一个良好的消费环境，在公众中普及同本企业有关的产品或服务的消费方式、生活方式；
- 创造股票发行的良好环境，在本企业的股票准备正式上市挂牌前，向各类公众介绍产品特点、经营情况、发展前景、利润情况等；
- 通过适当的方式向儿童了解本企业产品的商标牌号、企业名称；
- 争取政府对企业的支持，协调企业与政府的关系；

• 赞助社会公益事业；

• 准备同其他企业建立合作关系时，对企业内部公众、企业的合作者及政府部门宣传合作的意义和作用；

• 处在竞争危机时刻，通过联络感情等方式，争取有关公众的支持。

杰夫金斯的目标清单说明，一个组织的各个方面都能成为公共关系的计划目标。 不过，服装企业的实际情况不同，编制目标时应分清主次，必要时可请外部咨询机构或专业公共关系公司协助。

8.2.4 确定目标公众

确定目标公众是制订公关计划的基本任务。 公关活动的目的是要在公众中树立组织的良好形象。 但是，公关活动不可能面对所有的公众，它所面对的往往是在特定时期与企业有特定关系的公众。 由于服装企业在不同时期面临的问题不同，就会形成不同类型的公众。 企业在进行信息转播活动时是必须注意对症下药，这样才能取得事半功倍的效果。

任何组织与公众之间都是在需求与满足中形成互利互惠的关系。 因此，服装企业的公关人员必须了解不同公众对企业的权利要求。 表 8-4 是王乐夫等学者提出的公众权利要求结构表，供参考。

表 8-4 公众权利要求结构表

公 众	权利要求的一般性质
员 工	➢ 在社会地位上的人格尊重的心理满足； ➢ 不受上级的专横对待； ➢ 就业安全和适当的工作条件； ➢ 合理的工资和分享福利；上进机会；工会活动自由； ➢ 了解公司内情； ➢ 有效的领导。
股 东	➢ 参加利润分配； ➢ 增股报价； ➢ 资产清理； ➢ 股份表决； ➢ 检查公司账册； ➢ 股票转让； ➢ 董事会选举； ➢ 了解公司的发展状况以及与公司的合同所确定的附加权利。
政 府	➢ 各项税收； ➢ 公平竞争； ➢ 遵守各项法律、政策； ➢ 承担法律义务等。

（续　表）

公　众	权利要求的一般性质
顾　客	➢ 优良的服务态度； ➢ 公平合理的价格； ➢ 产品质量保证及适当的保用期； ➢ 准确解释各种疑难或投诉； ➢ 提供产品的售后维修服务； ➢ 使用产品的技术资料服务； ➢ 产品备用零配件的供应，产品改进的研究与开发； ➢ 增进消费者信任的各项服务。
竞争者	➢ 由社会和本行业确立竞争活动准则； ➢ 平等的竞争机会和条件； ➢ 竞争中互相协作； ➢ 当代企业家的风度。
社　区	➢ 在当地社会提供生产性的、健康的就业机会； ➢ 正规雇佣，公平竞争； ➢ 就地采购当地社会产品的合理份额； ➢ 保护社区环境； ➢ 关心和支持当地政府； ➢ 支持文化和慈善事业； ➢ 赞助地方公益活动； ➢ 公司负责人关心和参加社区事务。
媒　介	➢ 公平提供消息来源； ➢ 尊重新闻界的职业尊严； ➢ 参加公司重要庆典活动等社交活动； ➢ 保证记者采访的独家新闻不被泄露； ➢ 提供采访的方便条件。

8.2.5　选择公关媒介

公关活动的主要媒介中有一部分是与广告相似的，但也有一些是超出这个范围的，主要有以下几类：

（1）宣传报道

服装企业可以精心计划和挑选的媒体，由媒体为企业做“免费”宣传。服装企业经常通过媒体报道的内容有：旧店改造、新店开张、设计新秀、名人出席、服装表演、流行趋势、企业重大活动、公司新品介绍、产品促销活动、企业人事变动等。

（2）新闻发布会

新闻发布会又称记者招待会，是指服装企业把有关新闻媒体的记者邀请到一起，发布有关消息或介绍情况，让记者就此提问，并由专人回答问题的一种特殊会议形式。它是传播信息、谋求新闻界对某一事件客观报道的行之有效的手段，也是服装企业密切与新闻界关系的最重要方式之一。

举行新闻发布会必须有恰当的新闻由头，即该信息应当具有专门召集记者前来予以报导的新闻价值，并选择好举行新闻发布会的最佳时机。重要人物的来访，发生重大事件，新面料、新工艺的应用，新的重大发展规划，新工厂建成投产，企业开张、合并转产，获得重大设计奖项，重大庆祝日或纪念日等，都可能是服装企业邀请新闻记者进行报道的恰当由来。

（3）服装表演

服装表演作为服装艺术和表演艺术的结合体，跨越了单纯的商业宣传目标，而带有更为广泛的文化艺术的意义，具有经济价值和文化价值的多重功能。其中产品及品牌的宣传功能是服装表演的本来目标。国内外许多厂商都十分注重通过服装表演推销新品，现今广告宣传是一种立体式的宣传，特别是大型的服装展演与设计大赛，往往要动用报纸、刊物、电视、广播及展览、表演等多种传播手段，以达到最广泛的宣传效果。服装表演是这一系列宣传手段中最具吸引力的，报纸、刊物和电视都依赖服装表演提供素材，所以它是广告宣传中最关键的一环。正因为如此，许多服装厂商、企业家、设计师都十分重视服装表演，高价聘请名模参加演出，精心策划表演形式和创意，挑选表演场地，搭建非同一般的表演台，营造特殊的氛围，追求最佳演出效果，以达到推出新品的广告效应。

（4）庆典活动

即服装企业围绕重要节日或自身重大事件而举行庆祝的一种公关专题活动。每逢重大节日、重要事件、企业的纪念日、某项工程的开业或竣工等，都可以举行隆重的庆典活动，并借这些活动对内营造和谐氛围，增强员工凝聚力，对外协调关系，扩大宣传，塑造形象。

庆典活动总的要求是喜庆的气氛、隆重的场面、热烈的情绪、灵活的形式，需要较高的规范性和礼宾要求。庆典活动的形式一般有开幕庆典、闭幕庆典、特别庆典和节庆活动几种。

（5）展览会

展览会是服装企业通过产品实物和文字、图像等示范表演来配合宣传企业形象和推广产品的专题活动。展览会通常要同时使用多种媒介进行交叉混合传播，包括：

➢ 实物媒介，如展品、模型、服装产品、展台及展厅布置；

➢ 文字媒介，如印刷宣传材料、企业或产品介绍材料、展品的文字注释等；

➢ 音像媒介，如讲解、音乐、幻灯、照片、录像等；

➢ 人体媒介，如服务人员、礼仪人员、模特等。

展览会运用实物、音像造型艺术相结合的方式，因而比一般的文字和口头宣传更有效，更具吸引力。

（6）赞助活动

赞助活动是服装企业通过资助一定的实物或者承担全部或部分费用，赞助兴办文化、体育、社会福利事业和市政建设等，向社会表示其承担的责任和义务，以扩大企业影响，提高知名度和美誉度的公关活动形式。服装企业可采用的赞助形式主要有：赞助体育运动、赞助文化生活、赞助教育事业、赞助社会福利事业、赞助社会公益事业、赞助学术理论活动、赞助公共节日庆典活动、赞助建立职业性奖励基金等。

例如，SMW 公司将斯沃琪表定位为具有极佳的瑞士品质、低成本的手表，而且是一种时装表。为改变人们一辈子只用一块手表的传统观念，公司精心策划了一系列赞助活动：在科罗拉多支持自由式滑冰世界杯赛；在纽约组织世界霹雳舞锦标赛；在巴黎赞助街道绘画比赛。公司以“印象之旅”支持前卫音乐家的工作，资助布鲁塞尔的流行艺术展。这一系列赞助活动赋予斯沃琪“流行”的个性，使斯沃琪迅速成为世界范围的流行艺术运动的一部分。公司同时也将新款的手表与精心选择的活动相联系，铸造出一个形象清晰、个性鲜明的品牌，再度鼓舞了整个瑞士手表行业。

8.2.6　确定经费预算

公共关系预算是按照目标、实施方案，将所需的费用分成若干项目，并编绘出单项活动及全年活动的成本。公共关系预算从某种意义上讲，更严格要求公共关系工作要按预定目标、预定项目、预定时间，以最经济的代价做好要做的事情。公共关系人员在编制预算时，一般都将各项工作计划具体化为一张可以进行成本核算的清单，或称预算表。

编制预算不仅要对整个公关计划进行总预算，而且对公关计划的每一步骤都必须进行预算。只有这样，才能对整个经费的使用一目了然，才能根据实际需要及情况的变化统筹协调资金的运用。

（1）公共关系预算的构成

一般分为两大类。

① 行政开支

A. 人工报酬

指专业工作者和一般工作人员的薪金或工资，还包括外聘公共关系顾问的工时报酬。这是公共关系预算项目最大的一项，大约占预算的三分之二。

B. 设施费用

此项费用由公共关系活动运用所决定。一般包括各种印刷品、纪念品、摄影设备和材料、美工器材、视听器材、展览设施和所需各种实物、用品等。

C. 日常行政费

如房租、水电费、保险费、电话费、办公室文具费、通讯费用、交通费、照相、洗印、旅餐费、交际费（一般不超过 2%）等。

② 项目开支

包括实施各种公共关系活动项目所需费用。

A. 原有项目的开支

公共关系许多活动项目属于战略性的，时间上往往跨年度。公共关系人员在编制年度预算时，应从公共关系目标入手，推算出计划方案中各项活动费用，对那些跨年度的活动项目，要在新一年度考虑适当增减。

B. 新定项目的开支

指实行计划方案过程中的新增加项目。如本年度内组织周年纪念、起用新商标、对外发行月刊等。公共关系人员在编制预算时，就要考虑人员、设备的增加和具体活动所需的各项开支，还要考虑到物价等因素。

C. 突发事件的开支

公共关系不仅是一种预测性、计划性工作，而且灵活性也很强，往往一些突然事故、偶然机会都会改变或调整计划，如赞助、庆贺、公益一类的活动。公共关系人员编制预算时，应事先设置临时应变费用，从资金上保证公共关系的应变能力。

（2）编制公共关系预算的方法

① 销售额抽成法

即企业按其年度计划销售总额抽取一定的百分比作为年度公共关系预算经

费。这种方法只能计算出年度公共关系活动经费的总额，因此只适用于年度公共关系预算。

② 项目作业综合法

即先列出公共关系项目计划及每项公共关系计划所需的费用细目和数额，核定单项公共关系活动预算，然后将年度内各个公共关系项目预算汇总，便可得出全年公共关系预算经费总额。这种方法具体、准确，既适用于年度公共关系活动经费的预算，又适用于项目公共关系活动经费的预算。但需要留有余地，以预防意外情况的发生。这里的留有余地，主要表现在时间安排和经费预算上。

③ 平均发展速度预测法

即运用历史资料计算出公共关系经费实际开支总的发展速度，并计算出平均发展速度。按照这一平均发展速度确定公共关系活动经费预算数额。采取这种方法，可以保证公共关系活动经费每年都有所增加。这对于持续开展公共关系活动并已经积累一定经验的服装企业比较合适。

实际上，各类服装企业的情况和需要不同，每个年度公共关系工作的需要也会发生变化，因此必须与自身企业整体目标和计划方案的实施密切配合，才能使公共关系的预算更科学、更切合实际。

（3）编制经费预算应注意的问题

A. 要以能够实现的目标或计划方案为标准来确定预算。公共关系活动的时间、方式、支出都要同企业效益相联系。

B. 公共关系人员在编制预算时，必须提出一份实施计划与活动项目的清单，了解各项公共关系活动所需的费用。

C. 公共关系工作灵活性较强，预算时要考虑在时间分配上有一定的弹性。经费预算的一部分是每月或每季公共关系工作项目和所需要的花费，可表示为："时间——活动——费用表"；另一部分为应付特殊事件和突发事故情况费用表。两部分可在当月或当季预算中协调使用。

D. 要制定正常开支和超支有关规定，以保证经费的效益原则。

E. 要及时检查预算执行情况，并考察公关工作的绩效。

8.2.7　评估公关效果

针对服装企业来说，公关活动效果的评估形式可分为企业形象评估、工作成效评估和传播效果评估等。

（1）企业形象评估

重新评估企业形象仍然沿用公关调查的基本方法，其步骤是：

- 对公众对象进行分类；
- 采取舆论调查或民意测验的方法进行实地调查；
- 通过知名度和美誉度比较分析进行企业形象地位的测量；
- 应用“语意差别分析法”对组织形象的内容进行分析。

（2）工作成效评估

一般来说可根据日常公共关系活动、专项公共关系活动和年度公共关系工作进行评估。

① 日常公共关系活动

对日常公共关系活动效果进行评估，要根据企业所确定的评估标准和评估内容来进行，通过日常工作总结、公关人员座谈、职工评审评议并结合社会公众平时的反应等形式进行。

② 专项公共关系活动

对专项公共关系活动效果进行评估，要严格根据公共关系活动的内容及特点来确定评估内容和评估标准，并由负责专项公共关系活动的人员组织实施。 可采取调查研究的形式，如直接调查专项活动的参与者，或间接调查一些典型的社会公众，以了解活动对社会舆论和企业形象产生的影响。 对于专项公关活动效果，公关人员都要在专项活动记录中给予记载，并详细说明，以备查用。

③ 年度公共关系工作

对年度公共关系工作效果进行评估，要以年度公共关系计划和预算为依据，对公共关系各层次计划的实现程度和存在的差距提出有说服力的总结报告。

（3）传播效果评估

① 内部信息传播效果评估

内部信息传播效果的评估主要从以下几个方面进行：

- 通过内部公关调查，了解企业内部在日常公关活动是否能做到上情下达和下情上达，使上下协调一致；

- 企业内部各部门之间是否能做到必要的横向信息交流及时、准确；
- 在专项公关活动中，是否能做到让所有企业内部公众都理解、支持；
- 在企业内部是否能使全体职工对决策部门产生信任感，并通过各种途径听取全体内部员工的意见和建议；
- 通过信息传播是否能保证企业内部具有凝聚力与向心力。

② 外部信息传播效果评估

外部信息传播效果的评估主要从以下几个方面进行：

- 了解公关广告的阅读率、实效率；通过大众传播，分析社会公众对企业的全部看法和整体信念，掌握本企业的社会形象；
- 在计划期间，是否召开过新闻发布会，如果开过，范围有多大，时间是否合适，内容如何，其传播目标是否得到了实现；
- 商品展览会、展销会、订货会等活动传播效果如何。

8.3　服装表演组织

服装表演作为服装艺术和表演艺术的结合体，跨越了单纯的商业宣传目标，而带有更为广泛的文化艺术的意义，具有经济价值和文化价值的多重功能。其中产品及品牌的宣传功能是服装表演的本来目标。服装表演的观众是由不同类型的人员组成的，其中包括新闻界人士，他们可以通过商业出版物及消费出版物上的大肆宣传或是不利报道来造就或毁掉一名设计师或一个服装品牌的前途；熟悉行业动态和流行趋势的行业协会人员；大部分观众是成衣购买者，包括国内大百货公司的代表、零售业的采购人员和商人、常驻采购办事处的代表等；还有些公众人物是设计师或企业的特邀嘉宾，他们无论在舞台上还是日常生活中都是该服装品牌的崇拜者。

服装企业举办服装表演活动具有多重意义，它不仅通过媒体将最新设计款式公开展示，还提升了品牌形象和品牌感召力，并可能通过实际购买而使企业直接获得收益。服装表演的形式多种多样，服装企业可以根据自己的传播目的、设计能力、财力、经验等选择适合的方式将信息传达给观众。

8.3.1 服装表演的类型

根据服装表演的目的、性质及组织形式的差别，一般可以将其归纳为以下几种类型：

（1）流行趋势发布

流行趋势发布会是指将每个流行周期收集的服装研究机构、品牌、设计师的近期作品，以服装表演的形式公之于众。发布会通常每年分为春夏和秋冬举办两次。在时装周上，设计师展示自己近期设计的服装、传达着流行信息，是专门对新的设计观念、新的表演手法，新的面料、辅料、新的穿着时尚的展现。在世界各大时装都市举办的时装周中，服装设计大师们都将对下一个季度的服装流行进行预测。

一些服装流行情报研究机构，如中国服装研究设计中心、中国流行色协会等，也常通过服装表演的形式介绍他们对最新时装款式的看法，综合国内外市场流行情况，定期向社会发布下季时装流行预测，以促进和指导纺织、服装产品的生产和消费。这些流行趋势发布会是成衣生产和衣着消费的专业指南，流行趋势由协会组织专业设计人员预测分析，委托不同类别知名品牌代表制作发布。

（2）专场服装表演

包括设计师专场和毕业生专场两种常见形式。设计师专场是对一名或多名设计师的作品进行专场演出，其特点是围绕既定的主题，创意性很强，作品比较前卫，充分显示设计师的设计个性及风格，强调形式感。无论是作品本身的艺术效果和视觉欣赏性，还是舞台装置、灯光效果、音乐设计都别出心裁。设计师利用服装表演的宣传作用，吸引消费者，提升个人知名度，展示个人设计风格，也以此得到专业认可，确立其在时装界的个人地位。

一些服装类院校也会举办毕业作品汇报表演、学生作品观摩等专场表演，以此来指导学生如何组织服装表演，如何展示自己设计的作品，为学生提供学习交流的机会及展示自己的舞台。这类表演有时是学校之间的交流学习，有时则邀请了许多制衣商、设计师及零售商，既宣传了本校的专业教学成果，又使学生们充分展示了其专业水平，更为学生和企业之间建起了桥梁。

（3）竞赛性服装表演

包括各种类型、各种等级的国内国际服装模特大赛及服装设计大赛。 这些大赛是发掘服装设计人才和模特新秀的有效方式，也使时装模特和时装设计师在比赛的交流中得到锻炼和提高，让更多的设计新秀和准模特们有了一个进入服装界和被社会认可的机会。

在以比赛为目的的服装表演中，服装表演成为实现该目的的表现形式。 设计作品比赛和模特儿比赛，前者在于物，后者在于人，因而举办比赛的方法也有所不同。 在设计作品比赛中，一般是按作品的风格分系列展示，而后者则安排不同场合的服装让模特儿穿着展示，以展示模特儿的各方面素质。 这类表演也不排斥商业因素的加入，比赛的赞助者既可以使组办者获得足够的组办经费，又可借比赛的社会影响力扩大自身产品的知名度，一场成功的竞赛类服装表演常常会使组办者与赞助者都实现名利双收。

（4）表演性服装表演

表演性演出多为大型服饰文化表演、文艺晚会、文艺汇演等。 演出的服装多为日常生活中无法穿戴的服饰，例如有用竹编、木绳、塑料等材料制作的纯艺术性服装，有以历史朝代、典故、民族风情为创作源泉的文化性服装，还有对景物夸张、变异和对未来超前幻想的灵感性和概念性服装等。

8.3.2　服装表演的要素

服装表演是一门集多种学科为一体的综合性艺术，涉及服装艺术、表演艺术、舞台美术、灯音乐、化妆等多个领域。 编排演出是一项集体活动，需要多方面人员的合作。 服装表演由很多不同的要素组成的，这些要素取决于表演的规模和预算。

（1）服装

服装表演的成功主要取决于服装的作用。 参展的服装是设计师作品的集成，同时也要考虑迎合被邀出席展示会的顾客的品味。 服装应该被限制在 60～75 套，可在大约 90 min 的时间内供模特展示。 尽管有些服装表演会的时间稍长，但是能够吸引观众注意力的最佳时间是 30 min。 要减少使观众厌烦的内容并给表演注入一点兴奋剂，应该采用哪些方式而又应该避免哪些内容，这需要进行适当的探讨。

（2）模特

服装表演最主要的一部分是模特，她们展示了服装的美。他们具有姣好的面容和完美的体型，有着与众不同的气质，具备展示时装特性的职业技能。当然雇用具有这种气质的模特的价格是非常昂贵的，并且只有少数公司能够在预算中支付这项开支。某些服装表演可以吸收行业组织内部人员或是专业院校的学生们来充当模特，具有职业经历的人员可以被优先选用。好的服装模特能够将最简单的设计以独特优雅的方式诠释出来，并具有随机应变的能力，以应对表演中可能出现的各种突发情况。专业名模在参加每场服装表演时，不需要再进行走步和旋转技巧的训练，因为这些已经是她们的一种本能动作。她们每个人都自信由她们所穿着的那些服装将会展现出吸引力。

（3）舞台设计

舞台设计要根据服装表演的主题，配合灯光、音乐与编排方式体现编导的设计构思，充分展示服装的整体形象，创造良好的视觉效果和艺术氛围。舞台设计对整台服装表演起着十分关键的作用，是演出的重要组成部分，起着极好的烘托作用。舞台设计包括：舞台、背景和标题。

舞台分为正式舞台和非正式场地两种。正式舞台常见的台型有T台、倒T台、十字台、方型台和圆型台、U型台等。T台的空间构成简单，正面一般为媒体记者和一些重要嘉宾，两边为观众。倒T台有助于表现系列服装和群体造型。十字型台结构比较复杂，层次感强。方型台和圆型台四周坐观众，模特走台线路排序多为不定时，穿插表演，表演形式自然。U型台观众的视角很多，模特表演空间较大。非正式场地没有特殊的空间要求，如在商场、酒吧、仓库、都市建筑物前等场所进行的服装表演。

背景和标题的处理要与表演主题、格调一致，处理手法大多比较简单。色彩使用纯净的素色，突出服装作品，背景板的处理多采用与服装主题相协调的投影技术，还有舞台机械的处理，如旋转的背景板和升降的舞台等，营造一种神秘的气氛，背景上最醒目的是服装企业标识和服装表演的标题，它们也起着广告宣传的作用。

（4）灯光

灯光的设计根据服装表演的类型有所不同。从整体来看，是为突出服装的肌理感、层次感和造型感，表现模特的容貌和修长优美的线条，改变空间大小，构成空间隔断，形成独特的舞台风格和艺术氛围。

如果能够合理利用灯光，即使简陋的场地也可能成为适用于服装表演的完美场所。服装表演的灯光布局主要有天幕光、面光、逆光、追光，还有一些特殊效果光。天幕光是主要的背景光，可变换颜色，上场和退场时多用。面光分为高角面光、低角面光、正面光和侧面光，高角面光会使人变长，低角面光会使人变矮，高角面光和低角面光都具有立体感和质感的表现能力，能适度表现立体的明暗对比关系。正面光光源在主体的正面直射，表现清晰的影像质感和艳丽的色彩。侧面光光源处于主体横侧面，形成明暗立体效果。逆光突出表现主体优美的轮廓美。追光有方向感和聚焦作用，起到引导、指挥、调动观众视线的作用。特殊效果光中激光以多种色彩和游动式的投影制造流动的空间感。频闪光是利用强光突亮、突暗对比形成强烈刺激的视觉效果。

（5）音乐

无论是采用现场演奏还是唱片伴奏，服装表演的音乐必须是有组织的，以便其精选的乐曲能够增加展品的美感，并控制整场演出的节奏。借助于音乐的意境感和表现力、想象力，可以引导观众的欣赏思路，启发观众对服装设计个性的理解与联想。音乐的旋律感也有助于表现服装本身内在的韵味，并使模特更准确把握服装的内涵，表现服装动态时的韵律。总之，没有音乐就无法更好表演或欣赏服装，挑选音乐的水平和制作音乐的能力直接关系到演出的效果，甚至成败。所以导演对音乐的挑选过程就是对服装效果的再创作，就是在对模特表演的基调提出特殊要求。

（6）化妆造型设计

不同风格、不同主题的服装表演对模特妆型的要求也会不同。为了能较好体现出该种类型时装的风格和韵味，造型师要与编导、设计师共同策划、确定妆型和发型。在表演的过程当中，对于不同类型、不同风格的服装，模特不能只靠一个妆一成不变地在 T 型台上进行表演，而是要有针对性改变妆型和发型，特别是脸部、眼睛、头发、嘴巴等部位更要注意变化，突出五官，表现结构，这样才能恰到好处地把不同服装的风格表现得出神入化，将其神韵表露无遗。妆容分清纯淡雅型、华丽高贵型、前卫怪诞型等多种类型，发型是由型与色的多种变化构成，在符合视觉美感的同时，与气质、服装风格相和谐。 总之既要具有流行性，又要体现个性特征，衬托突出服装主题。

（7） 后台服务

虽然表演发生在 T 台上，但必须仔细安排好后台工作，以确保演出的正常进行。 后台必须要有保证模特迅速更衣的空间、梳妆台及特殊配置的灯光，这一切都要适合模特化妆的要求。 在后台挂衣架上的所有服装是为演出展示而准备的，全部服饰都应该有秩序地摆放在桌子上。

8.3.3 服装表演的组织步骤

（1） 确定编导

服装表演的编导是整台服装表演的主要负责人，是服装表演主题的直接把握者。 他的具体工作内容要根据演出的目的不同而有所差别，大体包括：确定主题、选择模特儿、挑选服装、确定（编排）音乐及灯光、舞台设计、排定演出程序、明确演出风格、选定妆型及发型等。

（2） 确定主题

服装表演的主题是服装表演的核心，也可以说是一台服装表演的灵魂，它统帅着整个编导的全过程。 主题确定意味着音乐、表演设计乃至整台表演的风格已定格。 在明确了表演目的后，确定主题有利于对演出的宣传，同时也为设计师设计表演用服装明确了任务，或为选择服装确定了方向。 主题可分为总的主题和分场主题及系列主题。 可从流行趋势、服装类别、服装风格、时事、艺术、音乐、地点等方面进行考虑。 在选择主题时应注意，表演的服装要与主题协调，而不能相差很远。

（3） 选择服装

确定演出服装，主要有两种情况：一种是先确定了主题，然后再根据主题由设计师设计并组织制作服装，供服装表演用；另一种是服装已经存在，待确定主题后，再根据主题从这个范围里挑选适合的服装。

（4） 确定演出时间及解说

演出的时间长短将关系到一台服装表演的综合效果。 一般中小型服装表演的时间掌握在 40 min 以内，大型服装表演的时间也不宜超过 60 min，大型观赏性

（含音乐或演唱）服装表演可达 90 min。 在服装表演中适当加以解说，不仅可以活跃演出气氛，同时可使观众了解模特及服装的设计思想。 具体介绍的内容要根据表演目的加以确定，解说时间长短要根据一组服装的数量来掌握。

（5）选择模特

不同性质的演出要由不同的人来挑选模特。 个人专场或发布型专场由设计师本人挑选；文娱演出、企业或商场的促销演出由编导挑选模特；服装设计大赛由大赛组委会直接从模特经纪公司挑选模特，或由承办演出的模特经纪公司直接确定；模特比赛则按比赛章程确定参赛选手。 服装表演模特的数量与表演的服装、走台的方式、服装的复杂程度等因素直接有关，这需要编导根据表演内容在挑选模特时有一个总体的把握。

（6）表演服装的分配、试穿及管理

在一场服装表演之前，编导或设计师要对服装进行分配。 为保证演出质量，编导就要根据模特的条件进行重点分配，或根据设计师的要求进行分配。 可以将重点强调的服装分配给一些条件好的模特，以求达到比较理想的效果。 也可把服装平均分配，即让服装的排序与模特上场的顺序相对应，再把服装分配给模特。

演出前的另一项重要工作就是试穿服装，目的是使服装尽可能地适合模特的身材。 正式表演前最好能修改那些不服帖的地方，以使服装具有更完美的造型效果。

服装管理也是服装表演的一项重要工作，演出服装应由专人管理。 管理工作包括填写试衣单，试衣单包括服装的尺码、出场顺序、试装后的照片以及模特的编号、名字和鞋码的大小、服装的配饰等。 每次演出之前，服装管理员要对服装进行全面检查，以确保服装完整、干净，还应将服装进行整理、熨烫。

（7）表演设计与排练

为保证服装表演的质量，比较正规的演出之前都要进行排练，编导和相关工作人员可以通过排练检查自己的构思转化为现实的效果，并在排练中修改、完善。 模特们通过排练，接受编导及设计师的启发，加深对服装的理解，使自己的表演趋于完美。 组织者应将表演程序及排练日程确定下来，并以表格的形式分发给所有相关的工作人员，包括编导、设计师、模特、催场员、摄影师、音响师、灯光师及服装的管理人员。

8.4 服装企业参展策划

随着会展业的不断发展，目前每年的展会名目繁多、举办频繁，这些展览会参差不齐、效果各异。面对一个种类复杂、尚在发展还不成熟的会展环境，参展的服装企业更需要谨慎选择，对展会效果进行科学选择与评估，这样才能让企业不白费参展的人力、财力和物力，从而让参展效果发挥到最好。

8.4.1 参展选择原则

（1）展会类型及其特色是选择展会的客观因素

展会发展到今天，一般可以分为两大类型：消费者展会和商品交易会。按照不同的展示目的、展示内容以及举办方式，有如下一些常见称谓。

① 消费品展会

广义的消费品展会是向普通大众开放的，也就是人们经常称作的商品展销会。在展会上，参展商将商品直接卖给大众，因此这样的展会其实就是参展商和参观者的零售贸易。消费品展会的最大特色是大量的终端消费者聚集，这就给参展企业提供了商品销售的大好机会，同时在消费者展会上，企业在近距离接触终端消费者、了解消费市场的同时，也能趁机宣传推广企业的新产品、企业文化，增进与大众的公共关系。目前，最常见的、规模较大的消费品展会是房展、车展。服装展销会规模一般不大、层次也参差不齐。

② 行业展会

行业展会或商品交易会面对的仅是那些专门从事某一行业的个人或公司，因此行业展会主要针对批发贸易，行业展会的参加者大都是经销商或者批发商，出席人员必须是在注册阶段通过确认或提前认证过的人员。行业展会也属于贸易展的一种，一般是会议和展览相结合，这也正是展会这一名称的由来。其特色是在展览过程中，除了商品的陈列、展示之外，往往还开展一系列配套活动，比如在展期举办高层论坛、圆桌会议、专题研讨、工作餐会、贸易洽谈会、新闻发布会等系列活动，使得主办者、参展者与观众、客商之间面对面交流、洽谈，有效地实现了双向沟通，增加了签约机会。服装展会多属于这一类型。

③ 横向展会

横向展会突出展示的是来自特定行业的所有产品。食品杂货展展示的产品可能会涉及粮食、食品加工器械、针织品等系列日用百货。目前，我国服装行业展览中规模最大的中国国际服装服饰博览会（CHIC）就属于典型的横向展会，参展的有童装、女装、男装、甚至饰物、面料等系列产品，其范围几乎覆盖整个服装服饰行业。

④ 纵向展会

与横向展会相反，纵向展会展示的主要是特定的产品。比如，昆明花卉展，展示的是所有可以参展的花卉。一个纵向的服装展可能只包括童装或者女装某一类别的产品。

⑤ 联合展会

面对的是普通大众和购买商、批发商。与其他类型的展会一样，参展商是经销商或产品制造商。尽管展会是为普通大众和专业人士举办的，但时间可能会有限定，因此面向专业人士的展会不会与面向普通大众的展会同一时间举行，通常专业人士会首先参观展会，等到普通大众参观时，参展商会在各自的展位上专门为普通大众开辟一块零售区域。

⑥ 专题展会

又称为专业性展会，是以一个行业或一类产品、一种形式为专题的展览。这类展览主题鲜明、针对性强。如房展、车展、画展等。

⑦ 综合性展会

和专题展会相对应，即集纳多个行业、多类产品、多种形式的展览。一般覆盖面广、综合性强、往往规模也大，如上海世界博览会。

上述展会类型往往会因为分类标准不一样而有不同的称谓，一般任何一种展会都可以是横向的或纵向的，也可以被分为国际展会或联合展会、专题展会或综合性展会。根据展会是否有固定周期还可将展会分为定期性展览和不定期性展览等。这些纷繁复杂的称谓主要与区分的标准有关，其实这些不同的分类标准也是参展企业选择展会的参照标准，每个分类标准都能提供一种选择展会的参照视角。每个参展企业只有多角度、全方位审视评估各大展会，才能从中做出明智的选择。

（2）展会规模以及主办方实力是展会选择的参考条件

成功的展会必然具备一定规模，规模大的展会可以吸引更多的参展商和专业观众，这正是保证参展商达到参展目的的关键。评估展会规模主要看参展商和专业观众的数量以及展地水准、展览面积大小等几大指标。

其次，一次展会举办的成功与否，与主办方的办展目的，以及从业经验、综合实力也密切相关。对于服装企业而言，选择展会还需要考察主办方这样几方面的能力：

① 办展经验

展会的举办是一项复杂的工程，一次展会的成熟与否与主办方的经验直接相关。具备成熟经验的主办方，可以成功控制展会的各个环节，保证展会顺利开展。因此服装企业选择展会的前提是考察一下主办方的办展经验，看过去的几年中，其曾经举办过的展会规模、展会效果如何。在有选择的情况下，尽量选择具备成熟经验的主办方开办的展会，这样能够更加准确评估参展效果，并降低参展风险。

② 工作方案与态度

任何一次展会都应该由主办方提前宣布其成套的办展方案，无论是主办方提供的既往展会效果调查资料，还是对本次展会的观众群体分析，都不能取代整个展会成套的具体举办方案。一套完整的办展方案应该包括：展会目的及目标、展会内容安排、详细日程计划、展览场地确认及装修标准、展会时间的选定、展区规划以及参展商名录、观众群体预估、媒介宣传计划、展会效果评估等。一套完整、规范、科学的办展方案，是取得良好参展效果的必备条件，也是进行参展选择的最好依据。

③ 经营实力

判断主办方的经营实力可以从考察其组织者来进行判断。目前举办展览的组织大概有两大类型：展览组织举办的展览、非展览组织举办的展览。前者是固定且合法的专业从事会展组织机构，有基本会员和组织章程，一般定期举办各种形式固定的展会，世界上知名度高的展会多是这一类型。展会的组织是一个庞大的系统工程，从展会的推广、专业观众的邀请、行业活动的组织安排到客户服务等一系列工作均需要组织者在切实了解参展商需求的情况下做出策略性统筹才能成功举办。因此一般情况下，专业的展览组织举办的展会比非展览组织举办的展会专业水准、展览层次要高一些。不过与国际展会主办方相比，目前国内的展会组织者在招展、组展、展会筹划等方面还存在较大差距。由专业展览组织筹划的展会的数量所占比例并不算高，因此参展企业还可以借助展会组织者对外的招商函、广告以及其制定的组织计划等指标来评估展会主办方的经营实力。

④ 宣传力度

展会的宣传力度是展示展会主办方经验和实力的最好依据，展会的知名度会直接影响到展会的成功与否，也会直接关系到展会所产生的社会效应，因此选择展会不能不考虑展会的宣传力度。评估展会的宣传效果主要可从这样几大方面来考察：展会的既有社会影响力；本次展会在大众媒体、行业展会在行业主流媒体上的宣传力度；同行业界的态度反应；行业专家对展会的评价意见；大众对展会的关注力度等。这些指标都可以帮助参展企业进行展会宣传效果方面的判断。

（3）企业实力以及近期市场目标是展会选择的主观要素

当然，展会规模再大、效果再好，对于企业而言，是否参展还是不能脱离自身实际。参展是一次工作量不小的市场活动，除了大量的参展费用之外，企业要取得良好的参展效果，还需要投入大量的人力、物力进行相关的工作配套。而且任何展会都只是企业整个市场活动中的一环，需要为企业整个市场目标服务，不应该盲目行动。

目前，我国可供服装行业选择的专业展会已经很多，其中较为知名并受到认可的主要有中国国际纺织面料及辅料博览会（Intertextile）、中国国际服装服饰博览会（CHIC）、中国国际时装周（China Fashion Week）、大连国际时装节、中国高级成衣展（Fashion China），以及一些颇具特色的中国内地地方展会。此外，还有香港地区的香港国际时装材料展（Interstoff Asia）和香港时装节（HongKong Fashion Week）、台湾地区的台北国际纺织服装展（TITAS）等。

这些展会各有所长，如果企业只是一味跟风、盲目参展，相信光进行展会的选择这一项工作就会让人头疼，因此结合企业近期市场目标，科学地判断展会性质、准确地评估参展效果、合理地选择参展时间，并结合自身实力量力而出才是企业参展最为明智的选择。

8.4.2 参展计划制定

要取得良好的参展效果，除了前期进行科学的参展选择外，制定一份周密、科学的参展计划也很关键。

一份完整的参展计划应该包括如下内容：参展目标、参展筹划、参展预算、效果评估。

（1）参展目标

即通过参展这一市场活动，预计在哪些目标市场中达到哪些方面的效果。

目标的制定对于参展活动的成功与否至关重要，参展目标的建立可以使整个参展活动有一个更加明确的方向，并使参展活动的每一步骤都有实时参照的标准，同时也是最后进行参展效果评估的依据。

① 目标建立的依据

参展目标建立的依据，来自两个方面。

第一，整个企业的市场目标和市场战略。参展的企业应该有一明晰的认识：展会是一个基本的市场工具，因此作为众多市场工具中的一种，参展目标应该与整个企业的市场目标与市场战略相吻合。任何企业都有自己的生命周期，萌芽期和成长期企业的市场目标肯定会有差异，因此，其参展目的和具体的参展目标也应该相应的产生差异。

第二，展会的传播特性和营销作用。展会是一次高密度的供、产、销资源见面会，因此展会和其他市场活动相比，具有自身的独自传播特性。与此同时，展会所能发挥的市场作用也必然具有一定的局限性，因此参加展会只能是企业市场整体战略的一部分，企业的参展应该与其他市场战略和手段有机整合，而不应将展会看成一个孤立的活动。所以，只有将展会的传播特性和营销作用一目了然，才能清楚明白展会在市场活动中扮演的角色，也才能结合企业的市场战略制定出具体、有效、可行的参展目标。

② 参展目标的制定

A. 树立品牌形象。参展对于企业和企业的产品是一次露脸的机会。由于展会的快速传播和流通，其巨大的社会影响力可以在业界起到很强的辐射作用。

B. 产品介绍与宣传。无论是消费品展览会还是一般的行业展会，宣传新产品都是企业参展的很重要的一大目的。因此在选择展品的过程中，最好选择独具特色的最新产品，这样通过展会的传播，新产品不但可以能让大多目标观众认识，展会中与大量目标观众的直接接触与交流，还能让企业从中收集到目标人群的最新反馈意见，并积极对新产品进行相关改进。

C. 达成交易。 大多展会在展期都设有直接促销等销售活动，尤其是消费品展会，提高销量、达成交易是参展的主要目的。

D. 物色代理商。 对于很多行业展会，无论横向或者纵向展会，面对的主要目标观众可能不是普通大众，而是产品的经销商等专业人士，因此对于这类展会，与代理商的签约是衡量参展效益的主要指标。

E. 寻求合作伙伴。 合作包括资金、技术、人力、厂房、信息、客源等多方资源的共享与整合。 对于中小型企业或者想进行转型或者扩张的企业，通过参展寻求合作是常规手段。

在进行目标制定的时候，上述既是展会不能逾越的功能范畴，也是制定参展目标的选择范围。 总之，参展可以为企业提供更好的行业意识和行业时机，同时可以获得与买方见面接触的机会，从中发掘市场潜力，体验竞争销售环境。

当然，参展目标的制定还需要具体详细、适当量化，示例如下：

总体目标	具体目标
开发新的市场	通过此次参展开发出 300 条销售线索
提高 10%的销量	一个月跟踪高潜质的销售线索，参展半年后签下 50 万元的订单
新产品试销	登记与会观众并进行关于新产品的问卷调查
提高品牌认知	对参展观众登记，参展半月后对 300 名观众电话调查品牌知名度
物色代理商	通过此次参展至少签约 20 家一级城市的一级代理商

（2）参展筹划

参展是一项庞大的系统工程，工作比较繁琐，如果缺乏详细周密的筹划，其效果可想而知。 作为参展商，提前 6～12 个月进行规划并不算太早，最晚也得提前 3 个月进行筹划。

参展筹划大致可以分为这样几大部分：

① 展位选择

展位的好坏是以展位在展会整体空间规划中所处位置的好坏进行评价的，展会空间位置显著、观众出入方便、观众流量大的展位相对而言就是好的展位。展位位置的好坏会直接影响到参展的效果。

影响展位优劣的因素主要有:展层高低。一般而言,第一层的展位人气相对较足;与出、入口的距离。与入口距离越近的展位,参观的人数相对较多,是比较理想的展位。出口处是观众必经之地,人流量也比较大,此外靠近洗手间、休息室和饮食区的展位,人流量较大,也是参展商热衷的选择。

展位有三种基本类型:

锚展位。通常是行业内主要的或者知名企业设计的大型、有高级灯光效果的展位,此展位通常会提供娱乐、音乐或食品,参展企业会安排大量的工作人员为观众服务。

顺列展位。大多数展位是排成列的,即顺列展位在行列里,既不在角落里,也不在行列末端,这种展位通常面积不会太大,比较适合较小的参展商租用。

角落展位。指的是展位的两侧分属不同行列的展位,由于展位两侧都有观众客流经过,因此这种展位的租金一般较高,属于位置比较好的展位。

有资料调查显示,普通展位通常可以吸引观众 7 s 的注意力,而角落展位可以吸引观众 14 s 的注意力。

至于究竟该选择哪种展位,企业应该结合自身实力、参展目标、参展预算来进行科学选择。

② 展位设计

展位的选择只是参展的第一步,其次就要进行最核心的工作了——展位设计和展品选择。展位选择是决定展位能否被观众看见和经过,而观众在展位停留时间的长短则取决于展位设计的视觉效果,富有特色的展位设计不但可以让展位优势发挥到极致,甚至在一定程度上,还能弥补展位的缺陷和不足。

③ 展品选择

展品的选择关系到观众最终能否对产品产生兴趣,并达成交易。因此,展品是企业参展的核心竞争要素,也是企业参展的核心交易元素。在展品的准备上,一般选择企业的最新产品或者主流产品,款式要富有个性和特色、色彩要丰富具有吸引力。很多大型服装展会所发布的产品信息都是市场上的最新动态和潮流。

展品是展出者能给参观者留下印象的最重要因素。在参观者的记忆因素中,“展品有吸引力”占到的比重很大,应予重点考虑。选择展品有三条原则,即针对性、代表性和独特性。针对性是指展品要符合展出的目的、方针、性质和内容。代表性是指展品要能体现展出者的技术水平、生产能力及行业特点。

独特性则是指展品要有自身的独到之处,以便和其他同类产品区分开来。

如果参展的目的是推出新品,增强品牌知名度,招募代理商,则参展的新品比例要大,当然还会有部分经典的畅销产品参展。 比如,某公司参展本着少而精、系列化的原则认真选择产品,共准备女装 94 件、男装 42 件、配饰若干(包括帽子,腰带,皮包,墨镜,项链手链若干)。 其中男装:T 恤 18 件,衬衫 8 件,中裤 6 件,长裤 10 件;女装:吊带 7 件,T 恤 20 件,无袖 9 件,衬衫 8 件,短裙 9 件,连衣裙 5 件,短裤 10 件,中裤 15 件,长裤 11 件。

④ 参展宣传

宣传是参展很重要的一项工作。 会展的宣传分为两方面,一是展会主办方在办展和组展期间就会进行相应的媒体配合,主办方一般会选择大众媒体如电视、电台、报纸、期刊等针对广大受众进行主流信息的传播;是通过行业网络、DM 宣传手册、发布会、专业杂志以及行业会刊等进行行业内专业观众的信息传播。 通过这些宣传手段,一是可以准确告知展会举办的相关信息,比如展会规模、展会主题以及展会内容、时间、地点等信息;二是可以通过广告的形象塑造,凸显展会举办方的实力及其承办能力,以让参展商信服并积极参与,同时还能重点介绍本次展会的宗旨、特色、规模、配套等信息,吸引业内人士以及广大观众参与。 一般情况下,展前是展览活动广告宣传最重要的时机,重大的展会至少半年前会进行相关的广告投放,有的甚至提前一年发布举办信息。 主办方的广告投放力度以及宣传规模会直接影响到展会的举办效果,因此对于参展商而言,这也是选择展会的重要因素之一。 当然,主办方对于展会的宣传只是奠定了一个基础,目前很多服装企业参展也必须配合发布自己的参展信息。

⑤ 事务协调

展会工作任务重、头绪多、事物杂,工作人员责任感再强、工作再细致,也难免会考虑不周,或出现纰漏和差错。 而通过指定专人负责展前检查、事务接洽和协调则可以将问题分解、责任落实到位,有助于及时发现问题,及时加以纠正,有效地将问题消灭在萌芽状态,确保会展活动顺利进行。 参展工作中的事务协调要以原订计划和方案为依据,并结合实际情况进行调整。 事务协调的常规工作包括:展位落实情况,包括与主办方的联络、接洽,确认展位、展位安排等情况;经费筹措及使用情况,包括参展经费的筹措情况、各项预算是否严格执行等;参展文件准备情况,包括参展的各种宣传资料准备是否齐备到位等;会议发言的落实情况,假设会展期间安排有相关会议，会议初稿准备如何、发言人是否落实、会议发言时间的确认等；配套活动安排，会展的各种配套活动是否协调，时间是否恰当，地点有无冲突、人员准备是否准确无误等；展会物品和设备准备情况，物品必须齐备，设备必须安装到位；参展食宿情况，酒店预定、往返机票预定、饭店安排妥帖；新闻报道的组织和安排，与媒体的外联以及对记者的接待与服务；与周边地区协调，大型展会还要注意与周边地区的社区、公安、供水、供电等相关部门取得联系并协调好关系。

（3）参展预算

进行参展预算意义重大，因为通过预算可以提前将参展成本做到心中有数，并可以进行相应的投资回报预估。这样参展商也才能科学判断是否应该参加展会，并进一步决定参展的方向和行动，将经费合理地分配到关键环节，从而节省不必要的开支。

参展费用中首要的一项是空间费用，即参展商通过租金的方式向承办商要求展位空间的费用。展位空间一般按照展位的平方米来收费，当然根据展位的位置各个展位的租金也会有所差异。一般为了使用位置较好的展位，参展商需要付出更高的租金。不过，这些位置的展位也会相应地带给企业更多的或优先的展示机会。一般展位空间费用只提供最基础的条件和服务：指定展位空间的使用权；后墙和侧板的使用权；展位墙框上企业标识、地址、展位号码的使用权。至于展位的地面装饰、家具使用、设备的配备、展位的视觉设计等还需要企业另外付费。

下列明细是企业参展需要的常规开支：

展位设计与搭建
用于展位设计和搭建的原料和设备运输费用
展品和展位设施的运费
保安服务
鲜花服务
家具租用
影像视频设备
电话连接
设施：水、电、煤气、压缩空气
酒店食宿
机票
专业广告等宣传费用
展会促销人员费用

下面是国外会展行业的一个参展经费预算比例的标准，可供参展的服装企业参考：

展位空间租金	24%
展位设计和建设	23%
展会服务费用	22%
交通	13%
整修（部分破旧的展位需要更新修复）	10%
其他混杂项目	4%
专业人员	2%
专业广告	2%

业界进行参展成本费用预算也有一个简单的计算方法，即展位空间的租金金额乘以 4。

（4）效果评估

效果评估主要是进行投资回报的计算。参展商进行参展销售和成本的核算方法会因展会性质、企业性质、参展目标、参展产品的不同而产生差异。如果是参加消费品展会，在展会上会有直接的销售，因此参展商在展会结束时就能计算投资回报。但是如果是参加一般的行业展会，展会上一般不会直接零售，那么参展的经济效益就要延迟显现，展会对销量的影响可能要 12 个月才能显现。有经验的参展商如果对展会观众做过很规范的调研统计，则通过展后 3 个月销量的改变就能判断展会效果如何。当然，展前进行一些效果的评估也是很重要的，通过与展后效果的对比，它可以帮助企业进行参展活动的分析，提高市场判断能力。

8.4.3 方案实施与执行

任何计划，都离不开具体的实施和执行。参展要取得完美的效果，更需要员工协同作战。

（1）组建专业组

展会策划是一项系统工程，参展工作的各个方面又是“术业有专攻”，因此在实施参展策划时，应该先将工作按照各自性质进行细分，然后每一项工作从公司各大职能部门抽调各类专业人员，共同组成一个专业小组，负责这项工作的实施与执行。各个专业小组应该设置专人负责本组工作统筹，各小组间也应设有专人协调、联络，人员不必太多，但必须分工明确、责任到位。

（2）制定具体详细的工作进度表

详细具体可行的工作进度表既是各个小组作业的依据，也是日后进行业绩考核标准，同时通过工作进度表，也能对参展实施工作实现有效监督与控制。

（3）实施、监督、反馈、调整

整个参展活动应该安排专人负责所有环节的总协调与管理，负责向各职能部门下达任务、监督各个小组分头作业的情况、密切跟踪执行效果，以及及时收集反馈信息并进行调整，以适应不断变化的实施环境。

思考练习题

1. 服装广告策划主要包括哪些工作流程和内容？
2. 服装公关活动策划主要包括哪些工作流程和内容？
3. 服装表演的要素和组织步骤主要有哪些？
4. 服装企业在策划参展时主要涉及哪些决策？

参考文献

1. Kunz，Grace I. Merchandising：theory，principles，and practice ［M］. New York：Fairchild Books，1998
2. Sidney Packard，Arthur A. Winters，Nathan Axelrod. Fashion buying & merchandising ［M］. New York：Fairchild Publications，1983
3. 杨大筠.赢在商品：时尚品速销企划手册［M］.北京：中国纺织出版社，2011
4. 李俊.服装商品企划学［M］.北京：中国纺织出版社，2010
5. 温平则，冯旭敏.现代服装工程管理［M］.北京：中国纺织出版社，2010
6. 赵平.服饰品牌商品企划［M］.北京：中国纺织出版社，2005
7. 赵洪珊.现代服装产业运营［M］.北京：中国纺织出版社，2007
8. 刘云华.服装商品企划理论与实务［M］.北京：中国纺织出版社，2009
9. 刘晓刚.服装商品学概论［M］.上海：东华大学出版社，2011
10. 冯旭敏，温平则.服装工程学——服装商品企划、生产、管理与营销［M］.北京：中国轻工业出版社，2006
11. 孙静.服装品牌实务——从创立到运营［M］.上海：东华大学出版社，2007
12. “服装品牌 VMP 运作系统”项目课题组.服装品牌 VMP 系统操作实务［M］.北京：中国纺织出版社，2010
13. 张星，顾朝晖.服装商品策划中的市场细分化策略［J］.苏州大学学报（工科版），2002（6）
14. 顾朝晖.服装品牌策划过程中的 STP 营销策略［J］.丝绸，2005（10）
15. 范强.服装品牌设计定位的探析［J］.辽宁丝绸，2008（4）
16. （美）菲利普·科特勒，凯文·莱恩·凯勒.欧阳明校.营销管理（第 12 版）［M］.梅清豪译.上海：上海人民出版社，2006
17. 谢红，周旭东，宋晓霞，孙静.服装快速反应系统［M］.北京：中国纺织出版社，2008
18. 李光斗.升位——中国品牌革命［M］.杭州：浙江人民出版社，2008

19. 清华.探讨市场细分与目标市场选择［J］.现代营销(学苑版)，2011(01)
20. 刘晓刚，李俊，曹霄洁.品牌服装运作［M］.上海：东华大学出版社，2010
21. 刘晓刚.服装品牌学［M］.上海：东华大学出版社，2011
22. 杨以雄.服装市场营销［M］.上海：东华大学出版社，2010
23. 马大力，王秀才.商品为王［M］.北京：中国纺织出版社
24. (韩)崔彩焕.全程掌控服装营销［M］.北京：中国纺织出版社，2009
25. 刘晓艳.服装品牌策划与目标市场定位的关系［D］.青岛大学硕士论文，2009
26. 李细建，陈付良.试论主副品牌营销战略［J］.企业经济，2008(10)
27. 杨大筠.快速物流［M］.北京：中国纺织出版社，2004
28. 乔南，申永涛.浅谈服装品牌的商业价值与文化内涵［J］.河北科技大学学报(社会科学版)，2004(3)
29. 康薇.多重视角下的品牌命名研究［D］.华中师范大学硕士学位论文，2009
30. 张静.服装品牌的文化经营［J］.中外企业家，2004(5)
31. 黄轶群，陈雁，李春蕾.服装主副线品牌名的关联研究［J］.武汉科技学院学报，2009(9)
32. 张灏.服装品牌设计策略——论服装品牌文化内涵的构建［D］.天津工业大学硕士学位论文，2001
33. 吴卫元.品牌名称的翻译——接受理论的视角［D］.湖南师范大学硕士学位论文，2006
34. 乔南，申永涛.浅谈服装品牌的商业价值与文化内涵［J］.河北科技大学学报(社会科学版)，2004(3)
35. 王丛，王振馨.全球营销下品牌命名原则的研究［J］.商品与质量，2010(6)
36. 周静，胡守忠.中、小型服装企业营销快速反应系统的构建［J］.上海纺织科技，2006(4)
37. 惠红旗，王蕾，祖倚丹.关于发展我国纺织服装行业物流的思考［J］.商业研究，2007(3)
38. 王茜.我国服装企业物流配送中心的建设模式选择研究［J］.商场现代化，2007(4)
39. 高瑜.北京服装品牌个性塑造研究［D］.北京服装学院硕士学位论文，2008
40. 杨文明，张玉芹.服装品牌推广中形象代言人现象之解析［J］.浙江纺织服

装职业技术学院学报，2006(6)
41. 徐永斌. 浅析服装品牌形象代言人利弊［J］. 南阳师范学院学报(社会科学版)，2008(8)
42. 谢玻尔. 浅谈都市时尚女装中品牌文化的重要性［J］. 福建论坛(人文社会科学版)，2010(1)
43. 张灏. 服装设计策略［M］. 北京：中国纺织出版社，2006
44. 谭国亮. 品牌服装产品规划［M］. 北京：中国纺织出版社，2007
45. 刘晓刚，李峻，曹霄洁. 品牌服装设计［M］. 上海：东华大学出版社，2011
46. 马大力，杨翠钰. 服装商品组合［M］. 北京：中国纺织出版社，2006
47. (美)肯特等著. 什么是零售［M］. 爱丁等译. 北京：电子工业出版社，2004
48. 胡淑蓉. 服装买手采购货品的品类组合量化分析研究［D］. 东华大学硕士论文，2006
49. 郑春玲. 大众休闲品牌服装商品组合研究——以“以纯”的商品组合为例［D］. 浙江理工大学硕士论文，2009
50. 丁仁源. 品类管理在连锁商业管理信息系统中的实现研究［D］. 山东大学硕士论文，2005
51. 王晓云. 服饰零售学［M］. 北京：中国纺织出版社，2006
52. 卢泰宏等. 中国消费者行为报告［M］. 北京：中国社会科学出版社，2005
53. ［美］Jay Diamond，Ellen Diamond. 时装广告与促销［M］.《时装广告与促销》翻译组译. 北京：中国纺织出版社，1998
54. 柳泽元子. 从灵感到贸易——时装设计师与品牌运作［M］. 北京：中国纺织出版社，2000
55. 吉尼 · 斯蒂芬 · 伏琳. 时尚——从观念到消费者［M］. 陕西：陕西师范大学出版社，2003
56. 马刚，韩燕. 渠道制胜——服装营销渠道管理［M］. 北京：中国纺织出版社，2008
57. 李宏，沈蕾，张亚萍. 中国市场服装品牌价值研究三——渠道通路新格局［M］. 北京：清华大学出版社，2012
58. 周建亨，刘泳. 服装业原材料订货零库存方案研究［J］. 纺织学报，2006(9)
59. 蒋晓文，周捷. 服装生产流程与管理技术［M］. 上海：东华大学出版社，2008

60. 季晓芬,张颖.现代服装企业生产管理［M］.杭州:浙江大学出版社,2005
61. 宋惠景,万志琴.服装生产管理［M］.北京:中国纺织出版社,1999
62. 鲁彦娟.服装店铺与展示设计［M］.北京:化学工业出版社,2008
63. 朱琳珺.零距离服装商业设计系列——服装店铺面布置［M］.北京:化学工业出版社,2012
64. 贾荣林,王蕴强.服装品牌广告设计［M］.北京:中国纺织出版社,2010
65. 肖彬,张舰.服装表演概论［M］.北京:中国纺织出版社,2010
66. 朱焕良.服装表演策划与编导［M］.北京:中国纺织出版社,2009
67. 关洁.服装表演组织与编导［M］.北京:中国纺织出版社,2008
68. 赵洪珊.服装会展策划［M］.北京:中国纺织出版社,2007
69. 马大力,杨翠钰.服装商品组合［M］.北京:中国纺织出版社,2006
70. 李俊.服装商品企划学［M］.北京:中国纺织出版社,2010
71. 祝文欣,赵平编著.服饰品牌商品企划［M］.北京:中国纺织出版社,2005
72. (美)肯特等著.爱丁等译.什么是零售［M］.北京:电子工业出版社,2004
73. 马大力,谭国亮.服装商品企划实务［M］.北京:中国纺织出版社,2008
74. 刘云华.服装商品企划理论与实务［M］.北京:中国纺织出版社,2009
75. 胡淑蓉.服装买手采购货品的品类组合量化分析研究［D］.东华大学硕士论文,2006
76. 郑春玲.大众休闲品牌服装商品组合研究——以“以纯”的商品组合为例［D］.浙江理工大学硕士论文,2009
77. 丁仁源.品类管理在连锁商业管理信息系统中的实现研究［D］.山东大学硕士论文,2005
78. 中国品牌网.以消费者为导向就是以品牌为核心［DB/OL］.http://www.chinaPP.com,2005
79. 王晓云等编著.服饰零售学［M］.北京:中国纺织出版社,2006
80. 卢泰宏等.中国消费者行为报告［M］.北京:中国社会科学出版社,2005

后　记

应东华大学出版社的邀请参加服装营销专业系列教程的编著，北京服装学院负责《服装市场营销教程》和《服装商品企划教程》两本书的编写，由我来负责《服装商品企划教程》的写作。

北京服装学院商学院是较早地开设“服装商品企划”这门课的院校，各位教师耕耘多年，相应地积累了较为丰硕的教学科研成果。诸位作者欣喜有这样的机会可以将成果系统化、理论化，为完善服装商品企划理论体系奉献自己的智力。

为使写作融合国内外最新研究成果，体现服装企业企划发展需求，在借鉴国内外文献的基础上，做了两方面的工作：首先充分调研企业目前企划状况，调研在服装从业的企划管理人员、设计人员和销售人员等，了解我国服装企业企划的流程及职能，企划相关各职位的核心工作内容。其次，召开编写会议，分工协作，加强章节之间的衔接与整合。

经过一年多的写作，2012 年底终于定稿。期间我于 2012 年 9 月去北卡来罗那州立大学进行为期 6 个月“时尚与奢侈品品牌”方面的访学研究，该校拥有全美第一的纺织学院，与美国路易斯安娜州立大学等大学都设有“Textile，Apparel，and Merchandising”（纺织品、服装商品企划）博士研究方向，同时服装企划也是纽约时装学院等专业院校的经典课程。与美国服装管理学术界和产业界以及美国服装市场的直接交流，对于本书体系的优化、素材的最终加工整理裨益很大。

2023 年，书稿二版再次付辞印刷，各位作者的努力也终告一段落，但是产业发展永不停息。经济全球化、信息技术和低碳发展要求不断激励服装企业管理思想和技术革新，成熟于西方的服装商品企划管理理念与国内服装商品企划现实不断碰撞，激发出许多新鲜素材，服装商品企划理论创新和发展将继续。

赵洪珊

2024 年 3 月